Bedeutung – Fremdsprachenerwerb – Interaktion

Werkstattreihe
Deutsch als Fremdsprache

Herausgegeben von
Rolf Ehnert, Bielefeld
und
Rolf Klemmt, Jyväskylä
Donatella Ponti-Dompé, Turin
Muneshige Hosaka, Mito

Band 9

Verlag Peter Lang
FRANKFURT AM MAIN · BERN · NEW YORK

Brigitte Herlemann
Rüdiger Mellies

Bedeutung – Fremdsprachen- erwerb – Interaktion

Fremdsprachenunterricht vor dem Hintergrund von Sprach-/Lernentwicklungsprozessen in Phylo- und Ontogenese

Verlag Peter Lang

FRANKFURT AM MAIN · BERN · NEW YORK

CIP-Kurztitelaufnahme der Deutschen Bibliothek

Herlemann, Brigitte:

Bedeutung - Fremdsprachenerwerb - Interaktion :
Fremdsprachenunterricht vor d. Hintergrund von
Sprach-/Lernentwicklungsprozessen in Phylo- u.
Ontogenese / Brigitte Herlemann ; Rüdiger
Mellies. - Frankfurt am Main ; Bern ; New York :
Lang, 1983.
  (Werkstattreihe Deutsche als Fremdsprache ;
  Bd. 9)
  Auch als: Europäische Hochschulschriften :
  Reihe 1, Dt. Sprache u. Literatur ; Bd. 680
  ISBN 3-8204-7755-1
NE: Mellies, Rüdiger; GT

ISSN 0721-4278

ISBN 3-8204-7755-1

© Verlag Peter Lang GmbH, Frankfurt am Main 1983

Druck und Bindung: Weihert-Druck GmbH, Darmstadt

11 = BFS

v

INHALTSVERZEICHNIS

Vorwort

Das vorliegende Buch, das auf einer Staatsarbeit mit gleichem
Titel aus dem Jahre 1982 beruht, gehört zu den bisher wenigen
gründlichen Versuchen, der "Bedeutung" und dem "Bedeutungserwerb" auch im Rahmen der lehr-/lernwissenschaftlichen fremdsprachlichen Forschung den Rang einzuräumen, der ihr gebührt,
nachdem die theoretische linguistische Forschung bereits seit
Jahren die Wende von einer dominant syntaxorientierten hin zu
einer (pragma)semantischen Schwerpunktbildung vollzogen hat.
Das Buch besteht aus zwei Teilen: einem umfassenden theoretischen und einem kleineren anwendungsbezogenen Teil. Im theoretischen Teil werden in außergewöhnlicher Klarheit von Sprache
und Argumentation aus phylogenetischer und ontogenetischer
Sicht die einzelnen Stationen des Bedeutungswerbs innerhalb
bestimmter Bedeutungstheorien und allgemeiner Spracherwerbshy-
pothesen rekonstruiert und zu einer in Ansätzen eigenen Position weiterentwickelt. Diese Position rekurriert auf Theorien
und Theorieansätze aus Linguistik, Psychologie und Psycholin-
guistik und konvergiert in einer partiellen Weiterentwicklung
von Konzepten der sowjetischen psychologisch-kulturhistorischen
Schule, die durchgängig zum Maßstab der von den Autoren vorge-
nommenen Bewertungen herangezogen wird. Dabei werden unreflek-
tierte Übernahmen und das Nachbeten von Dogmen vermieden; im
Gegenteil: für die Autoren sind Forschungsergebnisse aus der
Psychologie von Piaget, aus der kommunikativen Textlinguistik,
aus der aufgeklärten Kognitionspsychologie von Bruner, aus der
Ethnomethodologie und der Ethnographie des Sprechens durchaus
vereinbar und integrierbar in das eigene Konzept von Sprach-
und Bedeutungsentwicklung. Die Autoren beschränken sich nicht
auf die theoretische Entwicklung und Begründung der von Ihnen
propagierten "dynamischen" Bedeutungskonzeption, im zweiten
Teil der Arbeit wird diese Konzeption auf ihre Brauchbarkeit
im Rahmen institutionalisierten Fremdsprachenerwerbs befragt,
wobei wiederum der Orientierungspunkt die sowjetische psycho-
logisch-kulturhistorische Schule ist (Leontev). Der vielbe-

schworene Theorie-Praxis-Bezug wird nicht nur theoretisch thematisiert, sondern auch praktisch an vier ausgewählten Fallstu-
dien aus dem Deutsch- und Biologieunterricht an einer deutschen
Schule in Kairo konkretisiert. Bei der punktuellen Analyse der
verschriftlichten ausgewählten Unterrichtsstunden zeigen die
Autoren die Brauchbarkeit der vorgelegten Bedeutungskonzeption
sowohl für die Analyse praktischer Unterrichtstätigkeiten als
auch für die praktischen Planungs- und Handlungsprozesse im bi-
lingualen Deutsch-als-Fremd- bzw. Zweitsprachen-Unterricht. Anhand einiger kurzer, episodischer Analysen werden mögliche "Fehl-
verhalten" der unterrichtenden Lehrer verdeutlicht und einsichtig gemacht, welche wichtigen Funktionen der Bedeutungserwerb
für den Fremdsprachenunterricht hat, und welche Bedeutung ihm
in der Ausbildung von Fremdsprachenlehrern zukommt. In dem prak-
tisch-angewandten Teil der Arbeit wird die Bedeutungserwerbs-
problematik niemals isoliert behandelt, sie wird stets im Zusammenhang mit fremdsprachentheoretischen Grundlagenproblemen diskutiert, u.a. auch in Beziehung gesetzt zu der im Augenblick
etwas fruchtlos erscheinenden Beschäftigung mit Sprachlehrmetho-
denfragen. Die dezidierte Position der Autoren, daß Bedeutungserwerb nur multidisziplinär-kontextuell erklärt werden kann,
wird auch in diesem Teil sichtbar, indem sie nachdrücklich auf
die Kulturspezifik von Bedeutung und die Notwendigkeit der Vermittlung dieses Konzepts im Unterricht verweisen, was im ab-
schließenden Kapitel "Linguistik und Fremdsprachenunterricht"
in folgender zusammenfassenden Formulierung deutlich zum Ausdruck kommt:

"Wichtig war uns aufzuzeigen, daß Bedeutungen nicht etwas sind,
das man hat, sondern etwas, das man tut; daß es die Bedeutung
eines sprachlichen Ausdrucks nicht gibt; daß Bedeutungen immer
soziale Bedeutungen sind."

Bielefeld, im März 1983   Gert Henrici

Erratum

(S. 82, im Anschluß an Zeile 29 wird hinzugefügt)

Mit der Entwicklung von Tätigkeiten zu Arbeitshandlungen erhält
das Kommunikationssystem als Steuerungshilfe eine neue Qualität,
da sich neue Koordinationsprobleme stellen. Mit diesem Kommunikationssystem müssen ausgedrückt werden können
(1) die Aufgliederung von Handlungsvollzügen in Teiloperationen;
(2) die Ablösung der Handlungen von den momentanen Bedürfnissen;
(3) die bewußte Widerspiegelung des Handlungszusammenhangs;
(4) die Ablösung der Gegenstände von den Handlungsvollzügen.
(vgl. Leontjew 1973:203-207)

1

Wir danken (in alphabetischer Reihenfolge) Martin Beck, Lennart Kollberg,
Gunvald Larsson, Philip Marlowe,
Fredrik Melander und Sam Spade, die
während der Entstehung dieses Buches
für ent-spannende Stunden sorgten.

Eine Sprache zu unterrichten
heißt, sie in ihrer sozialen
Einbettung bewußt zu machen
und lernen zu lassen.

(U. Esser/
H. Hellmich
(1973:331))

hey diddle diddle,
the cat and the fiddle,
the cow jumped over the moon,
the little dog laughed to see
such fun,
and the dish ran away with the
spoon.

(aus: Look, Listen and
Learn,1975)

0. Einleitung

Es gibt Fremdsprachenunterricht; und es gibt ihn eher auf die
eine als auf die andere Weise. Er beeinflußt die und gehört
zur alltäglichen Realität einer nicht unerheblichen Gruppe von
Menschen, so daß seine nähere Betrachtung zu den Aufgaben
praxisbezogener wissenschaftlicher Forschung gehört.

Selbst bei einer oberflächlichen Beschäftigung mit der Wirklichkeit des Fremdsprachenunterrichts kommen kurios-humoristi-
sche Seiten des Unterrichtsalltags an den Tag. Dies kann
allerdings nicht erheiternd wirken, wenn man die Ernsthaftig-
keit, mit der auf Lehrerseite diese Situationskomik meist un-
gewollt und ungeahnt bei der Ausübung ihrer pädagogischen
Mission hervorgebracht wird, betrachtet und diese vergleicht
mit der Bedeutung schulischen Alltags und seinen Konsequenzen
(Noten, Versetzung) für die soziale Entwicklung der Schüler.

Unsere Untersuchung geht von folgenden Grundannahmen aus:

1. Jede Beschäftigung mit sprachlichen Problemen - also auch
   der Fremdsprachenunterricht - fordert, daß Sprache in
   ihrer Funktion als Kommunikationsmittel einer sozialen
   Gruppe gesehen wird. Jeder Erklärungsansatz sprachlicher
   Phänomene, jede Beschreibung derselben und jede Theorie
   und Praxis des Sprachlernens und -lehrens, die diese Tatsache außer acht lassen, laufen Gefahr, nur bestimmte Teil-
   aspekte von Sprache oder eine Sprache 'an sich' oder eine
   'mittlere' Norm zu erfassen, diese unangemessen zu verabsolutieren und als 'die Sprache', 'das Sprachsystem' u. ä.

zu postulieren.

Um die Funktion und das Wesen der Sprache adäquat zu erfassen und eine geeignete Begrifflichkeit bei der Beschreibung von Sprache zu entwickeln, ist es notwendig, die
Sprache in den Kontext ihrer historischen Gewordenheit -
sowohl phylo- als auch ontogenetisch - zu stellen.

2. Sprache ist einerseits nicht isoliert von der Entwicklung
anderer kognitiver Fähigkeiten wie Denken, Lernen, Sich-
Erinnern usw. zu untersuchen, und ihre Funktion ist andererseits nur vor dem Hintergrund und in Zusammenhang mit
sozialem Gemeinschaftsleben zu erklären. Sprachwissenschaft
steht damit in einem unlösbaren Zusammenhang mit Entwick-
lungs-, Kognitions-, Gedächtnis-, Lern-, Sozialpsycholo-
gie, Physiologie, Soziologie, Ethnologie, Verhaltensfor-
schung, Biologie, Ökonomie, Pädagogik usw. Sprachwissenschaft ist also notwendig interdisziplinär und auf die Verarbeitung von Ergebnissen, Konzepten und Methodologien
anderer Wissenschaften angewiesen. So klischeehaft die
Feststellung der Komplexität kommunikativer Phänomene auch
klingen mag, so wenig trivial ist sie für die Forschungs-
praxis, verlangt sie doch von einem/r Linguisten/in fundierte Kenntnisse anderer Wissenschaftsdisziplinen. Dem
Problem der - häufig mangelnden oder mangelhaften - Viel-
fachqualifikation wird oft durch zwei Strategien begegnet:

- Man zählt auf, welche Disziplinen 'eigentlich' auch zur
  Erklärung des Untersuchungsgegenstandes gehören, beschränkt sich dann aber doch nur auf einen oder wenige
  Aspekte. Wenn dieses 'Sich-Bescheiden' und Hinweisen auf
  mangelnde Kompetenz auch charakterlich lobenswert ist,
  so verkürzt es den Untersuchungsgegenstand, und damit das
  Ergebnis, doch entscheidend.

- Man wählt, unter Hinweis auf die Komplexität der Phänomene der Kommunikation, Befunde aus z. B. Anthropologie,
  Erkenntnistheorie, Informationstheorie, Ökonomie usw.
  aus, ohne die damit verbundenen theoretischen Implikationen zu reflektieren (Elektizismus).

"Es bleibt das Problem, herauszuarbeiten, welche Befunde
welcher Disziplinen notwendig heranzuziehen sind, um die
komplexen Phänomene der Kommunikation (...) ableiten zu
können. Hierzu müssen die Beziehungen zwischen ihnen entwickelt werden, d. h. die Übergänge bzw. Knotenpunkte
zwischen ihnen (...)." (Hoffmann 1977:454)

3. Zentrales Problem der Sprachwissenschaft ist Entstehung,
   Fixierung, Tradierung und Austausch von Bedeutungen im
   Interaktionszusammenhang menschlicher Sozialgebilde. Hier
   liegt u. E. auch das zentrale Problem des Fremdsprachenunterrichts (FSU).

4. Das Unbehagen am herkömmlichen FSU liegt wenigstens z. T.
   - an einem theoretischen und praktischen Vernachlässigen
     des Zusammenhangs zwischen Bedeutung und Interaktion,
     oder, wenn dieser gesehen wird,
   - an dem Auseinanderklaffen von theoretischem Anspruch und
     praktischer Umsetzung,
   - an einer Reduktion der Komplexität der Interdependenz von
     Bedeutung und Interaktion auf bestimmte Teilaspekte.
   Die genannte Vernachlässigung hat ihre Ursachen und Gründe
   in den theoretischen Defiziten strukturalistisch ausge-
   richteter Methoden und Modelle für den FSU sowie in einer
   weitgehend idealistischen Konzeption bürgerlicher Bildungs-
   ideale im FSU.

Die Untersuchung verfolgt nicht das Ziel, eine neue Theorie und
Methodik des FSU zu entwickeln. Es geht uns darum, die sprach-
und lerntheoretischen Prämissen herauszuarbeiten, die für die
Entwicklung theoretischer und methodischer Konzepte des FSU
u. E. unabdingbar sind. In diesem Sinne behandeln wir die Probleme des FSU vor dem Hintergrund von Sprach- und Lernentwick-
lungsprozessen in Phylo- und Ontogenese.

Im ersten Kapitel erarbeiten wir eine Konzeption der Bedeutung,
die sich ableitet aus den interaktiven und kommunikativen Bedingungen der Entstehung menschlicher Gesellschaften. Dabei
untersuchen wir kommunikatives Verhalten in seinen Funktionen
vor dem Hintergrund phylo- und ontogenetischer Entwicklungen
und bestimmen in diesem Zusammenhang die Spezifik der mensch-

lichen Sprache.

Im zweiten Kapitel werden zunächst einige Konzepte der FS-
Erwerbs- und Lehrforschung insbesondere im Hinblick auf die
im ersten Kapitel erarbeitete Bedeutungskonzeption diskutiert;
im Anschluß daran stellen wir die Probleme des Bedeutungserwerbs und der -vermittlung im FSU am Beispiel deutschsprachig
erteilten Unterrichts an einer deutschen Schule im Ausland dar.

Im Zentrum des dritten Kapitels stehen die Bedingungen, unter
denen Erwerb und Vermittlung fremdsprachlicher Bedeutungen
stattfinden.

Das vierte und letzte Kapitel schließlich faßt thesenartig die
in den vorangegangenen Kapiteln dargestellten Überlegungen zusammen und postuliert Konsequenzen, die sich für eine Linguistik
ableiten lassen, die einen Beitrag zur Beschreibung und
Lösung der Probleme fremdsprachlichen Bedeutungserwerbs und
dessen Vermittlung leisten will.

Beim Abfassen der Arbeit stießen wir auf zwei grundsätzliche
Probleme. Zum einen führte die von uns beabsichtigte komplexe
Behandlung des Themas dazu, daß zwar viele wichtige Punkte an-
gesprochen werden, ohne sie im Detail darlegen zu können.
Daraus ergab sich zum anderen, entscheiden zu müssen, was zum
Verständnis der jeweiligen Argumentation ausgeführt werden
mußte. Wir hoffen, möglichst wenige Fehlentscheidungen getrof-
fen zu haben.

1. Sprach- und lerntheoretische Grundlagen

Dieses Kapitel handelt von der Entstehung und Entwicklung von
Bedeutungen: davon, wie sie sich stammes- und individualge-
schichtlich in der Auseinandersetzung mit der Lebenswelt
herausgebildet haben und herausbilden; und das Kapitel handelt
von dem wissenschaftlichen Bemühen um das Auffinden von Wir-
kungszusammenhängen dieser Entwicklungsprozesse, dem Versuch,
allgemeine Gesetzmäßigkeiten und Prinzipien aufzudecken und
Theorien zu entwickeln, in denen diese formuliert werden
können.

> Mephistopheles: Wer will was Lebendigs erkennen und beschreiben,
> Sucht erst den Geist heraus zu treiben,
> Dann hat er die Teile in seiner Hand,
> Fehlt leider! nur das geistige Band. (...)
> Schüler: Kann Euch nicht eben ganz verstehen.
> Mephistopheles: Das wird nächstens schon besser gehen,
> Wenn Ihr lernt alles reduzieren
> Und gehörig klassifizieren.
> Schüler: Mir wird von alle dem so dumm,
> Als ging' mir ein Mühlrad im Kopf herum.
>
> (J.W.v.Goethe: Faust I)

1.1 Wissenschaftstheoretische und methodologische Position

In der Einleitung haben wir hervorgehoben, daß die Untersuchung sprachlicher Gegenstände notwendig interdisziplinär
sein muß. Damit können sich die Schwierigkeiten erhöhen,
einen geeigneten theoretischen Rahmen zu finden, der in hin-
reichender Weise die vielfältigen linguistischen, soziolo-
gischen, psychologischen, neurologischen etc. Aspekte berücksichtigt und dabei gleichzeitig ein Mindestmaß an Einheitlichkeit aufweist: Die Rede ist von einer integrierten
Sprachtheorie. Diese liegt, soweit wir sehen können, noch
in der Ferne und wird von den Linguisten allein nicht entwickelt werden (können). Das liegt in der Natur der Sache.

Die Forderung nach einem Mindestmaß an Einheitlichkeit wird
dann zum Problem, wenn die einbezogenen Disziplinen mit
unterschiedlichen wissenschaftstheoretischen und methodologischen Voraussetzungen arbeiten, womit dann auch die
jeweils erzielten wissenschaftlichen Ergebnisse unvereinbar
wären. Die Gefahr eines solchermaßen eklektischen Vorgehens
besteht allerdings auch innerhalb _einer_ Disziplin, da hier
ebenfalls Theorien- und Methodenvielfalt aufgrund unterschiedlicher Erkenntnisinteressen vorliegt.
Für unsere Zwecke gilt es zu versuchen, aus einer begründ-
baren erkenntnistheoretischen Position heraus zu entscheiden,
welche Theorien und Theorieansätze für eine Ableitung des
Bedeutungsbegriffs auf dem Weg zu einer integrierten Sprachtheorie herangezogen werden können. Maßgeblich für diese
Position sind die in der Einleitung dargestellten Grundannahmen. Nach diesem vortheoretischen Verständnis fassen wir
sprachliche Gegenstände als objektive Erscheinungen in der
gesellschaftlichen Entwicklung der Materie auf, die nur begriffen werden können in der Analyse und/oder Rekonstruktion
der natürlichen Voraussetzungen ihrer Entstehung sowie in
der Bestimmung ihrer Funktion innerhalb eines Systems in
Wechselwirkung stehender Erscheinungen, in dem sie sich
realisieren (vgl. Neumann 1981:556; Iljenkow 1971:118).
Erkenntnistheoretisch und methodologisch ist dies die Position des historischen Materialismus, wie sie K. Marx entwickelt und praktisch angewandt hat.
Eine der wenigen Stellen in K. Marx' Werk, an denen die
historisch-dialektische Methode dargestellt wird, findet
sich im 3. Kapitel der 'Grundrisse' (Marx 1974:bes.22-25).
Sonst sind Darstellung und Anwendung stets miteinander verbunden: K. Marx betont, daß erst in dieser Verbindung das
Wesentliche des historisch-materialistischen Ansatzes deutlich wird.
Eines der wesentlichen Momente beim wissenschaftlichen Heran-
gehen an einen Gegenstand ist die Bestimmung der Grundbe-
griffe oder -kategorien, von denen die Untersuchung ihren
Ausgang nimmt; ein anderes ist die Frage nach dem Zustande-
kommen des Konkreten und Abstrakten im menschlichen Denken

sowie in der materiellen Welt. Ohne eine oberflächliche und
falsche Analogisierung der von K. Marx angeführten Beispiele
aus dem Bereich der Ökonomie in den Bereich der Linguistik
vornehmen zu wollen, halten wir es für möglich, das Problem
der Grundkategorien für die Linguistik analog anhand eines
Beispiels zu beschreiben:

Bereits einfache Begriffe wie 'sprachliche Äußerung' oder
'Sprechakt' unterstellen die Existenz von Sprachbenutzern,
die auf bestimmte Weise miteinander kommunizieren, und der
Begriff 'Sprachbenutzer' ist dann eine Abstraktion, wenn die
unterschiedlichen psychischen, sozialen, ökonomischen Bedingungen, unter denen diese kommunizierend miteinander in
Kontakt treten, unberücksichtigt bleiben. Auch der einfachste
Begriff kann nur existieren als "abstrakte, einseitige Beziehung eines schon gegebenen konkreten, lebendigen Ganzen"
(Marx 1974:22); je reicher die konkrete Entwicklung der Erscheinungen - die "Totalität" -, desto allgemeiner die entstehenden Abstraktionen, die immer "das Produkt historischer
Verhältnisse sind und ihre Vollgültigkeit nur für und innerhalb dieser Verhältnisse haben" (Marx 1974:25).

Im Denken stellt das Konkrete - ein Ausschnitt der konkreten
Totalität - nicht den Ausgangspunkt, sondern den Prozeß der
Zusammenfassung dar (vgl. Marx 1974:21). Im Denken konkretisiert
sich z.B. der abstrakte Begriff 'Sprachbenutzer', indem seine
Eigenschaften, Funktionen und Beziehungen innerhalb der
konkreten Totalität aufgedeckt und in Rechnung gestellt
werden. Dieser Vorgang der (theoretischen) Aneignung des Konkreten im Denken und seine Reproduktion als geistig Konkretes
wird als dialektische Entwicklung, Ableitung oder Deduktion
bezeichnet. Beim Aufsteigen vom Abstrakten zum Konkreten wird
die konkrete Wirklichkeit im Denken reflektiert. Sie wird
nicht - wie in der Philosophie Hegels - kraft des Denkens
erzeugt (vgl. Zelený 1971:76; Iljenkow 1971:110).

Diese Reflexion der konkreten Wirklichkeit im Denken, die
dialektische Ableitung, ist u.E. dem Begriff des Erkennens

als einer Transformation oder Reorganisation von Realität,
so wie ihn J. Piaget (1973:10,22) in der Genetischen Erkenntnistheorie entwickelt hat, nicht unähnlich (Berührungspunkte
ergeben sich auch zum Begriff der alltagsweltlichen Erfah-
rungskonstitution in der Ethnomethodologie; s. weiter unten).
Im Piaget'schen Ansatz liegt das zentrale Interesse in der
Frage der Bildung und Bedeutung von Erkenntnis, in der Frage,
über welche Leistungen und unter welchen historischen, psychologischen und biologischen Bedingungen menschlicher Erkennt-
nisfortschritt erzielt wird, der seine höchste Stufe im
wissenschaftlichen Denken erreicht (vgl. Piaget 1973:7,20).
Wissenschaftstheoretisch ist von besonderer Wichtigkeit, daß
sich J. Piaget klar für die Aufhebung der Trennung von (a)
Erkenntnisobjekt und -subjekt sowie (b) wissenschaftlichen
Normen und Tatsachen, Wertungen und Beschreibungen ausge-
sprochen hat (vgl. Piaget 1973:10; Furth 1976:41).
Die Unterschiede zwischen der Erkenntnisauffassung J. Piagets
und der des materialistischen Ansatzes bestehen u.E. in der
abweichenden Vorstellung der Repräsentation der Erkenntnisin-
halte, und ein guter Teil der Kontroverse idealistischer vs.
materialistischer Standpunkt scheint in einer unzureichenden
Rezeption der Abbildtheorie durch J. Piaget zu liegen, der
er seine Vorstellung von der isomorphen Beziehung zwischen
Realität und Erkenntnisstruktur entgegensetzt (vgl. Piaget
1973:23).
Wie verzwickt die Unterschiede offensichtlich sind, mag eine
von B. Inhelder (1976:47) überlieferte Anekdote illustrieren:
Einige sowjetische Kollegen diskutierten mit J. Piaget darüber,
daß Erkenntnis der äußeren Welt als Widerspiegelung der
Gegenstände in ihr aufzufassen sei.
Frage: Glauben Sie, daß ein Gegenstand vor irgendeiner Er-
       kenntnis von ihm existiert?
Antw.: Als Psychologe habe ich davon keine Vorstellung; ich
       erkenne einen Gegenstand nur in dem Maße, indem ich
       auf ihn einwirke; vor einer solchen Tätigkeit kann
       ich nichts über ihn aussagen.
Frage: Für uns ist ein Gegenstand ein Bestandteil der Welt.
       Kann die 'äußere' Welt unabhängig von und vor unserer
       Erkenntnis von ihr existieren?
Antw.: Die Instrumente unserer Erkenntnis bilden einen Teil
       unseres Organismus, der einen Teil der äußeren Welt

bildet.

J. Piaget soll sich gern selbst als 'Realisten' bezeichnet haben. Das Erkennbare und das sich im Laufe des Erkenntnisgewinns Verändernde stellt für ihn zusammen die Beziehung zwischen erkennendem Subjekt und erkanntem Objekt dar.

J. Piagets theoretische und praktische Vernachlässigung der sozialen Einbettung des Erkenntnisprozesses stellt einen weiteren Unterschied zum historisch-dialektischen Ansatz dar (vgl. Kap. 1.3.1, S. 119f d.A.). Wir halten dies in der Tat für einen Mangel, der nicht - wie etwa bei H.G. Furth (1976:37f) - mit dem Hinweis darauf auch noch methodisch begründet werden kann, J. Piaget habe immer die "Notwendigkeit einer normalen, biologisch angemessenen Umwelt" unterstellt, die auf menschlichem Niveau natürlich soziale und kulturelle Umwelt einschließe.

Genetische Erkenntnistheorie und Historischer Materialismus zielen u.E. in ähnlicher Weise auf die Bildung wissenschaftlicher Bestimmungen und die theoretische Verarbeitung von Wahrnehmungs- und Vorstellungsgegebenheiten ab. Zu diesen Gegebenheiten zählt auch empirische Erfahrung, die tradiert, dokumentiert (Bücher, Statistiken etc.) und damit der Untersuchung zugänglich ist. Solche Erfahrungen sind in verkürzter Form, auf einen abstrakten Ausdruck gebracht, gespeichert, und E.W. Iljenkow (vgl. 1981:100f) weist zu Recht darauf hin,daß es nicht Aufgabe der Wissenschaft sein kann, diesen Abstraktionen noch abstraktere Formen zu verleihen.

Die Anwendung der dialektisch-materialistischen Methode ist abhängig sowohl von dem Entwicklungsstand des zu untersuchenden Ganzen in der Wirklichkeit als auch von dem Vorhandensein einer hinreichenden Menge von Erkenntnisstoff, die durch vorgängige Forschungstätigkeit gewonnen wurde.

"Schon daraus folgt, daß man das Verfahren der Analyse, wie es in der dialektisch-materialistischen Kritik der bürgerlichen Ökonomie vorliegt, keineswegs als fertiges Schema verwenden kann und daß alle Versuche, die im 'Kapital' vorkommenden Denkformen zu verabsolutieren und in verallgemeinerter Form als System einer 'dialektischen Logik' zu fixieren, mißlingen müssen." (Zelený 1971:84; vgl. auch S. 77)

Ähnlich argumentiert J. Joas (vgl. 1975:45), wenn er feststellt,

orthodoxer Marxismus bestehe nicht in einem unabänderlichen
Festhalten an den konkreten Thesen der Klassiker, sondern im
Arbeiten mit ihrer Methodik. Damit sehen wir nicht nur prinzipiell die Möglichkeit der Einbeziehung unterschiedlicher
Forschungsansätze gegeben, sondern auch die Notwendigkeit
ihrer Aufarbeitung - Ignoranz oder Adaption sind hier eine
falsche Alternative - sowie der Weiterentwicklung des
materialistischen Ansatzes selbst, der - so R. Paris (1975:15)
- im Hinblick auf linguistische Belange eine "theoretische
Lücke" aufweist.

Diese ist auf die Marx'sche und Engel'sche Rezeption des
Intersubjektivitätskonzeptes von L. Feuerbach zurückzuführen
bzw. nimmt dort ihren Anfang und zog eine Vernachlässigung
der Behandlung von Interaktions- und Kommunikationsproblemen
nach sich. In der Entwicklung des Historischen Materialismus
jener Zeit sind lediglich Reste des Intersubjektivitätskon-·
zeptes, das sich jedoch durch eine Verabsolutierung der
Ich-Du-Beziehung als Elementarform der Gesellschaft auszeichnet - und somit einseitig individualisierend ist - in dem
Begriff der 'Verkehrsform' enthalten (vgl. Paris 1975:15,17,23;
Joas 1972).

Aufgrund dieser Lücke im Interaktions- und Kommunikationsbe-
reich muß weitgehend unklar bleiben, wie die Zweckbezogenheit
der Arbeit, die Bestimmung ideeller Pläne, zustande kommt
(es handelt sich wohlgemerkt um ideelle Abbildungen des fer-
tigen Arbeitsproduktes vor der eigentlichen Arbeitshandlung,
die ja ihrerseits eine zentrale Kategorie darstellt). Die
alleinige Bestimmung linguistischer Gegenstände aus dem Zusammenhang zwischen Sprachverwendung und Arbeit ist unzureichend.

"Zwar sprechen Menschen miteinander, wenn sie zusammen arbeiten, aber sie sprechen auch miteinander, wenn sie nicht zusammen arbeiten; und ihre Themen sind andere als die der
Arbeit." (Paris 1975:25; Hv. R.P.)

Für unsere Explikation des Bedeutungsbegriffs setzen wir daher
bei den Arbeiten der Kulturhistorischen Schule und der
Sowjetischen Psychologie an, verfolgen ihre bundesrepubli-
kanische Weiterentwicklung im Rahmen der Kritischen Psychologie und versuchen u.a. über die Theorie des Symbolischen
Interaktionismus sowie über ethnomethodologische Ansätze

einerseits, eine starre Koppelung des Begriffs der Bedeutung
an den der Arbeit zu überwinden und andererseits, Bedeutungen als dynamisch zu charakterisieren.
Auf den Übergang von der vorsowjetischen russischen Psychologie zur Sowjetischen Psychologie soll hier nicht näher ein-
gegangen werden (vgl. Holzkamp/Schurig 1973). Anzumerken ist
jedoch, daß letztere keinesfalls eine einheitliche, histo-
risch-materialistisch fundierte Forschungsrichtung bezeichnet
(hat), sondern sich in ihrer Entwicklung in einen physiologischen und einen kulturhistorischen Zweig aufspaltete. Für
die physiologische Richtung waren die Arbeiten I.P. Pawlows
wegweisend, in denen er u.a. seine theoretischen Vorstellungen der Sprache als einem 'zweiten Signalsystem' entwickelte.
Von I.P. Pawlow gingen u.a. entscheidende Impulse für die
Entwicklung des amerikanischen Behaviorismus, insbesondere
für die einschlägigen Lerntheorien, aus.
Durch den Morphologen A.N. Sewerzow wurde die darwinistische
Biologie bzw. Evolutionstheorie vorangetrieben; über seine
Arbeiten gewann die Vorstellung, daß die Entwicklung des
Psychischen aus der Selektionswirkung der Umwelt abgeleitet
werden kann (s. Kap. 1.2.2 d.A.), in der Sowjetischen Psycho-
logie an Bedeutung. Später knüpfte der Physiologe P.K. Anochin
an die Ergebnisse I.P. Pawlows an und entwickelte dessen Konzept des Reflexbogens biokybernetisch weiter zum Reafferenz-
prinzip (danach sind einem Organismus Rückmeldungen und Kontrolle über Verlauf und Erfolg einer Handlung möglich; s.
Kap. 1.2.1 d.A.). Im Jahre 1950 wurde auf einer Tagung der
Akademie der Wissenschaften und der Medizinischen Akademie
der Wissenschaften der UdSSR der Auftrag zur Gründung einer
Sowjetischen Psychologie verbindlich formuliert: Sie sollte
auf den Lehren I.P. Pawlows fußen und eine Synthese der Disziplinen Pädagogik, Neurologie, Psychiatrie und Psychologie
darstellen.
Neben dieser physiologischen Richtung, die bis ca. 1960 eindeutig den Vorrang hatte, war ab ca. 1930 die sog. Kultur-

historische Schule entstanden, die sich mit der vorherrschenden Forschungsrichtung in einem sachlichen Spannungsverhältnis
befand. Als Begründer der Kulturhistorischen Schule gilt der
Psychologe L.S. Wygotski. Für ihn und seine Schüler A.R.
Luria, P.J. Galparin und A.N. Leontjew waren die Auffassung
des menschlichen Bewußtseins als bewußtes Sein, die Berück-
sichtigung der Widerspiegelungstheorie sowie der Bezug zu
praktisch-pädagogischen Fragen forschungsleitend.
Die Analyse psychischer Gegenstände geschieht im kulturhistorischen Ansatz unter naturgeschichtlichem Aspekt, den
Notwendigkeiten organismischer Lebenserhaltung; unter ge-
sellschaftlich-historischem Aspekt, den Notwendigkeiten der
Erhaltung und Entwicklung gesamtgesellschaftlichen Lebens;
unter individualgeschichtlichem Aspekt, den Notwendigkeiten
der Erhaltung und Entwicklung des gesellschaftlichen Individuums.

In der gleichen methodologischen und erkenntnistheoretischen
Tradition befinden sich die Arbeiten der Kritischen Psychologie, die sich Anfang der 70er Jahre als ein eigenständiger
Forschungs- und Lehrbereich an der FU Berlin formieren konnte
(zur Entstehungsgeschichte vgl. Holzkamp 1973:9-20): Die Ent-
wicklungsstufen des Psychischen werden im Rahmen von Biologie,
Soziologie und Geschichtswissenschaft in einem 'methodischen
Dreierschritt' untersucht; vom Studium der tierischen Vorformen über das der menschlichen Spezifik bis hin zu seiner besonderen Ausprägung in der bürgerlichen Gesellschaft (auf
dieser theoretisch-methodologischen Position basieren die
'Texte zur Kritischen Psychologie' der Campus-Reihe). Das
Schlüsselproblem bildet dabei die Frage, inwiefern das
Individuum kein rein biologisches, sondern ein gesellschaftliches ist (vgl. Jäger 1977:129ff). Zur Klärung dieser Frage werden die Entwicklungen im Tier-Mensch-Übergangsfeld (TMÜ) betrachtet bzw. theoretisch rekonstruiert. Aus den Untersuchungen des TMÜ gehen unmittelbar die Grundkategorien der
Kritischen Psychologie hervor; so z.B. der Aneignungsbegriff,
der eine Umformung der biologischen Kategorien der Anpassung,

Vererbung usw. darstellt. Die Herkunft der Grundkategorien
bestimmt dabei die Art, wie mit ihnen gearbeitet wird, d.h.
sie werden in Methode umgesetzt, indem sie die Aufmerksamkeit des Wissenschaftlers auf bestimmte Sachverhalte lenken
und damit auf bestimmte Fragestellungen hinweisen.

Die Methode der Konstituierung von Kategorien und hypothe-
tischen Aussagen ist nicht - vom Standpunkt der Analytischen
Wissenschaftstheorie betrachtet - empirisch:

"Eine Konstituierungsmethode, die empirisch 'im üblichen
Sinne' ist, kann es (...) aus Gründen der Logik gar nicht
geben, da die empirische Methode 'im üblichen Sinne' eine
Methode der nachträglichen Kontrolle bereits vorhandener Kategorien und hypothetischer Aussagen ist, während die Frage der
Konstituierung diejenige ist, wie man zu solchen Aussagen
erst einmal gelangt." (Jäger 1977:131f)

Hier stellt sich unmittelbar die Frage nach dem Status der
Gesetze und Gesetzesaussagen: Sie haben den eines Erkenntnis-
Hilfsmittels und dienen der Beherrschung, Gestaltung und Weiterentwicklung der untersuchten Prozesse; damit sind die for-
mulierten Regelhaftigkeiten keine unüberschreitbaren Normen,
sondern gleichzeitig Bedingungen und Resultat menschlicher
Praxis (vgl. Leiser 1977:141,143).

Die Unmöglichkeit, Erkanntes vollständig vom Erkennen abzu-
trennen, läßt sich in der Linguistik an der Dualität ihres
Begriffsinventars ablesen, die sich, wie W. Neumann (1981)
in einem historischen Abriß zeigt, über alle Entwicklungen
auch der unterschiedlichsten Schulen hinweg nachweisen läßt:
so W. v.Humboldts Unterscheidung 'Werk vs. Tätigkeit', H.
Pauls 'individuelle Sprachtätigkeit vs. gesellschaftlicher
Usus', N. Chomskys 'competence vs. performance', K.L. Pikes
'-emisch vs. -etisch' etc. In diesen Dualitäten drückt sich
ein wechselseitiges Bedingen und Ausschließen von Gegen-
sätzen aus. So lassen sich Muster nur an ihren Realisierungen
erkennen, als Realisierungen eines bestimmten Musters lassen
sie sich jedoch nur in der Gruppierung zusammengehöriger
Exemplare mit gleichen Struktur- und Funktionsmerkmalen bestimmen (vgl. Neumann 1981:554). Mustererkennung und Merkmalbe-
stimmung sind nur im Rückgriff auf die phylogenetische Heraus-

bildung der Sprache und der natürlichen Voraussetzungen ihrer
Entstehung möglich. Dazu zählen neben der universellen Wider-
spiegelungsfähigkeit der Materie die soziale Lebensweise von
Organismen, die vorsprachlichen und vormenschlichen Kommuni-
kationssysteme, Wahrnehmungs-, Orientierungs- und Koordinie-
rungsleistungen sowie die verschiedenen Formen der Erfahrungs-
und Wissenstradierung (vgl. Neumann 1981:556; Keseling 1979a:24f).

Im Symbolischen Interaktionismus G.H. Meads wird ebenfalls
eine phylogenetische Herleitung, in diesem Fall der menschlichen Bewußtseins- und Identitätsbildung, vorgenommen. Auch
hier erscheinen beide als gesellschaftliche Phänomene, für
deren Auftreten die Sprache in Form der vokalen Geste den
Mechanismus liefert. G.H. Mead koppelt 'Geist' an das Auftreten signifikanter Symbole im Interaktionsvollzug; 'Geist'
bildet die "Hereinnahme des gesellschaftlichen Prozesses der
Kommunikation in den Einzelnen" (Mead 1973:25). Mit der Verwendung sprachlicher Symbole geht die Möglichkeit einher, auf
sich selbst und das eigene Handeln aus der Perspektive des
anderen zu blicken. Die Fähigkeit des Individuums, sich selbst
zum Objekt zu werden und die Haltung des "verallgemeinerten
Anderen" (Mead 1973:196ff) zu übernehmen, kennzeichnet phylo-
wie ontogenetisch den Umschlag zu einer neuen Qualität des
Psychischen: dem Bewußtsein. Das Verhalten anderer kann antizipiert werden, ihre voraussichtliche Reaktion dient der An-
leitung des eigenen Verhaltens; es werden solche Zeichen zu
Symbolen, in denen die an der Interaktion Beteiligten Hand-
lungsintentionen verständlich ausdrücken können: Darin besteht
eine konventionalisierte, von den Interaktionspartnern ge-
teilte Bedeutung.

Der phänomenologische Ansatz, wie er in Anthropologie, Ethnographie und Ethnomethodologie vertreten wird, entwickelt
seinen Interaktions- und Bedeutungsbegriff in einer Konsti-
tutionstheorie der Erfahrung:

"As 'product', a common understanding consists of a shared
agreement on substantive matters; as 'process' it constitutes
of various methods whereby something that a person says or

does is recognized to accord with a rule." (Garfinkel 1972: 315).

Regelgeleitet bzw. regelabhängig sind die jeweiligen Interpretationen, die die Mitglieder einer (Sprach-)Gemeinschaft (member) aufgrund ihres Alltagswissens (common sense knowledge) vorwegnehmen. Der ethnomethodologische Regelbegriff ist dem der generativen Transformationsgrammatik insofern ähnlich, als soziale Strukturen mit Tiefenstrukturen verglichen werden können (vgl. Cicourel 1973). Daß sich Ethnomethodologen von der (letztlich) normativen Grammatiktheorie N. Chomskys angezogen fühlten, ist u.E. auf solche Begriffsähnlichkeiten zurückzuführen, ohne daß sich daraus methodologisch und wissenschaftstheoretisch eine Annäherung beider Ansätze folgern ließe. Ein entscheidender Unterschied besteht schon darin, daß sich Ethnomethodologen gerade den von Transformationsgrammatikern verschmähten 'diffusen Performanzdaten' zuwenden.

Bei der Explikation der ethnomethodologischen Vorgehensweise stoßen wir im allgemeinen auf Probleme, die denen der Darstellung des historisch-materialistischen Ansatzes ähnlich sind (s.o.). Hier wie dort gilt, daß die Methode, ihre praktische Anwendung und die gewonnenen Ergebnisse nur schwer voneinander getrennt werden können (vgl. Weingarten/Sack 1979:7); dies sei durch einen Umschreibungsversuch H. Garfinkels (1972:309), der für die Bezeichnung 'Ethnomethodologie' verantwortlich ist, illustriert:

"I use the term ethnomethodology to refer to various policies, methods, results, risks, and lunacies with which to locate and accomplish the study of the rational properties of practical actions as contingent ongoing accomplishments of organized artful practices of everyday life." (Hv. H.G.)

Zu diesen Abgrenzungs- und Definitionsschwierigkeiten kommt noch das Problem der Doppeldeutigkeiten solch zentraler Begriffe wie der der Konstitution und Interpretation hinzu: Ist unter 'Konstitution' die des Erfahrungsgegenstandes zu verstehen oder seine praktische Schaffung? Bezieht sich 'Interpretation' auf praktische Modifikation oder Umdeutungen im Bewußtsein?

Wir beziehen diesen Ansatz in unsere Bedeutungsexplikation
insofern ein, als er eine Methode zur Untersuchung der Prozesse darstellt, durch die Bedeutung in natürlicher Alltags-
kommunikation aufgedeckt wird. Diese als universal bezeichne-
ten Prozesse bestehen in der Indexikalität, Reflexivität
und Offenheit sprachlicher Kommunikation (vgl. Garfinkel
172:306f); aus ihnen kann das immer neue 'Schaffen' von Bedeutungen in und durch Interaktion - und damit der dynamische Aspekt von Bedeutungen - abgeleitet werden (s. Kap.
1.2.5 d.A.).

Damit wären die unterschiedlichen Ansätze skizziert, auf die
wir in unserer grundlagentheoretischen Darstellung zurückgreifen.

Geschrieben steht: "Im Anfang war das W o r t !"
Hier stock' ich schon! Wer hilft mir weiter fort?
Ich kann das W o r t so hoch unmöglich schätzen,
Ich muß es anders übersetzen,
Wenn ich vom Geiste recht erleuchtet bin,
Geschrieben steht: Im Anfang war der S i n n .
Bedenke wohl die erste Zeile,
Daß deine Feder sich nicht übereile!
Ist es der S i n n , der alles wirkt und schafft?
Es sollte stehn: Im Anfang war die K r a f t !
Doch, auch indem ich dieses niederschreibe,
Schon warnt mich was, daß ich dabei nicht bleibe.
Mir hilft der Geist! Auf einmal seh' ich Rat
und schreibe getrost: Im Anfang war die T a t !

                            (J. W. v. Goethe: Faust I)

1.2   Sprache und Lernen in ihrer phylogenetischen Entwicklung

1.2.1 Kommunikative Komponente organismischen Gemeinschafts-
      lebens

Um die Entstehung kommunikativer Strukturen nachzuvollziehen,
muß man bis zur Unterscheidung der belebten von der unbelebten
Materie zurückgehen. Das wichtigste Unterscheidungskriterium
dieser beiden Existenzweisen der Materie liegt darin, daß sich
belebte Materie - wir verwenden im folgenden den Begriff
'Organismus' - durch eine besondere Art des Stoffwechsels auszeichnet. Während der Stoffwechsel unbelebter Materie den allmählichen Übergang des einen anorganischen Stoffes in einen
anderen bewirkt (etwa chemische Reaktionen wie die metallische
Oxydation), besteht organismischer Stoffwechsel nicht nur aus
einem energetischen Fließgleichgewicht zwischen Organismus
und Umwelt, sondern zeichnet sich durch eine ständige Er-
neuerung der in einem Organismus vorhandenen Stoffe aus, so
daß er seine materielle Identität beibehalten kann. A. N.
Leontjew (1973:23f) spricht in diesem Zusammenhang von
Assimilations- und Dissimilationsprozessen.
Letztere bezeichnen solche Prozesse, in denen ein Organismus
auf eine äußere Einwirkung z. B. mit einer Bewegung reagiert.
Dies geschieht "auf Kosten einer Energie, die aus einer

potentiellen Zerstörung oder Veränderung der Struktur seiner
materiellen Teilchen resultiert". Um sein Energiepotential
aufrechtzuerhalten, muß dem Körper ständig neue Energie zuge-
führt werden. Dies geschieht zum großen Teil durch Aufnahme
von Nahrung, die in Assimilationsprozessen vom Organismus so
verarbeitet wird, daß durch sie die zerstörten oder veränderten Teile des Organismus wiederhergestellt werden.

Die Beziehung des Organismus zur Umwelt ist damit von Anfang

an kein Einwirken der Umwelt auf einen passiven Organismus,

sondern verlangt im Gegenteil die aktive Tätigkeit des Orga-

nismus in der Umwelt, indem die Gegenstände durch den Orga-

nismus aktiv zu für seine Lebenszwecke nützlichen Gegeben-

heiten verändert werden. Voraussetzung, daß Stoffwechsel im

oben beschriebenen Sinn stattfinden kann, ist die Erregbar-

keit des Organismus durch die Umwelt. Da die Umwelt aus Stoffen

besteht, die für den Stoffwechsel des Organismus verwertbar

oder nicht verwertbar, nützlich oder schädlich sind, bedingt

die Aufrechterhaltung der Lebenstätigkeit ein Unterscheidungs-

vermögen zwischen diesen Stoffeigenschaften, indem sie durch

unterschiedliche Reizzustände 'erfahren' d. h. wahrgenommen

werden. Diese Reize sind Energieänderungen in der Umgebung

des Organismus, die in ihm selbst wiederum Änderungen hervorrufen

(vgl. Schurig 1975,I:103).

Wir können hier nicht darauf eingehen, die genauen Prozesse
darzustellen, wie diese Reize im Organismus Erregungen, die
als elektrisches Potential auftreten, hervorrufen und hierdurch die Reize organismusintern 'abgebildet' werden. Wir
begnügen uns damit festzustellen, daß diese Reiz-Erregungs-
Beziehung die elementarste Form eines Informationsprozesses
ist, die schon bei Einzellern beobachtet werden kann. Bei mehr-
zelligen Lebewesen bilden sich spezielle Zellen und -systeme
(Nervenzellen und -systeme) heraus, die darauf spezialisiert
sind, die in Form von Erregungen einlaufenden Reize zu verarbeiten, d. h. aufzunehmen, weiterzuleiten oder abzublocken,
und somit zur Regulation des Verhaltens in sich ändernden Umwelten dienen. (vgl. Schurig 1975,I:103-155; Wolf 1976:51-60;
Holzkamp 1973:68f)

Selbst auf der niedrigsten Stufe der Entwicklung empfängt der

Organismus also aus der Umwelt Informationen, die für die Er-

haltung seiner Lebensaktivität notwendig sind. Dadurch wird

er zu einem offenen System in dem Sinne, daß durch die Infor-

mationsaufnahme die Möglichkeit zur individuellen situations-

spezifischen Verarbeitung energetischer Zustände in der Umwelt
gegeben ist.

Welche energetischen Zustände als Reize wahrgenommen werden,
kann hier nicht explizit dargelegt werden. Es bleibt jedoch
festzuhalten, daß jeder Organismus eine Informationsbeziehung
zur Umwelt entwickelt, die einerseits energetische Zustände
der Umwelt in Informationen - in Form von Reizen - für den Organismus erfahrbar macht und andererseits das Verhalten des
Organismus in und zu seiner Umwelt durch diese Informationen
gesteuert wird. Neben der prinzipiellen Möglichkeit, Reize zu
empfangen - d. h. der Entwicklung von Sensibilität und Ausbildung spezieller, hierfür geeigneter Organe, der Rezeptoren - bedarf der Organismus auch Filter, die nur die Reize
passieren lassen, die auch in für den Organismus relevante
Informationen umsetzbar sind und spezifische Aktivitäten auslösen können. Dies wird dadurch erreicht, daß ab einer bestimmten Intensität (Schwellenwert) energetische Zustände als
Reize wahrgenommen, verarbeitet und mit Aktionen beantwortet
werden (Schlüsselreize). Diese Schlüsselreize sind die elementarste Form von Signalen, d. h. die an bestimmte physikalische Träger gebundenen Erscheinungsformen von Informationen,
die verhaltenssteuernd wirken. Dabei sind die Schwellenwerte
nie völlig statisch, sondern - in unterschiedlichem Umfang -
variabel und können den Umweltgegebenheiten aktiv angepaßt
werden. Die Filterung der ständig fließenden Reize ist die
Grundlage für erste Umweltabstraktionen, die - durch Reiz-
reduktion und -selektion - erste interne Außenweltmodelle entstehen lassen. (vgl. Holzkamp 1973:Kap. 4; Klix 1976:200ff;
Stadtler u. a. 1975:80ff; Tembrock 1971:Kap. 8-12)

Die Empfängerqualitäten des Organismus werden durch zwei Faktoren noch wesentlich erhöht:

(a) Durch Eigenbeweglichkeit von Organismen können die Infor-

    mationsbeziehungen optimiert werden, indem das 'Suchen'

    von adäquaten Reizen möglich wird.

(b) Die Ausbildung verschiedener Rezeptorsysteme und die

    organismusinterne Koppelung der Informationen aus diesen

    Rezeptoren (Entstehung von Nervensystemen) differenzieren

    die wahrgenommene Umwelt und führen zu komplexeren Struk-

    turen der internen Außenweltmodelle, die immer mehr As-

    pekte der Außenwelt verarbeiten, die der Lebensaktivität

    des Organismus dienlich sind.

Diese internen Außenweltmodelle werden im Laufe der Evolution
einerseits immer konkreter - als sie mehr Umwelteigenschaften
in die Wahrnehmung und damit in die Verhaltensausrichtung einbeziehen - andererseits immer abstrakter, weil z. B. das visuelle Rezeptorsystem ('Auge') aus einer Vielzahl von Einzel-

rezeptoren (Stäbchen und Zäpfchen) besteht, deren Einzelinfor-
mationen erst in den sog. primären Projektionsfeldern des
Gehirns zu einem visuellen Gesamteindruck zusammengesetzt werden. (vgl. Luria 1976:107-111, 229ff)

Bei der Kopplung der Informationen verschiedener Rezeptorsysteme in den sog. Assoziationsfeldern oder sekundären Projektionsfeldern ist die Verbindung zu den Rezeptoren nur noch
indirekter Art (vgl. Luria 1976:111-128; Stadtler u. a. 1975:
76-110). Dieser Vorgang ist unter folgenden Gesichtspunkten
wichtig (vgl. Kap. 1.2.2):

- Die Verhaltenskontrolle und -steuerung ist nicht mehr
  direkt an aktuelle Rezeptorinformation gebunden, wie beim
  Auslösen von Verhalten bei Überschreiten eines Schwellen-
  wertes (unbedingte Reflexe).
- Es eröffnet sich die Möglichkeit, neue Erfahrungen durch
  neue, d. h. nicht genetisch festgelegte, neuronale Verbindungen in das Verhaltensrepertoire zu integrieren. Diese
  Möglichkeit der Schaffung individueller neuronaler Strukturen ist eine notwendige Voraussetzung für die Ausbildung
  von Gedächtnisstrukturen (Speicherung individueller Informationen im Gegensatz zur Speicherung der Erfahrungen der
  Spezies in den Genen) und von höheren Formen des Lernver-
  haltens, den bedingten Reflexen.
- Nicht isolierte Reize, sondern zunehmend Reizkonfigurationen
  der Umwelt werden zu Signalen.

Solange sich diese Informationsbeziehungen auf unbelebte Materie beschränken, sind sie dadurch gekennzeichnet, daß sie
monologische Rückkoppelungsbeziehungen darstellen, also daß

(a) die Richtung des Informationsflusses determiniert ist;
(b) der Organismus nur Informationen aus der Umwelt aufnimmt,
    aber keine an sie abgibt;
(c) der Informationsaustausch unidirektionaler Natur ist;
(d) diese Beziehungen keine statischen Vorgänge sind, sondern
    dynamische Prozesse, die im Organismus erste Formen von
    sich selbst regelndem Verhalten entstehen lassen.
(d) läßt sich als elementare Form einer TOTE-Unit (Test-

Operate-Text-Exit-Einheit) beschreiben, die jedem Verhalten
zugrundeliegt. Wir entnehmen diesen Typus eines kybernetischen
Regelkreises der Arbeit K. H. Pribrams (1971) und wollen
solche Regelkreise intraindividuelle Regelkreise nennen, da sie
auf das Verhalten eines Individuums beschränkt sind und die
Verarbeitung von Umweltinformationen auf internen Regulations-
mechanismen beruht. Es soll nun kurz erläutert werden, wie
eine TOTE-Unit arbeitet.

Schon bei Einzellern ist zu beobachten, daß sie aktiv Umgebun-
gen aufsuchen, die für ihre Lebensbedürfnisse optimal sind: So
können z. B. einzelne Arten nur in einer bestimmten Wassertemperatur überleben. Setzt man sie in ein Becken mit unterschiedlichen Temperaturen an einer für sie ungünstigen Tempe-
raturstelle aus, so streben sie zu den Stellen, die 'ihrer'
Temperatur besser zusagen. Dies kann nur so erklärt werden,
daß sie in der Lage sind, die Wassertemperatur als Reizinput
(Istwert) wahrzunehmen und mit dem Temperatursollwert intern
zu vergleichen (Testphase). Weiterhin können sie die Differenz
zwischen Ist- und Sollwert feststellen und ein Verhaltens-
programm aktivieren, das auf einen Differenzausgleich abzielt
(Operatephase). Die Ergebnisse der Operatephase - die sich
ändernde Wassertemperatur - werden nun ununterbrochen als
neue Istwerte mit dem Sollwert verglichen (Testphase). Sind
beide Werte identisch, hört die Operatephase auf (Exit). Der
Gesamtvorgang ist in Abb. 1 schematisch dargestellt.

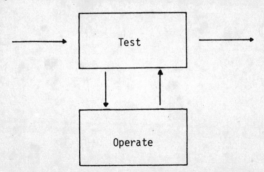

Abb. 1   TOTE-Unit als elementare Verhaltensform
(nach: Pribram 1971:90)

Gleichzeitig lebt ein Organismus nicht allein, sondern im Ver-
bund mit gleich- oder verschiedenartigen Organismen - man
spricht von Organismussozietäten -, so daß nicht nur die unbelebte Natur Informationen für den Organismus enthält,

sondern auch andere Organismen Informationsträger werden. Der
einzelne Organismus nimmt andere Organismen wahr und wird
von ihnen wahrgenommen. "Die gegenseitige Perzeption von Organismusindividuen stellt (...) die Kernstruktur kommunikativer
Beziehungen dar." (Hoffmann 1977:459) Kommunikative Beziehungen
sind somit ein Spezialfall der Informationsbeziehungen. Beim
Zusammentreffen von zwei Organismen mit Empfängerbereitschaft
fungieren sie für den je anderen als Sender, sofern sie durch
das Rezeptorsystem des je anderen wahrgenommen werden können.
Dies ist die Grundlage, auf der sich dialogische Strukturen,
und damit die Voraussetzungen für Kommunikationsverhältnisse,
entwickeln können. Die Informationsbeziehungen ändern sich
damit gegenüber den oben beschriebenen monologischen Rückkoppelungsbeziehungen zwischen Organismus und Umwelt zu
dialogischen Rückkoppelungsbeziehungen zwischen Organismus -
Organismus - Umwelt, d. h.

(a) die Richtung des Informationsflusses ist nicht mehr determiniert, nicht mehr nur von der Umwelt zu einem Organismus A, sondern auch von einem Organismus A zu einem Organismus B (und umgekehrt);

(b) der Organismus nimmt Informationen aus der Umwelt auf und
gibt sie an die (belebte) Umwelt ab;

(c) der Informationsaustausch wird duodirektional;

(d) es entwickeln sich Formen des Aussendens von Informationen
über die eigene Beschaffenheit, mit der Funktion, über die
Steuerung des Verhaltens eines Empfängers für die eigene
Lebensaktivität des Senders relevant zu sein (und umgekehrt).

Dieser (externe) interindividuelle Rückkoppelungskreis stellt
in Verbindung mit der TOTE-Unit eine Interaktionsbeziehung
dar, bei der als Ist- und Sollwerte nicht mehr nur Informationen über die eigene Beschaffenheit und die der unbelebten Umwelt eingehen, sondern auch das Verhalten anderer
Organismen zu einem Individuum und das eigene Verhalten in
Bezug zu anderen Organismen.
Während solche Interaktionsbeziehungen für die Überlebens-

möglichkeit von Organismussozietäten notwendig sind, um das
Verhalten der einzelnen Mitglieder auf die Erfordernisse der
Gesamtheit abzustimmen, sind sie gleichzeitig die Basis für
sich entwickelnde Kommunikationsbeziehungen. Diese liegen
dann vor, wenn ein aktuelles Koordinationsproblem der Sozietät (z. B. das zu enge Zusammenrücken der Mitglieder und damit
verbunden die Gefahr von Nahrungsknappheit oder kollektive
Vernichtung durch Freßfeinde) durch das Verhalten eines Organismus A für einen Organismus B angezeigt wird, B dieses Verhalten entschlüsseln kann und dies wieder an A als Information
zurücksendet, indem er sein Verhalten entsprechend ändert.
Die Differenzierung zwischen Interaktion und Kommunikation
ist u. E. notwendig, um solche kommunikativen Paradoxe wie
das Watzlawick'sche "Man kann nicht nicht kommunizieren."
(Watzlawick u. a. 1974:50ff) zu vermeiden.
Dies ist die Basis für den Aufbau sozietär-externer Außenweltmodelle, die eine qualitative Ergänzung zu den o. g. internen
Außenweltmodellen sind und die individuell beschränkte
Öffnung zur Außenwelt eines Organismus überwinden.
Wenn die o. g. externen, interindividuellen Rückkoppelungen
mit internen, intraindividuellen Rückkoppelungen verbunden
werden, wird dem Organismus die ständige Kontrolle der ausge-
sandten Informationen, die Perzeption ihrer Wirkung auf andere
und die Modifikation zur Wirkungsoptimierung möglich: Es entwickelt sich das Kontaktverstehen als der elementarsten Form
der dialogischen Rückkoppelungsbeziehungen. K. Bühler hat für
diese Art des Verstehens ein Modell entwickelt (vgl. Abb. 2),
das die Grundfunktionen des Kontaktverstehens - die gegenseitige Steuerung - sichtbar macht. 'Steuerung' meint dabei
"die zweckvolle gegenseitige Beeinflussung des Verhaltens der
Mitglieder tierischer und menschlicher Gemeinschaften" (Bühler
1978a:65).

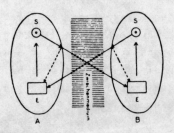

Abb. 2   Schematische Darstellung des Kontaktverstehens
          (aus: Bühler 1978a:93)

Wenn zwei Organismen A und B in Kontakt treten, ist in jedem
der beiden ein Sender S und ein Empfänger E in Tätigkeit:
                    A empfängt das Verhalten von B,
          und   B empfängt das Verhalten von A,
          und   A sendet durch sein Verhalten Informationen
                für B,
          und   B sendet durch sein Verhalten Informationen
                für A.

A sendet durch sein Verhalten Informationen für B und empfängt

sein eigenes Verhalten (und die Reaktion von B auf sein Ver-

halten) durch eine interne Rückkoppelung nach dem Reafferenz-

prinzip (vgl. Abb. 3). Gleiches gilt umgekehrt für B.

27

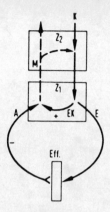

"Grundschema des Reafferenzprinzips. Ein von zen-
tral kommendes Kommando K - meist über höhere
Zwischenzentren (Z_2) laufend - löst im spinalen
Zentrum (Z_1) eine motorische Efferenz (E) aus,
die auf den Effektor einwirkt (Eff). Dies erzeugt in dort eingelagerten Rezeptoren eine zum
spinalen Zentrum zurücklaufende Afferenz (A),
die in diesem Fall als 'Reafferenz' (Rückmeldung des Efferenzerfolgs) bezeichnet sind. Sie
trifft in Z_1 auf eine von E abgezweigte
'Efferenzkopie' (EK). Sind beide gleich groß,
so heben sie sich - wegen ihrer umgekehrten
Wirkungsvorzeichen - gerade auf. Bleibt (z. B.
infolge von äußerlich angreifenden Störungen)
ein 'exafferenter Rest', so wird dieser als
aufsteigende Meldung (M, = EK-A) an höhere
Zentren weitergegeben, die ein Ausgleichs-
kommando nachliefern, bis M verschwunden ist."

Abb. 3   Schematische Darstellung des Reafferenzprinzips
(aus: Henatsch 1976:200)

"Ein Affekt, eine Strebung im Aktionssystem von A ergreift
den Leib, kommt in Gebärden und primären Zwecktätigkeiten
dieses Leibes in das Zwischenmedium von A und B. Der Empfänger
in B spricht durch dies Zwischenmedium an. Aber auch der
Empfänger in A spricht darauf an, wenn jeder seine eigenen
Körperbewegungen spürt. Und zwischen E und S in jedem Partner
besteht die innere, sensomotorische Synapse (...)." (Bühler
1978a:93f)
Diese Form des Kontakts kann sich entwickeln, wenn Organismen

sich in ständiger Lebensgemeinschaft organisieren, die in der
Erleichterung von lebenswichtigen Aktivitäten wie Nahrungsaufnahme, Fortpflanzung, Brutpflege, Flucht, Abwehr usw. biologisch begründet ist. Das Verhalten der Artgenossen erhält für
die anderen Bedeutung in dem Sinne, daß es auf die Aktivitäten
der je anderen Einfluß ausübt. Es entsteht eine Semantik,
nicht als Nebenprodukt, sondern als konstitutiver Faktor jeden
tierischen und menschlichen Gemeinschaftslebens (vgl. Bühler
1978b:34ff). Die Funktion der Bedeutung besteht in der Steuerung des sinnvollen Benehmens der Mitglieder von sozialen Ge-
bilden. Dabei ist zunächst das Verhalten des je anderen als
solches bedeutungsvoll: Das Auffliegen eines Vogels beim Auftauchen eines Bodenfeindes bedeutet für die anderen Vögel des
Schwarms 'Gefahr' und veranlaßt sie mitaufzufliegen.
Auf einer höheren Entwicklungsstufe werden spezielle Verhaltensweisen ausgebildet, die der Kodierung von Informationen
dienen. Die Verhaltensweisen wirken nicht mehr länger 'als
solche', sondern bedürfen der Interpretation durch die anderen:
Der Ruf eines Herdenmitgliedes wird von den anderen nicht mehr
ausschließlich als 'Gefahr' interpretiert, sondern je nach
Kontext als 'Gefahr', 'Nahrung', 'Hunger' usw.
"Barks, postures, and manner of movement are all, quite accu-
rate informations-bearing clues for canines, as are all facets
of behavior. But here one must distinguish between behavior
from which information can be inferred, and behavior designed
primarily to code information." (Givón 1979a:281; Hv. B.H/R.M.)
Es bilden sich Verhaltensweisen aus, die spezialisiert sind auf
die Kundgabe von Bedeutungen, um ein bestimmtes Verhalten bei
anderen Mitgliedern einer Sozietät auszulösen. K. Bühler (vgl.
1969 : 26) spricht in diesem Zusammenhang von Steuerungshilfen.
Sie sind semantische Einrichtungen, die aus praktischen Tätigkeiten der Organismen durch Funktionswechsel entstehen. In
diesem Kodierungsverhalten (behavior to code information), dem
Funktionswechsel von Tätigkeiten zu Steuerungshilfen sozialer
Gemeinschaften ist die Grundlage für die Entwicklung von
Symbolisierungen, Konventionalisierungen und Interpretations-
strategien gegeben.

"It is most likely to assume, that the evolution of coded
communicative behavior represents a gradual conventionaliza-
tion, distillation, symbolization, and abstraction of the
more informatively salient element of mere behavior."
(Givón 1979a:281; Hv. T.G.)

Dieses Kodierungsverhalten erfüllt die Anforderungen der Definition von Konventionen bei D. Lewis (1975:79):

"Eine Verhaltensregularität R von Mitgliedern einer Gruppe G,
die an einer wiederholt auftretenden Situation S beteiligt
sind, ist genau dann eine KONVENTION, wenn es wahr ist und
wenn es in G zum gemeinsamen Wissen gehört, daß bei nahezu
jedem Auftreten von S unter Mitgliedern von G
(1) nahezu jeder R folgt;
(2) nahezu jeder von nahezu jedem anderen erwartet, daß er R
    folgt;
(3) nahezu jeder hinsichtlich aller möglichen Handlungskombi-
    nationen annähernd dieselben Präferenzen hat;
(4) nahezu jeder es vorzieht, daß jeder weitere Beteiligte R
    folgt, sofern alle übrigen R folgen;
(5) nahezu jeder es vorziehen würde, daß jeder weitere Be-
    teiligte R' folgt, sofern nahezu alle übrigen R' folgten,
wobei R' eine andere mögliche Verhaltensregularität der Mitglieder von G in S ist, derart daß nahezu jeder in nahezu
keinem Fall von S zugleich R' und R folgen könnte."

Wir wollen an dieser Stelle die Begriffe Tätigkeit und Hand-
lung voneinander abgrenzen: Tätigkeiten sind in unserem
Sprachgebrauch vom Ziel her definiert (z. B. Nahrungssuche,
Körperpflege) und Handlungen als isolierbare und notwendige
Aktivitäten zum Erreichen eines Zieles (z. B. Beute ver-
folgen, Flöhe suchen).

Die neue Art der Tätigkeit hat nun nicht mehr die Funktion,
Objekte direkt, sondern vermittelt über einen anderen Organismus zu manipulieren. So gehören z. B. die mit der praktischen
Tätigkeit der Beuteverfolgung verbundenen Bewegungsabläufe
in dem Moment auf, 'Beuteverfolgung' zu sein und werden zu
einer Steuerungshilfe, wenn sie nicht erst unmittelbar beim
von allen Herdenmitgliedern wahrgenommenen Auftauchen der
Beute ausgeführt, sondern zeitlich vorgezogen werden. Die
Bewegungen der 'Beuteverfolgung' sind - gleich einer Panto-
mime - lediglich angedeutet; ihre Funktion - wir sagen auch
ihre 'Bedeutung' - verändert sich; sie sollen einem anderen
Herdenmitglied z. B. die Beuterichtung anzeigen, um es zum

Mitverfolgen der Beute zu bewegen. Wir sprechen von sozialen
Signalen, um deutlich zu machen, daß jetzt Informationen
zwischen Organismen zu beiderseitigem Nutzen ausgetauscht
werden (vgl. Schurig 1975,I:178).

Solche Steuerungshilfen erleichtern kollektive Tätigkeiten von
Lebensgemeinschaften (Nahrungssuche, Fortpflanzung usw.). Sie
können sowohl die resonante parallele Ausübung einzelindivi-
dueller Handlungen (wie z. B. beim jagenden Wolfsrudel) steuern als auch zur 'arbeitsteiligen' Zusammenfassung individuell
verschiedener Beiträge zu einer Gesamthandlung dienen (so die
Jagdweise einiger Raubkatzen: eine treibt das Wild der anderen
zu).

Nach G. Höpp (vgl. 1970:59) zeichnen sich Steuerungshilfen durch
ihre doppelte Taxie aus, so daß man sich die Gesamtbewegung
der Handlung in einer Dreiecksform (Subjekt - Vorobjekt -
Hauptobjekt) vorstellen kann. Wir wollen dies anhand einer
Graphik veranschaulichen (vgl. Abb. 4). Dabei ist das erste
Beispiel aus dem menschlichen Bereich genommen und soll
zeigen, wie die Bewegung des 'Stein-Aufhebens' zu einer
Steuerungshilfe wird, um einen anderen zum Helfen zu bewegen.
Das zweite Beispiel illustriert den Funktionswechsel der o.g.
Bewegung des 'Beuteverfolgens'.

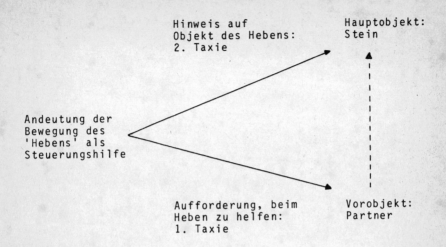

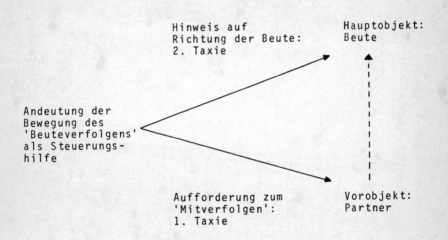

Abb. 4   Umwandlung von praktischen Tätigkeiten zu
          Steuerungshilfen durch Funktionswechsel
          (nach: Bühler 1978a/b und Höpp 1970)

1.2.2 Allgemeine Definitionen und grundlegende Charakteristika des Lernens

Im vorangegangenen Kapitel haben wir die Entstehung kommunikativer Strukturen aus der Lebenstätigkeit von Organismen
im Zusammenhang mit ihrer Fähigkeit beschrieben, Informationen über die eigene Beschaffenheit abzugeben und solche über
die Beschaffenheit der Umwelt einschließlich anderer Organismen aufzunehmen. Dabei wurde die wechselseitige Wahrnehmung
von Organismusindividuen als Kernstruktur kommunikativer Beziehungen aufgefaßt, aus der sich Interaktion dann entwickeln
kann, wenn die ausgetauschten Informationen Rückkoppelungs-
und Steuerungsfunktion gewinnen: Das Verhalten anderer, ins-

besondere der in sozialer Gemeinschaft lebenden Organismen
wird als bedeutungsvoll für das eigene Verhalten aufgefaßt;
in dem Maße, in dem das Verhalten aufhört, als solches Informationsträger zu sein, kommt es zur Ausbildung von
speziellen Verhaltensweisen, die Informationen kodieren.
Bevor wir in Kap. 1.2.3 bis 1.2.5 diese Entwicklung weiter-
verfolgen und die Sprache als spezifisches Mittel der gegenseitigen Verhaltenssteuerung auf menschlichem Niveau im Detail
behandeln, wollen wir nun darstellen, welchen Gesetzmäßigkeiten die jeweilige Verhaltenseinstellung eines Organismus
auf seine Umwelt unterliegt. Wir betrachten dabei die
gleichen, eben geschilderten kommunikativen und interaktiven
Prozesse des Informationsaustauschs lediglich unter einem
anderen Aspekt, dem der individuellen Informationsverarbeitung, und formulieren als Ausgangsfrage: In welcher Weise
ist es einem Organismus möglich, aufgenommene Informationen
in Verhalten umzusetzen, das den Bedingungen, unter denen er
lebt, angepaßt ist?

Der morphologische Bauplan und die Ausstattung eines Organismus stellen bereits eine Anpassung an die Umweltanforderungen
dar. Spezifische Reaktionen, die sich phylogenetisch durch
mutative Änderungen herausbilden und in der Erbsubstanz des
Organismus festgelegt sind, bezeichnen wir als angeborene Verhaltensweisen und unterscheiden sie von solchen, die sich nur
ontogenetisch herausbilden können und genetisch nicht fixiert
sind, also bei den Nachkommen nicht unbedingt auftreten. Erlernte Verhaltensweisen sind das Produkt individueller psychischer Anpassungen eines Organismus an die Umwelt. (vgl. Holzkamp-Osterkamp 1975:114; Klix 1976:347, Schurig 1975,II:9,29)
Das Psychische verstehen wir - aus seiner naturgeschicht-
lichen Entwicklung heraus - als über das zentrale Nerven-
system (ideell) widergespiegeltes Abbild der Umgebung (Außenwelt), von deren materieller Beschaffenheit es sich grundsätzlich unterscheidet; man nimmt heute an, daß elektrische
Felder seine materielle Grundlage bilden (vgl. Schurig 1975,I:
46ff,78ff; vgl. auch Rubinstein 1973:bes.238ff).
In seiner ersten Annäherung definieren wir damit

(a) Lernfähigkeit als die Möglichkeit eines Organismus, sich
    individuell an spezifische, zumeist neue oder ungewohnte
    Umgebungsbedingungen anzupassen; und

(b) Lernen als umgebungsbezogene Verhaltensmodifikation auf-
    grund einer individuellen Verarbeitung von Informationen
    über diese Umwelt.

Auch wenn sich durch diese Grobdefinition angeborenes oder
instinktives von erlerntem Verhalten gut unterscheiden läßt,
so dürfen sie nicht als einander entgegengesetzte und in der
Realität isoliert vorkommende Verhaltensaspekte aufgefaßt
werden. Vielmehr sind Lernvorgänge nur auf der funktionie-
renden Grundlage des angeborenen Verhaltens möglich, und
sie sind immer an die genetisch fixierte Ausbildung ent-
sprechender Lernorgane gebunden. So ist z.B. das Laufenlernen
beim Kind u.a. an das Funktionieren des Gleichgewichtssinns ge-
bunden(vgl. Holzkamp-Osterkamp 1975:139; Schurig 1975,II:13).
Wir können unsere Definition also wie folgt ergänzen:

(c) Erlerntes Verhalten ist das Ergebnis einer durch phylo-
    genetische Anpassung ermöglichten ontogenetischen Ver-
    haltenseinstellung.

An der Zunahme erlernten Verhaltens am Gesamtverhalten zeigt
sich phylogenetisch die Entwicklungshöhe einer Organismenart
(Spezies, Population). Hier werden auch die Selektionsvorteile
gegenüber dem angeborenen Verhalten sichtbar: Die starre Ge-
schlossenheit des Reaktionsablaufes wird aufgehoben; die
langen 'phylogenetischen' Zeiträume für Verhaltensänderungen
entfallen (vgl. etwa das 'genetische' Lernen von Bakterien,
die nur über Generationen hinweg bestimmte Serumresistenzen
entwickeln können); die Anpassung an sich verändernde Umwelten erlaubt dem Organismus kurzfristige Reaktionsmöglich-
keiten, die letztlich nicht nur der Arterhaltung, sondern
auch dem Überleben des Individuums dienen. (vgl. Schurig 1975,II:
32,72,131f)

Für den Ablauf von Lernprozessen müssen einige grundlegende
Voraussetzungen erfüllt sein (vgl. Klix 1976:34f, 350; Schurig
1975,II:31,59-83,85-103). Mithilfe dieser - in Anlehnung an

unsere Definitionsergänzung (c) - phylogenetischen Grundlagen
gelangen wir zu einer weiteren Spezifizierung des Lernbe-
griffs:

(1) Lernen beruht auf elementaren Informationsaufnahme- und
    -abgabeprozessen (vgl. 1.2.1 d.A.), die an psychische
    Aktivitäten gebunden, jedoch nicht von der Entstehung
    des Bewußtseins abhängig sind.

    'Bewußtsein' zählt wohl zu den schillerndsten und ideo-
    logiebeladensten Begriffen unserer Sprache. Dem von uns
    verfolgten Ansatz und den gegenwärtigen sachlichen Er-
    fordernissen entsprechend verzichten wir auf eine
    (sprach-)philosophische Diskussion des Begriffs und
    halten hier lediglich fest, daß psychische Aktivitäten
    zu bewußten werden, wenn die (Um-)Strukturierung einer
    Handlungssequenz von einem antizipierten Zielzustand her
    möglich ist (davon mehr in Kap. 1.2.4 d.A.; vgl. auch
    Holzkamp 1973:156).
    "Die Entstehung des Bewußtseins betrifft nur einen
    begrenzten psychischen Bereich motivationaler und kogni-
    tiver Leistungen, während besonders für die Aufrechter-
    haltung physiologischer und elementarer verhaltensbio-
    logischer Funktionen" das vorbewußte Stadium bestehen
    bleibt. (Schurig 1976:73)

(2) Lernen setzt die Fähigkeit voraus, Informationen in En-
    grammen zu speichern und wieder abzurufen, individuellen
    Gedächtnisbesitz auszubilden und zu korrigieren.

    Unter einem Engramm versteht man in der Neurologie eine
    durch einen Reiz ausgelöste Erregung, die einen Neuro-
    nenverband vertikal durchläuft und nicht restlos wieder
    abklingt; Engrammbildung läßt sich somit auch als Erre-
    gungsspeicherung bezeichnen (vgl. Caspers 1970:462; Lenne-
    berg 1972:260f,264). Aus anderem Blickwinkel erscheinen
    Engramme als durch Reizeinwirkung hervorgebrachte Verän-
    derungen der neuronalen Erregbarkeit (vgl. Rubinstein
    1977:363); (Wieder-)Erinnerung wäre dabei als ein Fall
    von erleichterter (Wieder-)Erregbarkeit zu charakteri-
    sieren.

(3) Lernen ist an die Herausbildung innerer Bewertungs- und
    Entscheidungsinstanzen geknüpft, da der Organismus ein
    begrenztes Verhaltensrepertoire auf ein praktisch unbe-
    grenztes Reizangebot anwenden muß.

U. Holzkamp-Osterkamp weist in ihren Arbeiten zur naturge-
schichtlichen Entwicklung der Motivation u.a. auf zwei weitere Gesichtspunkte hin (vgl. 1975:insb.73,210), ohne die der

Ablauf bestimmter Lernprozesse nicht erklärt werden kann.

(4) Individuelles Lernen wird oft erst durch die Unter-
stützung und Absicherung der in sozialer Gemeinschaft
lebenden Organismen möglich. So lernen z.b. junge Katzen
die Jagdtechnik nur unter der Voraussetzung, daß ihnen
die Eltern lebende Mäuse bringen und daß sie unter elter-
lichem Schutz üben können.

(5) Im Neugierverhalten können unabhängig von augenblicklichen
physiologischen Mangelzuständen Informationen über Umweltgegebenheiten eingeholt werden. So kann man z.b. Kohl-
raben beobachten, die nur dann ein ihnen unbekanntes Objekt zu fangen versuchen, wenn sie nicht hungrig sind;
andernfalls wenden sie sich bekannten Beuteobjekten zu.

Wie sieht nun im einzelnen der Ablauf von Lernprozessen aus
und nach welchen Kriterien lassen sich Lernformen unterscheiden?

In der lernpsychologischen und verhaltenstheoretischen Literatur treffen wir häufig auf Begriffe wie Konditionieren (und
Gegenkonditionieren), Reiz-Reaktions-Lernen, Beobachtungs-
und Imitationslernen, Begriffslernen, Versuch-Irrtum-Lernen,
Problemlösen etc. Sie werden gern als Lernarten, -formen oder
-typen bezeichnet und in eine hierarchische Ordnung gebracht
(z.B. Gagné 1970). Daneben gibt es eine Fülle von Theorien,
in denen zumeist Modelle der einen oder anderen Lernform
entwickelt oder aber - wie im Extremfall behavioristischer
Theorien - jegliches Lernen auf eine bestimmte Lernform reduziert wird.

Dies ist nicht unser Vorgehen. Wir suchen eine Klassifikation,
in der einerseits invariante Grundstrukturen von Lernprozessen
verdeutlicht und andererseits die jeweiligen Besonderheiten
des in Verhalten umgesetzten Informations- und Erkenntnisgewinns im Hinblick auf eine immer adäquatere Umwelterfassung
hervorgehoben werden.

Eine u.E. ebenso detaillierte wie - sowohl in der Sache als
auch in der Darstellung - vorzügliche Behandlung der Eigenschaften und Grundgesetze organismischer Lernprozesse findet

sich in der 1970 erstmals erschienenen grundlagentheoretischen Arbeit 'Information und Verhalten' von Friedhard
Klix. Seine Analyse und Klassifikation zeichnet sich dadurch
aus, daß Lernprozesse in ihren Bezügen zu Wahrnehmungs-, motorischen und Gedächtnisleistungen betrachtet werden. Wir folgen daher den Klix'schen Überlegungen (1976: Kap.6, insb. 345-
405; vgl. auch Schurig 1975:50-95), beginnen unsere Darstellung jedoch mit der Vorwegnahme der Analyse- und Klassifika-
tionsergebnisse, bevor wir das Grundmodell von Lernprozessen
sowie die Besonderheiten unterscheidbarer Lernformen näher
skizzieren und anhand von Beispielen illustrieren.

Lernprozesse beeinflussen psychisches Geschehen
(1) in der Wahrnehmung, denn die im Gedächtnis fixierten
    Zusammenhänge zwischen Situationsmerkmalen bewirken eine
    Veränderung der Auffassung und Gliederung der Objekte
    sowie ihrer Eigenschaften;
(2) in der Motorik, speziell in der sensomotorischen Verhal-
    tenskoordinierung, denn gerade das Fehlen genetisch
    fixierter Verhaltensantworten bewirkt eine situationsab-
    hängige und -gemäße Ausbildung von Verhaltensmustern;
(3) im Gedächtnis, denn die ständige Zunahme von abgespei-
    cherten Objektmerkmalen und -relationen bewirkt ein
    schrittweises 'Nach-Innen-Verlegen' der Entscheidungs-
    findung: Nicht mehr motorische Aktionen, sondern Operatio-
    nen über dem Gedächtnisbesitz, d.h. das Suchen und Neu-
    bilden von Relationen, dienen dann in erster Linie der
    Erkenntnisgewinnung. Die sich so herausbildenden Gedächt-
    nisstrukturen werden zur Grundlage für Begriffsbildung
    und Sprachbesitz.
Nach dem Umgebungsbezug der Lernwirkung lassen sich folgende
Lernformen unterscheiden.
Die Auflösung einer Verhaltensbindung an ein Objektmerkmal
wird als Abgewöhnen oder Habituation bezeichnet und unterschei-
det sich von der Entstehung einer Verhaltensbindung an ein
Objektmerkmal, dem bedingten Reflex oder der bedingten Reak-

tion. Da durch Prägungslernen - einfacher: durch Prägung -, wie
wir noch sehen werden, ebenfalls neue Verhaltensbindungen entstehen, ist keine eigenständige Lernform anzusetzen. Zur Abbildung von realisierbaren Zusammenhängen zwischen Objekt-
merkmalen kommt es beim instrumentalen Bedingen oder der bedingten Aktion. Die häufig davon unterschiedenen Lernformen
Versuch-Irrtum und Hypothesenbildung fassen wir im weiteren
lediglich als zwei Arten auf, im instrumentalen Bedingen Ver-
haltensentscheidungen herbeizuführen. Als letztes läßt sich
die Konstruktion von möglichen Verkettungen zwischen Merkmal-
relationen als Lernen durch Einsicht von den anderen Lern-
wirkungen abgrenzen.

Die genannten vier Lernformen haben folgende Gesetzmäßigkeiten gemein, die sich in einem allgemeinen Wirkungsgefüge
organismischer Lernstrukturen schematisch darstellen lassen
(Abb. 5). Die Graphik veranschaulicht, wie der Organismus
aufgrund eigener Aktivitäten aus der Vielzahl wahrnehmbarer
Situationsmerkmale ein Bild über verhaltensrelevante Gegebenheiten erhält und für seine Verhaltensentscheidung auswer-
tet. Wir wollen den Vorgang, der zu einer umweltbezogenen
Verhaltensänderung des Organismus führt, sowie die verschiedenen Wirkungskomponenten beim Ablauf von Lernprozessen er-
läutern und greifen an 'kritischen' Stellen zur Illustration
auf einige Beispiele zurück.

Aus der Umgebungssituation S(U) wirken Reize x ausgehend von
Objekten bzw. deren Eigenschaften auf das Rezeptorsystem des
Organismus. In einem ersten Schritt der Informationsverarbeitung kommt es zu einer Ausrichtung der Rezeptoren: Die
beteiligten Wahrnehmungsorgane passen ihre Aufnahme der Umgebungssituation an (z.B. verstärktes Hören, Blickfixieren).
Die aufgenommenen Reize gehen in Wahrnehmungsgrößen über,
die als Merkmale (oder Relationen) Elemente einer vorgeform-
ten Gedächtnisstruktur aktivieren. In ihr sind (a) die Merkmale mit bestimmten Verhaltensweisen als Antwort auf die jeweiligen Reize gekoppelt und (b) Rückmeldungen über Verhal-
tenskonsequenzen gespeichert. Bei einer eindeutigen Koppelung
wird das entsprechende Verhalten reibungslos aktiviert: Lernen
findet in diesem Fall nicht statt. Liegt keine eindeutige
Koppelung vor, muß das Gedächtnis in dieser Hinsicht korrigiert werden. Für die Korrektur des Verhaltens greift der
Organismus auf (b) zurück: Das Verhältnis zwischen Verhal-

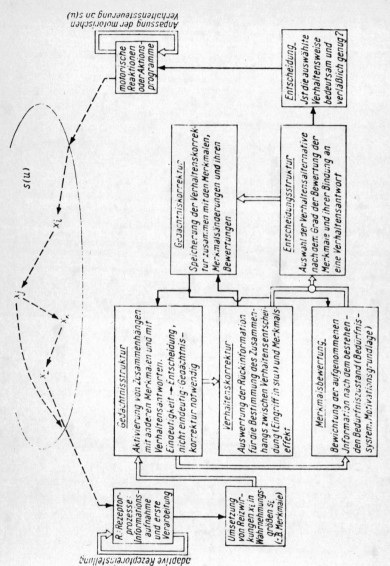

Abb. 5 Allgemeine Lernstruktur
(aus: Klix 1976:352)

tenskonsequenz (z.B. Beutefang $\Longleftarrow=\neq==$ (ist nicht länger
das Resultat von) Fangverhalten) und verhaltensauslösen-
dem Merkmal (z.B. auditive Wahrnehmungsgröße $\Longleftarrow====$ (ergibt
sich aus) künstlich erzeugter Piepslaut der Maus) muß neu
bestimmt werden. Neben dieser Verhaltenskorrektur wird eine
Bewertung der Merkmale vorgenommen. Sie hängt vom jeweiligen
Bedürfniszustand des Organismus ab und wirkt zusammen mit
der Verhaltenskorrektur in der Entscheidungsstruktur. Dabei
kann eine hohe Merkmalbewertung - aufgrund stark ausgepräg-
ter Bedürfnis- und Emotionszustände oder hoher Motivation
(vgl. Holzkamp-Osterkamp 1975) in Verbindung mit der Wahrnehmung eines Merkmals - zur Beibehaltung der gewohnten Verhaltensentscheidung führen, selbst wenn die Neubestimmung
des Verhältnisses zwischen Verhaltenskonsequenz und verhal-
tensauslösendem Merkmal ihrerseits hoch zu veranschlagen
wäre, etwa aufgrund der Häufigkeit, mit der bestimmte Verhal-
tenskonsequenzen ausbleiben. In solchen Fällen ist das Lernen
sehr erschwert, wenn nicht unmöglich. So läßt sich der Warn-
laut der Paviane praktisch nicht von seiner Koppelung an
das Fluchtverhalten der Tiere lösen, auch wenn die erwartete
Gefahr - bei einer künstlichen Erzeugung des Warnsignals -
in hunderten von Testsituationen ausbleibt. Andererseits kann
bereits eine schwache Merkmalbewertung die Veränderung einer
Verhaltensentscheidung bewirken, selbst wenn die o.g. Neubestimmung weniger hoch veranschlagt wird.
Ist eine Verhaltensentscheidung in der einen oder anderen
Richtung gefallen, werden die für die praktische Durchfüh-
rung des Verhaltens notwendigen Subsysteme des Organismus
aktiviert: Die motorische Reaktion (auf einfachen Entwicklungsstufen) oder das Handlungsprogramm (bei höherer Lern-
entwicklung) läuft ab. Hierbei kommt es - analog der an die
Umgebungssituation angepaßten Rezeptoreinstellung bei der
Reizaufnahme - zu einer an die Umgebungssituation angepaßten
Steuerung des motorischen Verhaltens.
Die Gedächtniskorrektur besteht darin, die Neubestimmung des
Verhältnisses zwischen Verhaltenskonsequenz und verhaltens-
auslösendem Merkmal, also die Verhaltenskorrektur sowie die
vom Bedürfniszustand abhängige Merkmalbewertung zu speichern.
Die vorgenommene Gedächtniskorrektur wird in die Gedächtnisstruktur überführt, steht dort als individueller, modifizier-
ter Gedächtnisbesitz zur Verfügung und kann erneut korrigiert
oder aber gefestigt werden, wenn der Organismus Reize aus
gleichen oder ähnlichen Umweltsituationen verarbeitet.

Wir kommen nun zur inhaltlichen Füllung und Konkretisierung
dieser allgemeinen Lernstruktur, indem wir die genannten Lernformen nach der Art der umgebungsbezogenen Verhaltensänderung
bzw. der Art des erreichten Informations- und Erkenntnisgewinns im Detail beschreiben und durch Beispiele illustrieren.

Die Charakteristik der Habituation besteht in der Aufhebung

einer ursprünglich festen Koppelung von Reizeinwirkung und
Verhaltensantwort, da sich die Verhaltenskonsequenz ändert.
So antworten junge Hauskatzen auf die künstlich erzeugte
Nachahmung des Piepslauts einer Maus mit Fangverhalten. Wiederholt man den Laut in derselben Situation, baut die Katze
diese Reaktion allmählich ab. Das Ausbleiben der erwarteten
Verhaltenskonsequenz, Beutefang und -verzehr, wird an die
Situationsmerkmale gebunden, und es kommt zu deren Umbewer-
tung auf der Grundlage des momentanen Bedürfniszustandes
oder, wie wir auch sagen können, unter motivationalem Aspekt.
Auf menschlichem Niveau wird das Abgewöhnen angeborenen Verhaltens fast nur in der frühen Ontogenese wirksam. Von größe-
rer Bedeutung ist es in Bezug auf bereits erlernte Verhaltensweisen ('Gegenkonditionieren' oder 'Löschung'/'Extinktion'
in behavioristischer Terminologie; vgl. etwa Bredenkamp/
Bredenkamp 1979:621ff).
Ein aktuelles Beispiel für solche Lernprozesse können wir dem
universitären Bereich entnehmen. So kann man beobachten, daß
es auf professoraler Ebene bei der Verteilung von Forschungs-
mitteln in Zeiten finanzieller Engpässe zur Abgewöhnung solcher Verhaltensantworten kommt, die auch die Interessen anderer Standesgruppen berücksichtigen.
Die bedingte Reaktion erscheint auf den ersten Blick als einfache Umkehrung der Habituation: Eine ursprünglich neutrale,
nicht verhaltensrelevante Reizwirkung wird als bedeutsam erfaßt. So reagieren Plattwürmer ursprünglich nicht auf die
Änderung des Lichteinfalls. Wird eine Helligkeitsänderung
jedoch durch einen Stromstoß begleitet, der eine Kontraktion
des Tieres bewirkt, so genügt nach mehrmaliger Wiederholung
das bloße Auftreten einer Helligkeitsänderung, um die Kontraktion zu bewirken.
Entscheidend ist hier das bedeutsame Erfassen des Zusammenhangs zwischen neutralem (und zwar einem bestimmten) und ver-
haltensrelevantem Ereignis. Damit wird die Fixierung objek-
tiv-gesetzmäßiger Zusammenhänge - wir verwenden den Begriff
'Invarianzen'; vgl. bes. Kap. 1.2.4) - im Gedächtnis möglich.
Die wichtige Rolle, die der Invarianzerfassung unter natür-

lichen Lebensbedingungen zukommt, kann oft durch das Experiment, das sich im allgemeinen durch seine Beliebigkeit und Unverbindlichkeit auszeichnet, allein nicht angemessen bestimmt werden. Daher ein weiteres Beispiel: Für aasfressende Bodentiere ist die Unterscheidung zwischen Raubvögeln, die über Beute kreisen und den Arten, die ausschließlich über Aas kreisen, von lebenswichtiger 'Bedeutung'. Die Erwartung eines mit einer bestimmten Bewertung versehenen Ereignisses bewirkt, daß sich der Organismus rechtzeitig in seinem Verhalten darauf einstellt. F. Klix sieht in dieser verhaltensrelevanten und bedürfnisabhängigen (Um-)Bewertung den entscheidenden Schritt: "Wir glauben, daß wir hier einen elementaren Mechanismus der Bedeutungsentstehung vor uns haben." (1976:374; Hv. B.H./R.M.) Die Ausbildung bedingter Reaktionen beim Menschen ist in zahlreichen Experimenten nachgewiesen worden. So zeigte R.P. Olnjanskaja (1934), daß der Organismus auf das sprachliche Kommando "an die Arbeit!" neurophysiologisch so reagiert, als stünde die Verrichtung schwerer körperlicher Arbeit unmittelbar bevor. Daß die bedingte Reaktion bereits ein komplexes In-Beziehung-Setzen von Umweltmerkmalen einschließt und eine situationsabhängige wie flexible Anpassung darstellt, verdeutlicht der Versuch von D.D. Wickens (1943). Versuchspersonen lernten, beim Erklingen eines Tones, der ursprünglich mit einem elektrischen Schlag gekoppelt war, ihren Mittelfinger von einer Kontaktplatte hochzuziehen. Danach wurde die Versuchsanordnung geringfügig verändert. Die Vpn legten den Mittelfinger umgekehrt, mit nach unten gerichtetem Fingernagel, auf die Platte. Es zeigte sich, daß sie schon beim ersten erneuten Versuchsdurchgang die Fingerbewegung der neuen Situation anpaßten und mit einer Krümmung des Fingers reagierten.
Abschließend bleibt noch festzuhalten, daß der Erklärungsgehalt behavioristisch orientierter Modelle - der bedingte Reflex wird hier als (klassische) Konditionierung bezeichnet - insofern gering ist, als zumeist über das Experiment gewonnene Aussagen die entwicklungsgeschichtliche Funktion dieser

Lernform nicht berücksichtigen. Im Schema Reiz-Reaktion-Ver-
stärkung (im vorliegenden Fall wird der ursprünglich neutrale
Reiz als 'vorweggenommene Verstärkung' aufgefaßt) bleibt das
neu ausgebildete Verhalten auf seltsame Weise beliebig, ja
zufällig, da von der Versuchsanordnung abhängig, wodurch
leicht der Eindruck entsteht, eine Konditionierung auf alle
möglichen Welten wäre möglich ('brave new people in a brave
new world'). Die grundlegende Funktion der bedingten Reaktion,
unter natürlichen Lebensbedingungen Informationen über die
Umwelt zu gewinnen, indem objektive Zusammenhänge graduell
erfaßt werden, kann im behavioristischen Paradigma nicht erschlossen werden.
Die Prägung kommt der bedingten Reaktion nahe: Ein neutraler
Reiz wird als verhaltensrelevant umgedeutet. Berühmt geworden sind die Beobachtungen, die K. Lorenz (1935) an jungen
Graugänsen machen konnte: Wenn man sie zu einem bestimmten
Zeitpunkt nach dem Schlüpfen vom Muttertier isoliert, aktivieren sie ihr genetisch fixiertes 'Folgeverhalten' auch an
anderen bewegungsfähigen Objekten von geeigneter Größe. Dieser
Sachverhalt stellt sich im Strukturbild wie folgt dar:
Die in der Gedächtnisstruktur vorgegebenen Verhaltensantworten auf bestimmte Objektmerkmale (z.B. Elterntiere) können
nicht reibungslos aktiviert werden. Auch auf Merkmalähnlich-
keiten (z.B. hinsichtlich Größe) gibt es keine passende Verhaltensantwort. Entscheidend für die Merkmalumbewertung
(verhaltensrelevante Umdeutung) wird die momentane Bedürfnis-
lage: Im speziellen Fall der Prägung ein starker innerer
Erregungszustand, der dann entsteht, wenn der Organismus aufgrund seiner sich rasch entwickelnden Motorik in eine völlig
unbekannte Umgebung vorstößt (Nestflucht). Die fehlenden Objektmerkmale werden durch die vorgefundenen ersetzt und als
verhaltensrelevant bewertet, indem der Organismus ihnen die
gleiche, den hohen Erregungszustand (aufgrund der starken
Desorientierung) reduzierende Wirkung zuschreibt.
F. Klix vertritt die Ansicht, prinzipiell - also auch auf
menschlichem Niveau - seien alle Verhaltensweisen prägbar,

"deren Ausführung bei ganz bestimmten Situationsmerkmalen zur
Lösung hoher Erregungszustände führt" (1976:404).

Beim instrumentalen Bedingen werden Situationsmerkmale so an
Verhaltensweisen gebunden, "daß neue, der Wahrnehmung nicht
unmittelbar entnehmbare Relationen zwischen Dingen und Eigenschaften der Umgebung hergestellt und dabei mit im Gedächtnis fixiert werden" (1976:337). Es liegen keine spezifischen
Verhaltensweisen - F. Klix spricht jetzt von Verhaltensmustern - für gegebene Situationsmerkmale vor. Andererseits
besteht ein hoher emotionaler bzw. motivationaler Bedürfnis-
druck zur Veränderung dieser Merkmale. So sind bei einem
Iltis die Grundformen des Fangverhaltens angeboren (Anspring-
gen, Beißen und Schütteln der Beute). Lernen muß der junge
Iltis jedoch die Stelle, an der sein Biß unmittelbar tödlich
wirkt. Ist ihm dies einmal zufällig gelungen, bleibt das
Verhaltensmuster konstant. (Eibl-Eibesfeld 1957)
Über die Motorik werden also Situationseigenschaften verän-
dert und Funktionseigenschaften von Dingen/Objekten sozusa-
gen'entdeckt'. Damit wird die Funktion der Motorik deutlich:
Sie ist ein Instrument des Erkenntnisgewinns.
Ein weiteres Beispiel: Beim Erlernen des Tischtennisspiels
gelingen die einfachen Bälle, die 'geschnittenen' oder das
Rückhandspiel jedoch nicht. Durch Beobachtung erhält der
Spieler nur eine ungefähre Vorstellung von der Abfolge der
Bewegungsphasen; diese Vorstellung bildet den Rahmen, in dem
der Spieler die Bälle 'über den Daumen gepeilt' variiert.
Gelingt ein Schlag, wird die Variationsbreite eingegrenzt
und in diesem Ausschnitt weiterhin probiert, bis das opti-
male Muster gefunden ist.
Wir haben bereits weiter oben gesagt, daß es im instrumentalen
Bedingen zwei Arten gibt, eine Verhaltensentscheidung herbei-
zuführen: das Versuch-Irrtum-Verhalten und die elementare
Hypothesenbildung. Diese Feststellung gilt es im folgenden
zu präzisieren.

F. Klix beschreibt das sog. stellvertretende Versuch-Irrtum-

Verhalten (vicarious trial and error = VTE) als verstärkte
Informationsaufnahme bei der Entscheidungsbildung. Dies
impliziert zweierlei : Zum einen gehört dieses Verhalten
nicht unmittelbar zum Verhaltensmuster, das erlernt werden
soll (es handelt sich zumeist um Bewegungsabläufe), zum anderen ist es durch ein Informationsdefizit motiviert: In
einer dem Organismus nicht völlig unbekannten Situation, d.h.
er besitzt Vorerfahrungen über strukturelle Zusammenhänge,
treten einige ungewohnte Situationsmerkmale auf, die zu
plötzlichen Unsicherheiten führen. Zusätzliche Informationen,
die die Situation weiter differenzieren, Situationsdetails
und Zusatzkriterien liefern, müssen aufgenommen werden.
Versuche haben gezeigt, daß VTE-Verhalten insbesondere in
Anfangsphasen von Lernprozessen zu beobachten ist. Es kann
den Lernprozess beschleunigen (stark ansteigende Lernkurve
nach VTE), aber auch verzögern, vorzugsweise dann, wenn sich
Fehlentscheidungen stark negativ auf den Organismus auswirken
oder wenn bei fast abgeschlossenem Lernprozeß vormals richtige Entscheidungen plötzlich als falsch zurückgemeldet
werden.
Die erhöhte Unsicherheit aufgrund der Situationsveränderung
bewirkt eine Erregungssteigerung des Organismus. Damit korreliert neurophysiologisch eine sog. 'sensible Periode', in
der sich verhaltensrelevante Situationsmerkmale besonders
gut gedächtnismäßig fixieren lassen. So wird der Organismus
über VTE-Verhalten in die Lage versetzt, Verhaltensentschei-
dungen über den Gedächtnisbesitz und nicht mehr ausschließlich
extern (motorisch) zu überprüfen.
Die elementare Hypothesenbildung baut auf Vorerfahrungen,
die der Organismus besitzt, auf und bedient sich des über
das VTE-Verhalten erzielten Informationsgewinns. Auf dieser
Grundlage wird die Vorwegnahme einer Verhaltenswirkung auf
ein Sitationsmerkmal möglich. Die Hypothesenbildung kann
damit als ein innerer, zielgebundener Testschritt aufgefaßt werden: Eine Hypothese bilden heißt auf dieser Stufe
eine Vorauswahl treffen. Dazu ein Beispiel: Die Gedächtnis-

leistungen von Tieren sind häufig in sog. Mehrfach-Wahl-Experimenten getestet worden. Dazu plaziert man etwa vier verdeckte Futternäpfe in Sichtweite vor ein Tier. Ein Napf wird gefüllt, etwa der vierte, rechte, und das Tier am Hinlaufen gehindert. Wird nach einiger Zeit der Lauf freigegeben, strebt es der rechten Seite der Napfreihe zu: Es hat eine Vorauswahl getroffen und sucht z.B. bei Napf drei, wendet sich dann jedoch sofort Napf vier zu (eins und zwei bilden keine Alternative mehr).

Zusammenfassend läßt sich festhalten, daß über VTE-Verhalten und elementare Hypothesenbildung eine weitere Differenzierung situationsspezifischer Gedächtnisstrukturen bewirkt wird. Dadurch werden Verhaltensunsicherheiten vermindert und die Auswahl von Verhaltensalternativen erleichtert.

Lernen durch Einsicht bedeutet Einsicht in eine Situation gewinnen, indem der Organismus intern Relationen herstellt, die zwischen entfernten, momentan jedoch relevanten Situationsmerkmalen bestehen: Es kommt zur Bildung von Zusammenhängen zwischen ursprünglich unverbundenen Relationen (Verkettungen/ Vernetzungen). Einsichtsgewinn stellt damit internen Informationsgewinn dar. Die Fähigkeit, diesen Informationsgewinn für das Verhalten nutzbar zu machen, indem verhaltensrelevante Relationen zwischen Merkmaleigenschaften aktiviert werden, bezeichnen wir mit F. Klix als Einsicht in eine Situation haben. An welchen Verhaltensweisen wird der Vorgang solcher relationalen Verkettungen praktisch sichtbar?

Aus den zahlreichen Beispielen zum Werkzeuggebrauch und zur -herstellung bei Pongiden (z.B. das Aufeinanderstapeln von Kisten oder Ineinanderschieben von Stöcken, um damit an sonst nicht erreichbare Früchte zu gelangen) haben wir das folgende ausgewählt, da es uns die Möglichkeiten und Grenzen von Einsichtsleistungen auf tierischem Niveau gut zu illustrieren scheint: Ein Schimpanse, der gelernt hatte, aus einem Behälter Wasser abzufüllen und damit Feuer zu löschen, wird vom Versuchsleiter auf ein im Wasser schwimmendes Floß gesetzt. Der Versuchsleiter legt einen brennenden Gegenstand neben das

Tier, das daraufhin mit Hilfe eines Stockes ein benachbartes
zweites Floß zu erreichen versucht, auf dem sich der ihm ver-
traute Wasserbehälter befindet. Der Schimpanse füllt nun
daraus Wasser in eine Flasche ab, kehrt auf sein Floß zurück,
versucht, das Feuer zu löschen und wiederholt schließlich
den Vorgang, da die mitgebrachte Wassermenge zum Löschen
nicht ausreicht. (Wazuro 1956)
Während die Verwendung der Hilfsmittel (Stock und Flasche)
Einsichtsleistungen dokumentieren, bleiben dem Schimpansen
die strukturellen Zusammenhänge zwischen dem Wasser aus dem
Behälter (= Löschwasser) und dem Wasser, auf dem das Floß
schwimmt (= Trinkwasser) verborgen. In der Gedächtnisstruktur
des Schimpansen ausgedrückt heißt das, daß die Gegenstandsmerkmale 'zum Löschen', 'zum Trinken' nicht an einen gemeinsamen Gegenstand WASSER gebunden sind, wir sagen: die ob-
jektiv-gegenständliche Invarianz ist nicht erfaßt.
Für den Humanbereich wollen wir ein Experiment anführen, bei
dem deutlich wird, wie unterschiedliche Gegenstandsmerkmale
(hier: Funktionseigenschaften von Gegenständen) zwar an
einen Gegenstand gebunden sind, sich aber in der Stärke
dieser Bindung unterscheiden: Für eine Reihe von Gegenständen
wie Zirkel, Schere, zusammenschiebbarer Campingbecher werden
Funktionsprofile erstellt, indem Vpn Möglichkeiten zur Verwendung dieser Gegenstände aufzählen. Während sich viele Verwendungsmöglichkeiten bei den meisten Vpn überdeckten (Schere
zum Schneiden, öffnen etc.), tauchen einige nur bei wenigen
Personen auf (Verwendungspräferenzen als Teile individuellen
Gedächtnisbesitzes). Es zeigt sich nun, daß jeweils bestimmte
Gegenstände zur Lösung von Konstruktionsaufgaben bevorzugt
verwendet werden, obwohl alle in der Versuchsanordnung gegebenen Gegenstände die gleiche Funktionseigenschaft (z.B.
'kreisbildend') aufweisen. So 'bindet' der Zirkel 90 % seiner
Eigenschaft(en) an die Funktion 'kreisbildend', die Schere
dagegen nur 10 %. (Lange 1960) Auf den Gedächtnisbesitz bezogen stellt sich Lernen durch Einsicht als ein interner
Suchvorgang dar, der bei den am stärksten ausgeprägten Ver-

bindungen beginnt und dann zu den nur schwach an die Gegenstände gebundenen Funktionseigenschaften übergeht, bis
schließlich - bei genügend schwacher Bindung - Vorauswahlen
durch elementare Hypothesenbildung getroffen und extern getestet werden oder die Wahl gar in die Nähe der Zufallsent-
scheidung gerät. Diese fließenden Übergänge sehen wir in den
sog. zweckentfremdeten Verwendungen von Gegenständen, auf
die wir im Alltag recht häufig treffen, belegt. In diesem
Zusammenhang ist auch die bedürfnisbedingte, motivationale
Komponente beim Lernen durch Einsicht zu diskutieren.

In den Funktionswert eines Gegenstandes geht immer auch eine
Bewertung ein, die den Einfluß des Gegenstandes auf die
Reduktion eines Bedürfniszustandes markiert. Solche Bewertungen sind keine statischen Größen im Sinne unveränderlicher
Merkmale oder Eigenschaften, sondern (sie haben den Charakter
von Funktionen und) variieren in Abhängigkeit vom jeweiligen
Bedürfniszustand. M.a.W.: Ein Situationsmerkmal, eine 'objektive' Eigenschaft eines Gegenstandes allein ist zur Auswahl (und damit auch: zur Erklärung) einer Verhaltensalter-
native nicht hinreichend. Hier liegt u.E. der Grund für individuelle und gruppenspezifische Unterschiede der Bedeutungs-
erfassung sowie in der Ausbildung von Verhaltenspräferenzen.

Bisher ist dargelegt worden, wie ein Organismus über unterschiedliche Lernprozesse einen individuellen Informations-
und Erkenntnisgewinn erzielen kann. Die Differenzierung von
Wahrnehmung, Motorik und Gedächtnisbesitz ermöglicht eine
immer adäquatere Erfassung von Umweltgegebenheiten und ein
immer adäquateres Verhalten in dieser Umwelt. Es gilt nun,
zum Abschluß des Kapitels, diesen Tatbestand der individuellen Lernmöglichkeiten wieder in den allgemeinen Rahmen der
sozialen Organisation organismischen Gemeinschaftslebens
zurückzuholen und damit die Frage nach der Funktion oder
den Konsequenzen des Lernens für eine Organismensozietät
zu stellen: Information will nicht nur individuell gewonnen,
sondern auch ausgetauscht, den anderen Mitgliedern der

Gemeinschaft weitergegeben werden.

Diese - wie wir sie nennen wollen - soziale Erschließung individuell erworbener Erfahrung setzt nicht nur voraus, daß das
Verhalten von Artgenossen Lerngegenstand wird, sondern daß
sich geeignete Systeme entwickeln, in denen Informations-
und Erkenntnisgewinn kommunizierbar werden.

Wir wissen heute, daß viele, fälschlicherweise als angeboren
betrachtete, Verhaltensweisen auf solche Verschränkungen
individueller und sozialer Lernerfahrung zurückgehen (vgl.
Schurig 1975, II:134): So ist etwa bei Ratten zu beobachten,
daß einzelne Tiere im Zuge von Schädlingsvernichtungen mit
vergifteter Nahrung negative Erfahrung machen und diese Information an die gesamte Gruppe weiterleiten, so daß die betreffende Nahrungsart über mehrere Generationen hinweg von
der 'informierten' Rattenhorde abgelehnt wird.

Diese sich über Generationen erstreckende Weitergabe von
Informationen im Sozialverband ist besonders bei den Primaten
stark ausgeprägt (vgl. Schurig 1975,II:142). So hat man beobachtet, wie ein Hordenmitglied zuerst die Entdeckung machte
- also lernte -, daß verschmutzte Speisen (etwa Kartoffeln)
im Wasser gereinigt werden können, und dann diese Erfahrung
an die Hordenmitglieder weitergab. Grundlage dieser Weitergabe bildet das praktische Vorführen der erlernten Handlung.
Als besonders wichtig haben sich dabei die Interaktionen
zwischen aufeinanderfolgenden Generationen erwiesen. Im obigen
Beispiel lernt das Jungtier, Kartoffeln zu waschen, indem das
Muttertier ihm diese Manipulation vorführt. In ähnlicher
Weise führen ältere, erfahrene Schimpansen Jungtieren vor,
wie sie sich in bestimmten, meist gefahrvollen Situationen
'zu verhalten haben' (etwa beim Prüfen elektrischer Zäune).
V. Schurig bezeichnet diese Form der sozialen Weitergabe
individuellen Informations- und Erkenntnisgewinns recht
treffend als Traditionsbildung (vgl. 1975,II:insb.132f,140f).
In ihr wird der prinzipielle Selektionsnachteil des Lernens
- die über das Lernverhalten erworbenen Erfahrungen gehen
mit der Vernichtung des Individuums verloren - ausgeglichen.

Darüber hinaus können bisher isolierte, auf verschiedene Individuen verteilte Erfahrungselemente zu einem System zusammengefaßt werden; es entsteht ein innerartliches 'Informationsgefälle', da Populationen einer Art mit verschiedenen Erfahrungen nebeneinander existieren können; die 'Spezialisierung' einzelner Individuen kommt dem sozialen Verband insgesamt zugute.

"Durch die Kombination der Lernfähigkeit mehrerer Tiere wird die Speicherkapazität der Traditionsbildung als eine Art 'soziales Gedächtnis' praktisch unbegrenzt, auch wenn diese Möglichkeit bei den einzelnen Tierarten biologisch nur in einem geringen Umfang ausgenutzt wird." (Schurig 1975, II:141)

Auf dieser Stufe sind Tradierungen weitgehend durch die Kontakthäufigkeit der Mitglieder innerhalb einer Population, die Dominanz der Informanten und die Übertragung in der Mutter-Kind-Beziehung bestimmt. Diese "präkulturelle" Traditionsbildung ist die Grundlage für die "gesellschaftlich-kulturelle" Traditionsbildung (Schurig 1975, II:241), die erst mit der Symbolisierung über Lautzeichen möglich wird. Davon handelt das nächste Kapitel.

What were the hominids to do with their
mouths rendered thus relatively idle
except when they were eating?
The answer is: they chattered.

(Ch. F. Hockett/R. Asher (1964))

1.2.3 Herausbildung des menschlichen Kommunikationsverhaltens und -systems

Wie in 1.2.1 gezeigt, verläuft die Entwicklung der Informationsbeziehungen von Organismen zur belebten und unbelebten Umwelt im wesentlichen in folgenden zwei Stufen:

(1) Die Umwelt und/oder andere Organismen werden durch Schlüsselreize wahrgenommen, die das Verhalten eines Organismus steuern. Diese verhaltenssteuernden Reize, die Signale, können als unbedingte Reize - Auslöser der unbedingten Reflexe - phylogenetisch erworben sein (von der individuellen Lebenserfahrung unabhängig) oder als bedingte Reize - Auslöser der bedingten Reflexe - ontogenetisch durch Lernverhalten erworben werden.

(2) Die Art und Weise, wie die Informationen des Senders auf der Empfängerseite verarbeitet werden, wird für den Sender insofern interessant, als sie das Verhalten des Empfängers beeinflussen und der Sender ein Interesse daran hat, sein Verhalten auf das Verhalten des Empfängers einzustellen.
Die Signale, die ein Sender ausstrahlt, werden vom Empfänger durch dessen Verhalten oder -sänderung an diesen zurückvermittelt. Sender und Empfänger sind wechselseitig tätig und beeinflussen ihr Verhalten gegenseitig. Außerdem besitzen sie das gleiche Signalrepertoire. Es entstehen soziale Signale. Die 'Materialgrundlage' des Signalrepertoires dieser Interaktionen ist das eigene Verhalten, in Form von Signalhandlungen, das bedeutungsvoll und bei entstehenden Koordinationsproblemen handlungsorientierend, d. h. kommunikativ wird:
Das eigene Verhalten ist Mittel und Hilfe zur Steuerung der lebenserhaltenden Funktionen einer Organismussozietät.

Durch die Umwandlung von Gebrauchshandlungen in besondere Signalbewegungen (Ritualisierungen; vgl. Schurig 1975,I:179) ist nun die Möglichkeit zur Ausbildung von Symbolhandlungen gegeben, die zunächst noch sehr stark an die Gebrauchshandlungen gekoppelt sind und quasi stellvertretend für diese ausgeführt werden. Symbolhandlungen sollen dem anderen etwas anzeigen

und/oder ihn zu einer bestimmten Reaktion veranlassen. Diese
spezielle Form der sozialen Signale ist dadurch gekennzeichnet,
daß die Beziehung zwischen Signalhandlung und angezeigtem oder
veranlaßtem Verhalten nicht mehr dadurch direkt gegeben ist,
daß die Signalhandlung Teil des angezeigten oder veranlaßten
Verhaltens ist. War das soziale Signal mit der Bedeutung
'Richtung der Beute anzeigen' durch die teilweise Ausführung
der konkreten Handlung des Beuteverfolgens noch sehr eng mit
dem signalisierten Verhalten verbunden, so lassen sich z. B.
in den Bewegungen des Balzverhaltens kaum noch Handlungsteile
des Verhaltens feststellen, das sie auslösen und anzeigen
sollen. Durch die Möglichkeit des Funktionswechsels von Tätigkeiten (hier: Gebrauchshandlungen) ist die Grundlage dafür
geschaffen, daß sich die Symbolhandlungen immer mehr von der
eigentlichen Gebrauchshandlung lösen, was zur Entwicklung von
Symbolverhalten als eine eigenständige und spezielle Form der
Steuerungshilfe führt. Dieses Symbolverhalten bedient sich je
nach Tierart unterschiedlicher Sinnesmodalitäten: taktil,
olfaktorisch, auditorisch, akustisch. Dabei ist auch die Möglichkeit der Koppelung von mehreren Sinnesmodalitäten bei der
Ausbildung von Symbolverhalten möglich. (vgl. Schurig 1975,I:
178-190; Tembrock 1971:Kap. 6,7,11)
Wichtig ist, daß die Ausbildung von Symbolverhalten die Entwicklung zentralnervöser Koordinationsstellen erfordert, an
denen Reize und Reizverbindungen unterschiedlicher Sinnesmodalitäten miteinander assoziiert, Bewertungen vorgenommen und
durch individuelle Gedächtnisbildung Erfahrungen abgespeichert,
abgerufen und in aktuelle Handlungsabläufe eingebracht werden
werden können, kurz: daß also die Möglichkeit zum individuellen Lernverhalten gegeben ist.
Dadurch erreicht das Kodierungsverhalten (vgl. Kap. 1.2.1,
S. 28) eine neue Qualität, indem sich prinzipiell eigenständiges kommunikatives Verhalten - mit eigenständigen kommunikativen Verhaltensregularitäten (Diskurse) - als Möglichkeit
der Handlungsorientierung bei Koordinationsproblemen konstituieren kann. Es entwickeln sich kommunikative Strukturen, die
nicht mehr unmittelbar Teil des Verhaltens zur Sicherung der
Lebenstätigkeit sind, sondern dieses Verhalten 'nur' noch aus-

lösen und/oder koordinieren und/oder anzeigen: In Verbindung
mit sich entwickelnder Lernfähigkeit und immer weniger genetisch festgelegten Verhaltensweisen werden auch die Symbolhandlungen lern- und damit veränderbar. Nun ist es sinnlos,
über kommunikative Strukturen zu sprechen, ohne die sozialen
Strukturen zu untersuchen, innerhalb derer sie entstehen und
in denen sie ihre spezifische Funktion erfüllen. Kommunikationsregularitäten und -verhalten entstehen niemals in einem
sozialen Vakuum, sondern ihre Entstehung ist fest verbunden
mit und motiviert durch die Möglichkeiten und Notwendigkeiten
der Interaktion der Organismen in einem sozialen Umfeld.

Auch die Spezifik der menschlichen Kommunikation ist in diesen
sozialen Faktoren zu suchen. Bevor dies in den beiden nächsten
Kapiteln näher dargestellt wird, geht es uns im folgenden
darum zu zeigen, daß die Entstehung der menschlichen Kommunikation keinen Bruch in der Evolutionsgeschichte darstellt,
sondern daß ihre Rahmenbedingungen in den höchst entwickelten
tierischen Sozialverbänden (wir werden im folgenden nicht mehr
von 'Sozietäten' sprechen) gegeben sind. Wir beschränken uns
dabei auf die Sozialverbände der Pongiden (rezente und fossile
'Menschenaffen': Gorilla, Orang Utan, Schimpanse als rezente
Arten) und hier speziell der Schimpansen, da sie
- genetisch und immunbiologisch dem Menschen am nächsten sind,
- zu dem komplexesten kommunikativen Verhalten auf tierischem
  Niveau fähig sind,
- große soziale Einheiten bilden,
- die auf tierischem Niveau am wenigsten genetisch festgelegten sozialen Strukturen haben,
- über hohe soziale und geographische Mobilität verfügen.
Wir grenzen unsere Darstellung auf vier u. E. entscheidende
Punkte ein (vgl. insb. Givón 1979a:Kap. 7; Schurig 1975,I/II):
(a) Sozial- und Kommunikationsstruktur der Pongiden;
(b) Koppelung des Symbolverhaltens an den akustisch-auditiven
    Bereich und Entwicklung artikulatorischer Fähigkeiten;
(c) Wie läßt sich die Entwicklung im Tier-Mensch-Übergangsfeld

(TMÜ) vorstellen und welche Konsequenzen ergeben sich
daraus für das Kommunikationsverhalten?
(d) Entstehung des Sprachverhaltens.

ad (a) Die soziale Struktur der Sozialverbände auf höchstem
tierischen Niveau ist - vom menschlichen Niveau aus betrachtet - so beschaffen, daß die überwiegende Menge von Hintergrundwissen (präsupponierbare Information) von allen Mitgliedern eines Sozialverbandes geteilt wird. Das liegt zum einen
daran, daß die genetische Grundausstattung bei allen Tieren
einer Spezies gleich ist, und zum anderen daran, daß die Sozialverbände die Organisation ihres 'Alltags' gemeinsam und
für alle Individuen erfahrbar ausführen. Dabei umfaßt das
Hintergrundwissen Informationen über die 'Bedeutung' sozialer
Positionen - d. h. deren Implikationen für das eigene Verhalten und das zu erwartende Verhalten anderer - sowie über Fähigkeiten und Neigungen anderer Mitglieder. Weiterhin sind diese
Sozialverbände dadurch gekennzeichnet, daß die Handlungsmöglichkeiten in der normalen täglichen Routine relativ standardisiert sind und daher relativ selbstverständlich für alle
Mitglieder eines Verbandes. Außerdem weisen diese Sozialverbände relativ niedrige soziokulturelle Differenzierungen
im Verhältnis zu der gleichen Spezies auf - nicht zu verwechseln mit den sozialen Differenzierungen innerhalb eines
Verbandes - und leben in relativ stabilen, sich wenig ändernden Umwelten, die sie selbst nur unbedeutend zu ihren Zwecken
verändern. Dies alles befähigt jedes Mitglied eines Sozialverbandes, die meisten Gefühle, Ziele, möglichen Handlungsgegen-
stände und möglichen Handlungen der anderen Mitglieder recht
genau abzuleiten.
Bei entstehenden Koordinationsproblemen sind die relevanten
Themen, Gegenstände und Teilnehmer von Handlungen sowie Motivation und Ziel der Kommunikation im unmittelbaren Kontext für
fast alle Mitglieder gegeben und brauchen im Kommunikationsverhalten nicht speziell kodiert (symbolisiert) zu werden.
Daraus folgt, daß das Symbolverhalten und dessen Regularitäten
weitgehend auf eine Darstellungsfunktion verzichten kann und

sich auf Kundgabe- und Auslösefunktion beschränkt, weil das
'Wissen' über Kontext und Gegenstand kommunikativen Verhaltens
von allen Mitgliedern eines Sozialverbandes geteilt wird. Es
besteht wenig Bedarf für deklarative oder gar erotetische Möglichkeiten des Kommunikationsverhaltens, weil nicht viel neue
Information hinzugefügt zu werden braucht zusätzlich zu dem
allgemeinen Wissen (dem für alle Exemplare einer Spezies genetisch festgelegten Wissen; "generic information" bei Givón
1979a:297) und dem spezifischen Kontextwissen, das sich ein
Sozialverband im Laufe der Zeit aneignet.

'Neu' ist dabei nicht als 'andere Elemente bekannter Objektklassen'/token zu interpretieren - in diesem Sinne sind täglich andere Bananen bei der Nahrungssuche natürlich jedesmal
neu -, sondern als 'Informationen über bisher unbekannte Eigenschaften schon bekannter Objektklassen und/oder bisher un-
bekannter Objektklassen'.

Die einzige Aufgabe der Kommunikation ist es, durch ent-
sprechendes Kommunikationsverhalten für andere Mitglieder An-
regungen zu Handlungen zu geben. Dies kann z. B. durch
gestisches und/oder akustisches Symbolisieren (Kodieren) der
Gegenstände, Themen und Ziele der Tätigkeit in der Gegenwart
geschehen, was - nach Erregung der Aufmerksamkeit - zu dem
Handeln führt. Diese drei Aspekte des Kommunikationsverhaltens,
- Erregung der Aufmerksamkeit des Aufzufordernden;
- Anzeigen, daß in diesem Moment eine Handlung erfolgen soll;
- Identifizieren des Objekts, an/mit/durch dem/das die Handlung
  vollzogen werden soll;
sind im Kommunikationsverhalten auch auf höchstem tierischen
Niveau nicht voneinander getrennt zu symbolisieren, und erst
recht fehlen Regularitäten des Kommunikationsverhaltens, die
es ermöglichen, im Symbolverhalten mehrere Symbole zu kombi-
nieren.

In diesem Sinne ist der Kommunikationsakt als aktualisiertes
Kommunikationsverhalten monopropositional (vgl. Givón 1979a:
284), d. h. mit dem Identifizieren eines Objekts, an dem eine
Handlung vollzogen werden soll (d. h. Referenz oder Thema oder
topic = das Bekannte), ist auch gleichzeitig die Handlung

selbst eindeutig festgelegt (d. h. Prädikation oder Rhema
oder comment = das Neue) und umgekehrt. Die Ausbildung eigenständiger kommunikativer Verhaltensregularitäten - zur 'Dis-
kursorganisation' - mit topic-comment-Strukturen, die es er-
lauben, verschiedene Handlungen mit gleichen Objekten und umgekehrt zu symbolisieren (Möglichkeiten des multiproposiona-
len Diskurses; vgl. Givón 1979a:284), ist nicht durchgeführt.
Sie ist zur Steuerung der Lösung von Koordinationsproblemen
in den Sozialverbänden der Pongiden nicht erfoderlich. Auf
dieser Stufe der monopropositionalen Diskurse ist das Lösen
von Koordinationsproblemen durch das Akzeptieren oder Nicht-
akzeptieren von Handlung und Gegenstand charakteristisch. Dabei liegen die Koordinationsprobleme hauptsächlich in der Organisation des sozialen Verbandes, und hier findet sich auch
ein überaus reiches mimisches, gestisches und akustisches
Symbolverhalten, während die Beziehungen zu der relativ stabilen Umwelt - es werden entweder Savanne oder tropischer
Regenwald oder Steppe bevorzugt - auf die Symbolisierung
weniger Standardsituationen beschränkt bleibt, etwa Futter-
anzeige, Fluchtauslösung.
Die soziale Struktur dieser Sozialverbände ist einerseits
schon so kompliziert und so wenig genetisch festgelegt, daß
es der Ausbildung differenzierten Symbolverhaltens bedarf;
andererseits verfügen noch alle Mitglieder eines Sozialverbandes über ein so hohes Ausmaß gemeinsamen Hintergrundwissens
und sind die Verhaltensmöglichkeiten in einem solchen Grade
standardisiert, daß Koordinationsprobleme noch nicht der Ausbildung spezieller Kommunikationsregeln bedürfen.

ad (b) Bei den Pongiden sind Kommunikations- und Symbolverhalten u. a. an den akustisch-auditiven Bereich gekoppelt.
Wir finden dort einen hohen Lautreichtum, der überwiegend
zur Steuerung des Gemeinschaftslebens eingesetzt wird (s. o.).
Die Koppelung der Symbole speziell an das respiratorische
System wird dabei begünstigt durch die relativ hohe Differenzierung der sozialen Organisation und die mobile Lebensweise

in einem stabilen Umweltausschnitt.

Unter dem Aspekt der Perzeption hat diese Koppelung den Vorteil, nicht an bestimmte Orte gebunden zu sein, wie z. B. bei der Duftmarkierung, und auch nicht auf die unmittelbare visuelle Perzeption angewiesen zu sein, wie z. B. bei der Färbung von Körperteilen sowie bei Gestik und Mimik. Unter dem Aspekt der Produktion hat die Koppelung an das respiratorische System den Vorteil, daß artikulatorische Signale verhaltensbegleitend sein können und damit z. B. 'Hand'freiheit ermöglichen, während andere Arten der akustischen Signalerzeugung eine Unterbrechung der momentanen Handlungen erfordern, etwa das Zusammenschlagen von Körperteilen oder das Erzeugen von Geräuschen durch Aufeinanderschlagen von Gegenständen. Der zuletzt genannte Vorteil ist von entscheidender Wichtigkeit, denn eigenständiges Kommunikationsverhalten kann u. a. erst dann voll entwickelt werden und zur Ausbildung spezieller Regularitäten des Kommunikationsverhaltens führen, wenn dieses Verhalten nicht eine Unterbrechung des 'normalen' Verhaltensablaufes erfordert und damit potentiell lebensgefährdend ist.

Kommunikationsverhalten kann sich so als eigenständige Verhaltensform von den unmittelbar lebenserhaltenden Verhaltensweisen lösen. Damit ist die Basis geschaffen, auf der sich die Merkmale entwickeln können, die traditionell die menschliche artikulierte Sprache von den Lautäußerungen der Pongiden unterscheiden. Dies sind (vgl. Hockett 1960 (nach Nottebohm 1975:62)):

Raum-Zeit-Unabhängigkeit: Dadurch, daß das Kommunikationsverhalten nicht mehr integraler Bestandteil anderer Verhaltensformen ist, ist eine Bedingung für die Möglichkeit gegeben, über Dinge zu reden, die in Raum und Zeit nicht unmittelbar zugänglich vorhanden oder gegeben sind (vgl. auch Wagener 1978).

Produktivität: Neue Dinge, Zustände und Handlungen können durch neuartige vokale Äußerungen 'benannt' werden, wodurch die genetische Festgelegtheit des Lautrepertoires überwunden werden kann.

Dualität der Musterbildung als Kombination von Phonemen zu
Wörtern und von Wörtern zu Sätzen: Um die Produktivität nicht
an morphologisch bedingten Beschränkungen der Artikulations-
möglichkeiten scheitern zu lassen, können die einzelnen Arti-
kulationsprodukte neu kombiniert werden.

Das vokale Repertoire der Pongiden ist noch gebunden an den
affektiv-emotionalen Zustand des Individuums. Dieser Bereich
unterliegt der Kontrolle des Zwischenhirns - limbisches System - und entzieht sich auf dieser Stufe der Entwicklung der
bewußten Steuerung, da das Kontrollorgan, der Neocortex, erst
rudimentär ausgebildet ist. Die vokalen Äußerungen der Pongiden sind relativ feste, genetisch vorgegebene Äußerungsmu-
ster (vgl. Nottebohm 1975:86 - 95).

So gesehen kann man das Vokalrepertoire der Pongiden sicher
nicht als Vorform der artikulierten menschlichen Sprache ansehen, auch wenn die menschliche Sprache natürlich Auslöse-
und Kundgabefunktion besitzt und z. B. durch Intonation Informationen über emotionale und affektive Zustände vermittelt
werden oder in bestimmten Situationen (z. B. Gefahr) unmittelbar handlungsauslösend wirkt.

F. Nottebohm (vgl.1975:69) nennt in diesem Zusammenhang einige
Untersuchungen, die den Schluß nahelegen, bestimmte Formen
vokalischer Äußerungen von Menschen seien mit bestimmten
emotionalen und affektiven Zuständen verbunden, auch wenn
diese Äußerungen keine 'sinnvollen' Elemente enthalten. Ebenso
führt er Beispiele dafür an, daß Kleinkinder z. T. Intonationsmuster verwenden, lange bevor sie artikuliert sprechen
können.

Daß Pongiden keine artikulierte Sprache entwickelt haben,
liegt also nicht ursächlich darin begründet, daß sie z. B.
durch die Morphologie des Kehlkopfes und des Stimmtraktes
bestimmte menschliche Laute nicht bilden können, sondern
- neben der in (c) näher auszuführenden Entwicklung im TMU -
daran, daß die zentralnervöse Rückkoppelung, Kontrolle und
Koordination der Sprechorgane nicht möglich ist. Diese
Kontrolle ist jedoch notwendig, um die unmittelbare Kontext-
gebundenheit der Lautäußerungen zu durchbrechen: 'Man' muß
seine produzierten Laute hören und die Artikulationsbewegungen

fühlen, um sie korrigieren und veränderten Gegebenheiten an-
passen zu können. Äußerungen, die nicht genetisch an bestimmte Reizkonfigurationen gebunden (kontextgebunden) sind,
muß 'man' planen und sich ins Gedächtnis rufen können, ohne
sie direkt auszuführen.
Diese Möglichkeit bietet erst die Ausbildung des Neocortex.
Dadurch, daß die Kontrolle der artikulatorischen Äußerungen
an den Neocortex übergeht, sind die Lautäußerungen immer
weniger ein genetisch festgelegter Vorrat für bestimmte
Situationen, sondern immer variabler einsetzbar, und es muß
individuell gelernt werden, welche Bedeutungen welche
Äußerungen in welchen Situationen haben: Die Ausbildung
spezieller Regularitäten sprachlichen Symbolverhaltens wird
möglich.
Das bedeutet gleichzeitig, daß in das präsupponierte allgemeine Hintergrundwissen die Bedeutung der Lautäußerungen als
nicht mehr eindeutig festgelegte Größe eingehen muß. Damit ge-
winnt die Darstellungsfunktion des sprachlichen Symbolverhaltens immer stärkeres Gewicht, da eine Äußerung nicht an den
unmittelbaren Kontext gebunden und auf ihn bezogen sein muß,
und da nicht für alle Mitglieder eines Sozialverbandes von
vornherein klar ist, was durch Art und Inhalt einer Äußerung
bezweckt und als (adäquates) Verhalten erwartet wird.

ad (c) Der Übergang von tierischen zu menschlichen Sozialver-
bänden vollzieht sich im sog. Tier-Mensch-Übergangsfeld (TMÜ).
Wegen der Vielfalt und des komplizierten Ineinandergreifens
der dort ablaufenden Prozesse haben wir uns entschlossen, die
Bedingungsgefüge und Wechselwirkungen schematisch darzustellen.
Es kam uns dabei vor allem darauf an, die Entwicklung des
Kommunikationsverhaltens und die Ausformung seiner Regularitäten unter dem Aspekt der Veränderung der sozialen
Strukturen darzustellen. Auf eine Darstellung der physiologischen und morphologischen Veränderungen haben wir ver-
zichtet (vgl. hierzu vor allem Schurig 1976). Eine detaillierte Ausführung zur Entwicklung des menschlichen Kommuni-

kationsverhaltens vor dem Hintergrund der Organisationserfordernisse menschlicher Gesellschaften findet sich in Kap. 1.2.4 und 1.2.5 d. A.
Die folgenden Schemata haben wir entwickelt nach Givón (1979a:bes. Kap. 7 und 1979b). Aus Gründen der Übersichtlichkeit beginnen wir mit der Darstellung auf der übernächsten Seite.

ENTWICKLUNG DER NEUROLOGISCH, PHYSIOLOGISCH UND MORPHO-

ÖFFNUNG VON VERHALTEN UND

UND

Die stabilen physikalischen und sozialen
Umwelten werden zunehmend vielfältiger und
veränderbarer.

Es entsteht eine individuelle Wissensakkumulation durch genetische Heterogenität
und unterschiedliche Alltagserfahrung.

Es entstehen kommunikative Einrichtungen
in Form von Diskursen, die dazu bestimmt
sind, Wissensunterschiede auszugleichen.
Diskursregeln werden notwendigerweise zu
einer neuen Art voraussetzbaren Hintergrundwissens; auf ihrer Grundlage kann
Kommunikation stattfinden.

DER ORGANISATIONSSTRUKTUR

LOGISCH BEDINGTEN MÖGLICHKEITEN EINES INDIVIDUUMS

KOMMUNIKATIONSINHALTEN   VON DER KOMMUNIKATION DER PONGIDEN ZUR
                                                          FRÜHMENSCHLICHER

Ausgedehnte geographische Gebiete (Steppe, Savanne, Wald) werden
der Nahrungsbeschaffung zugänglich. Die Art der Nahrungsbeschaffung
wird vielfältiger.

Die vielfältigen geographischen Formationen (Hügel, Senke, Fluß,
See) werden in den Prozeß der Lebenssicherung einbezogen.

Die einzelnen Sozialverbände spezialisieren sich auf bestimmte Arten
der Lebensgestaltung. Es entwickeln sich soziokulturelle Unterschiede bei der Form der Nahrungsbeschaffung, Werkzeugherstellung etc.

Innerhalb eines Sozialverbandes kommt es zu soziokulturell bedingten
Rollendifferenzierungen (Jäger-Treiber, Sammler-Verwahrer etc.).

Exogame Heiratsgebote und Tabus zur Vermeidung von Inzucht erfordern
den Kontakt zu anderen Sozialverbänden.

Soziokulturelle Erfahrungen von Gruppen und Individuen werden zunehmend unterschiedlicher.

Die genetische Heterogenität innerhalb und zwischen den Sozialverbänden der Spezies steigt.

Größe und innere Differenzierung eines Sozialverbandes nimmt zu bei
gleichzeitiger Steigerung der Kontakte zu anderen Sozialverbänden.

Der enge Zusammenhang innerhalb eines Sozialverbandes (society of
intimates (Givon 1979a:297)) löst sich auf. Es kommt zur Entwicklung
von Sozialverbänden, deren Mitglieder sich nicht unbedingt bekannt
sein müssen (society of strangers (ebd.)).

DER SOZIALVERBÄNDE

ENTWICKLUNG DER NEUROLOGISCH, PHYSIOLOGISCH UND MORPHO-

PRÄ-SYNTAKTISCHEN KOMMUNIKATION   AUSBILDUNG UND ART DER ORGANISATION
SOZIALVERBÄNDE   WIRD ZUNÄCHST DURCH

Die Erfahrungen werden komplexer, vielfältiger und weniger vorhersagbar.

Vielfalt soziokultureller Strukturen: Stereotyp-vorhersagbares Verhalten weicht einem vielfältigen, spezialisierten und komplexen Verhalten.

Illokutionen werden zunehmend deklarativ.

Die Inhalte der Kommunikation wechseln von Themen, die den Kommunikationsteilnehmern unmittelbar zugänglich sind, zu Themen über Objekte und Interaktionspartner, die in Raum und Zeit nicht unmittelbar gegeben sind.

Es entwickelt sich ein multipropositionaler Diskurs und damit die Notwendigkeit und die Möglichkeit, Äußerungen kohärent in Bezug auf topic und comment zu gestalten.

Der kommunikative Kontext ändert sich dahingehend, daß er nicht mehr auf gemeinsamem Hintergrundwissen aufbauen kann, sondern in ihm dieses Wissen bekanntgemacht werden muß unter Zuhilfenahme der Diskursregularitäten.

In den Diskursen müssen zunehmend komplexe Inhalte symbolisiert werden: Objekt/Ziel ---> Agent/topic + Objekt/Ziel ---> Agent/topic + Objekt/Ziel + comment.

LOGISCH BEDINGTEN MÖGLICHKEITEN EINES INDIVIDUUMS

VON KOMMUNIKATIVEN REGULARITÄTEN   ENTWICKLUNG EINES INFORMAL-UNGEPLANTEN
FOLGENDE PUNKTE BESTIMMT

Kommunikativer Stress:
Unmittelbare Aufgaben müssen gelöst werden ohne ein gemeinsames Kommunikationsmittel.

Mangelndes Hintergrundwissen:
Wenig gemeinsames Hintergrundwissen kann beim
Zusammentreffen von Mitgliedern unterschiedlicher soziokultureller Gemeinschaften vorausgesetzt werden.

Unmittelbarer Kontext:
Den Interaktions- und Kommunikationspartnern
ist der Kontext der Kommunikation unmittelbar
zugänglich, und die Themen und Aufgaben der
Kommunikation - die Koordinationsprobleme -
sind klar und unaufschiebbar.

DER SOZIALVERBÄNDE

ENTWICKLUNG DER NEUROLOGISCH, PHYSIOLOGISCH UND MORPHO-

DISKURSTYPS VOR DEM HINTERGRUND VON   KOPPELUNG DES SYMBOLVERHALTENS AN DAS
                                           FÜHRT ZUR AUSBILDUNG DES PRAGMATIC
                                           SYNTAKTISCHEN MULTIPROPOSITIONALEN

Kommunikativer Stress und daraus resultierender
Zeitdruck ermöglichen nur kurzfristige Planung
und face-to-face-Kommunikation, wobei durch den
unmittelbar zugänglichen Kontext zunächst noch
gemeinsames Hintergrundwissen bezüglich Aufgaben, Themen und Handlungen vorausgesetzt werden
kann.

UND DER ORGANISATIONSSTRUKTUR

LOGISCH BEDINGTEN MÖGLICHKEITEN EINES INDIVIDUUMS

RESPIRATORISCH-ARTIKULATORISCHE SYSTEM   ENTWICKLUNG EINES FORMAL-GEPLANTEN
MODE ALS ORGANISATIONSFORM DES PRÄ-
DISKURSES MIT FOLGENDEN MERKMALEN

topic-comment-Wortstellung:
Relevantes Ordnungsprinzip ist: topic (Bekanntes) zuerst, comment (Neues) folgt, wobei semantische Funktionen, wie z.B. Subjekt, Objekt,
keine Rolle bei der Wortstellung spielen.

Verkettung:
Es bilden sich keine Unterordnungsrelationen
heraus, wie z.B. Relativsätze, zusammengesetzte
Verben. Komplexität wird durch Reihung von
Äußerungen erreicht.

Verhältnis Nomen-Verb:
Es wird ein Verb mit einem Argument (Nomen)
verbunden.

Fehlen grammatischer Morphologie:
Kasus- und Modalitätsanzeigen, Tempus- und Nume-
rusmarkierungen werden nicht ausgebildet. Äußerungen sind in der Situation syntaktisch und
semantisch klar.

Intonation:
topic-Markierung durch nichtverstärkte, com-
ment-Markierung durch verstärkte Intonation.

Null-Anaphora:
Keine Verwendung von Pronomina.

DER SOZIALVERBÄNDE

ENTWICKLUNG DER NEUROLOGISCH, PHYSIOLOGISCH UND MORPHO-

DISKURSTYPS VOR DEM HINTERGRUND VON   ENTWICKLUNG EINES SYNTAKTISCHEN

Kommunikativer Stress und Zeitdruck bestehen
nicht. Kommunikatives Verhalten kann geplant
werden und ist nicht mehr auf face-to-face-
Situationen angewiesen. Man kommuniziert für
Fremde/Unbekannte und kann auf wenig gemeinsame Hintergrundinformationen zurückgreifen.
Bei gleichzeitiger raum-zeitlicher Trennung
der Interaktionspartner müssen immer mehr
Kontextmerkmale symbolisiert, syntaktisiert
und semantisiert werden. Ein gemeinsamer
Kontext muß erst hergestellt werden.

UND DER ORGANISATIONSSTRUKTUR

LOGISCH BEDINGTEN MÖGLICHKEITEN EINES INDIVIDUUMS

DISKURSTYPS MIT FOLGENDEN MERKMALEN

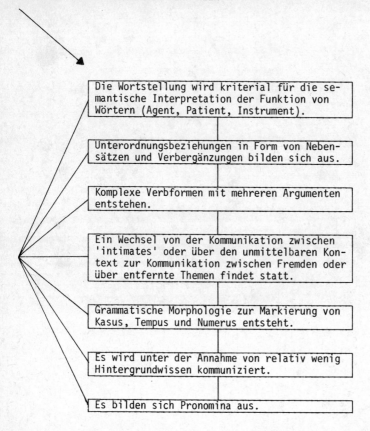

Die Wortstellung wird kriterial für die semantische Interpretation der Funktion von Wörtern (Agent, Patient, Instrument).

Unterordnungsbeziehungen in Form von Nebensätzen und Verbergänzungen bilden sich aus.

Komplexe Verbformen mit mehreren Argumenten entstehen.

Ein Wechsel von der Kommunikation zwischen 'intimates' oder über den unmittelbaren Kontext zur Kommunikation zwischen Fremden oder über entfernte Themen findet statt.

Grammatische Morphologie zur Markierung von Kasus, Tempus und Numerus entsteht.

Es wird unter der Annahme von relativ wenig Hintergrundwissen kommuniziert.

Es bilden sich Pronomina aus.

DER SOZIALVERBÄNDE

ad (d) Durch die Bindung an die gesellschaftlich-kulturelle
Traditionsbildung erlangt das artikulatorische Symbolverhalten im TMÖ eine überragende Bedeutung für das spezifisch
menschliche Kommunikationsverhalten. Dieses spezifisch menschliche Kommunikationsverhalten wollen wir Sprachverhalten
nennen und verstehen darunter sowohl das Produzieren und Rezipieren von Lautäußerungen als auch das Produzieren und Rezipieren von Symbolen für diese Lautäußerungen (Schreiben,
Lesen). Das Produzieren und Rezipieren von Lautäußerungen
wollen wir Sprechverhalten nennen und im folgenden dessen Ent-
stehungsbedingungen näher darstellen.
Dabei sind zunächst als gehirnphysiologische und morphologische Voraussetzungen zu nennen (vgl. Schurig 1976:224-241):
- die Fähigkeit, andere Lautsysteme zu imitieren (offenes vs.
  geschlossenes Kommunikationsverhalten);
- die Fähigkeit, Laute zu modulieren;
- die anatomischen Besonderheiten der Atemwege in Zusammenhang
  mit einer engen physiologischen Koordination des Sprechvor-
  gangs (Artikulation) beim Ein- und Ausatmen;
- die zentralnervöse Koordination und Kontrolle des Sprech-
  apparates (Kehlkopf, Mund, Zunge etc.).
In der phylogenetischen Entwicklung kommt es dabei zu einem
immer stärkeren Abbau der Ausdrucksfunktion bei gleichzeitiger
Steigerung der Darstellungsfunktion der Symbole (Sprechlaute);
d. h. eine der phylogenetischen Grundlagen der Sprachentwicklung wird überlagert durch die besondere Art und die besonderen
Erfordernisse der Traditionsbildung beim Menschen (so z. B.
die Möglichkeit, das Wort 'laut' auch leise auszusprechen),
und es entsteht ein Kommunikationsverhalten, "das unabhängig
von der genetischen Kodierung zusätzlich eine schnelle und
sichere Speicherung gesellschaftlicher Erfahrungen ermöglicht,
die über das Erlernen der Sprache weitergegeben wird."
(Schurig 1976:239)

Die Entstehung des spezifischen Sprechverhaltens erklärt A. N.
Leontjew durch einen Funktionswechsel von Gebrauchshandlungen
zu Gesten. Dabei lösen sich die die Gebrauchshandlungen be-

gleitenden Sprechlaute (Schmatzen, Wut, Anstrengung etc.) von
der Aufgabe, auf den Gegenstand einzuwirken.

Die Sprechlaute "behalten aber die Funktion bei, auf andere
Menschen einzuwirken (...). Mit anderen Worten: Diese Bewegungen ((d. h. artikulatorische Bewegungen bei der Erzeugung
der Sprechlaute; B. H./R. M.)) werden zu Gesten. Eine Geste
ist nichts anderes als eine Bewegung, die von ihrem Ergebnis
getrennt ist, die also mit dem Gegenstand, auf den sie gerichtet ist, nicht mehr in Kontakt ist, nicht mehr in Kontakt tritt." (Leontjew 1973:212).

Bei der menschlichen Verständigung spielt also die 'Gestik
der Sprechlaute' eine immer wichtigere Rolle. G. H. Mead
(1973:84f) charakterisiert die Geste als

"jene Phasen der Handlung, die die Anpassung in der Reaktion
des anderen Wesens auslösen. Gesten werden zu signifikanten
Symbolen, wenn sie im gestensetzenden Wesen die gleichen
Reaktionen implizit auslösen, die sie explizit bei anderen
Individuen auslösen oder auslösen sollen - bei jenen Wesen,
an die sie gerichtet sind."

Nach G.A.de Laguna (vgl.1963:77) wird durch Zeigegesten auf ein
Objekt bzw. eine Situation verwiesen und unmittelbar danach
ein 'Berichtsatzwort', das etwas über das Gezeigte aussagt,
artikuliert. Die Bedeutung einer solchen Äußerung ist dabei
jeweils abhängig vom Handlungskontext.

G. Höpp beschreibt die Entwicklung des Sprechverhaltens ausgehend von ungegliederten Lautäußerungen, die imperativen
Charakter besitzen, hin zu immer differenzierteren Lautkombi-
nationen. Im 'Einerschritt' kommt es dabei zur Artikulation
von 'Einersprüchen', die noch weitgehend dem Stadium des
monopropositionalen Diskurses ähneln.

"Wesentlich für dieses Stadium der Sprache ist allein, daß
jede solche Äußerung typisch ist, d. h. in jedem einzelnen
Fall als konkretes Beispiel eines bestimmten Äußerungstyps
erzeugt und aufgefaßt wird, und daß jeder solcher Äußerungs-
typ einem bestimmten Typ sozialen Handelns zugeordnet wird.
Beide müssen also funktionelle Teile eines sie umfassenden
biologischen Gesamttyps darstellen, der aus koordiniertem
Handeln mehrerer Artgenossen und dem entsprechenden sprachlichen Anstoß besteht." (Höpp 1970:9)

Auf einer entwickelteren Stufe des Einerspruchstadiums entsteht der Eigenname. Er hat die Funktion, Imperative genauer
zu spezifizieren und eröffnet die Möglichkeit des Übergangs
zum multipropositionalen Diskurs.

"Der Eigenname muß seiner Funktion gemäß noch im entwickelteren Einerspruchstadium entstanden sein, da er eine Voraussetzung der manipulierten Arbeitsteilung darstellt, ohne die ja praktisch kein reicheres Repertoire an Einersprüchen gedacht werden kann. (...) der Eigenname ((hat))im imperativischen Sprachstadium die Aufgabe, die Wirkung des Imperativs, der von mehreren Gruppenangehörigen gehört wird, auf einen einzigen von ihnen zu beschränken." (Höpp 1970:11)

Im 'Zweierschritt', dem Übergang vom 'Einer'- zum 'Zweierspruch', wird im Zuge der Arbeitsteilung der Notwendigkeit Rechnung getragen, Objekthaftes und Aktionshaftes einer Handlung zu trennen. Dabei ist zu unterscheiden zwischen dem 'auslösenden Sinneseindruck' (die Handlung wird lediglich angesprochen, ohne daß sich eine Aktion anschließt) und der 'relativen Annäherungsbewegung' (sie bildet zusammen mit der Einwirkung des Subjekts auf das Objekt die Aktion).

Die feste Koppelung von Sprache und Handlung löst sich langsam auf. Diese Entwicklung führt zur Ausbildung des 'pragmatic mode' (vgl. Givón 1979a:296) als Organisationsform des Sprechverhaltens auf der Ebene des multipropositionalen Diskurses. Die Verständigungssicherung erfordert erste, die Kohärenz gewährleistende, Regularitäten als Interpretations- und Kodierhilfe des speziellen kommunikativen Verhaltens. Eine erste Regularität dieser Art besteht z. B. darin, daß in einer Sprechhandlung, d. h. einem aktualisierten Sprechverhalten, das Bekannte = topic zuerst kodiert wird und dann das Neue = comment. Dabei bildet diese Stellungsregel von Sprechlauten erste Funktionsklassen von Sprechlauten aus, die die Grundlage für die Entwicklung von Wortklassen sind (Wort = durch seine Funktion isolierbarer Sprechlaut). Den Vorgang der Trennung von Objekthaftem und Aktionshaftem beschreibt G.Höpp(vgl. 1970:15) wie folgt: Eine bisher unbenannte Handlung hat das Objekthafte bzw. Aktionshafte mit einer bereits benannten Handlung gemeinsam. Durch sich ständig wiederholende Bindung an den Einerspruch kann nun

1. diese unbenannte Handlung ausgelöst werden, wobei gleichzeitig der Einerspruch seine ursprüngliche Bedeutung (nämlich die gesamte Handlung zu bezeichnen) an die Bedeu-

tung des Objekts verliert;

2. das Aktionshafte die ursprüngliche Bedeutung des Einerspruchs verdrängen.

Nach G. A. de Laguna (1963:95) entwickelt sich der Zweiwortsatz, wenn auf nicht präsente Objekte bzw. Situationen nicht mehr mit der Zeigegeste verwiesen werden kann und statt dessen der Einwortsatz verwendet wird. Aus dem Zweierspruch entstehen dreigliedrigere Äußerungen mit der Imperativstruktur

EIGENNAME + AKTIONSWORT + OBJEKTWORT,

wobei der Eigenname anfangs identisch ist mit dem Namen des Hörers, an den der Imperativ gerichtet ist, später aber auch Nichtanwesende bezeichnet, was zu einem formellen Imperativ mit der Struktur

EIGENNAME ≠ HÖRER + AKTIONSWORT + OBJEKTWORT

führt.

Durch Ersetzung des Eigennamens durch ein weiteres Objektwort nach dem Modell

OBJEKTWORT + AKTIONSWORT + OBJEKTWORT

bei gleichzeitiger Veränderung der Bedeutung des Aktionswortes entwickelt und verändert sich die Imperativstruktur zur Berichtsstruktur.

Auf dieser Stufe der Sprachentwicklung ist die Möglichkeit gegeben, z. B. über Naturvorgänge und tierisches Verhalten zu kommunizieren und es zu kommentieren. (Höpp 1970:22ff)

Die Bedingungen, die im TMÜ zur Ausbildung des 'pragmatic mode' führen (vgl. TMÜ-Schema S. 66 d. A. und Givón 1979 b: 100f), lassen sich wie folgt charakterisieren:

(a) Kommunikativer Stress: Eine Gemeinschaft besitzt keine allen verfügbaren Kommunikationsmittel, hat jedoch unmittelbar Aufgaben zu lösen, für die keine genetischen oder gewohnheitsmäßigen Lösungsstrategien vorhanden sind.

(b) Mangelndes Hintergrundwissen: Es muß wenig gemeinsames Hintergrundwissen vorausgesetzt werden darüber, wie die einzelnen Populationsgruppen ihre Äußerungen kodieren und interpretieren (Informationsgefälle aufgrund unterschied-

licher Traditionsbildung). Dagegen besteht relativ geringe
Differenz bezüglich des allgemeinen, pragmatisch vorausge-
setzten Hintergrundes über den generellen Kontext mensch-
licher Kommunikation, d. h. das Wissen darüber, daß durch
Lautäußerungen kodiert wird und daß diese Äußerungen einer
Interpretation bedürfen, kann vorausgesetzt werden.

(c) <u>Unmittelbarer Kontext</u>: Die Aufgaben oder Themen der Kommunikation sind gegenwärtig, erkennbar und nicht aufschieb-
  bar.

Der Aufbau eines 'syntactic mode' des multipropositionalen
Diskurses aus dem präsyntaktischen 'pragmatic mode' des multipropositionalen Diskurses interessiert uns hier nicht im
einzelnen. Festzuhalten ist aber, daß dieser Vorgang bedeutet, immer mehr Einzelheiten des Kontextes syntaktisieren und
semantisieren zu müssen und zu können, was seine Begründung
in der spezifisch menschlichen Organisationsform des Gemeinschaftslebens findet. Dies wird in Kap. 1.2.4 und 1.2.5 näher
ausgeführt. Die Grundlage, auf der sich die dort zu behandeln-
de menschliche Organisationsform herausbildet, liegen in folgenden Entwicklungen im TMU:
Die zu bewältigenden Aufgaben werden in mehrfacher Hinsicht
immer komplexer. Immer mehr Mitglieder werden in die Aufga-
benbewältigung einbezogen; räumlich und zeitlich nicht unmittelbar vorhandene Aufgaben müssen gelöst werden; komplexere Handlungsziele erfordern das Koordinieren unterschiedlicher Handlungsabläufe unter ein gemeinsames Ziel; immer
mehr Umweltgegenstände werden Handlungsgegenstand; immer
differenziertere Handlungsmöglichkeiten und -alternativen bieten sich an. Zum Lösen der für die Lebenserhaltung wichtigen
Aufgaben erweisen sich relativ kleine Verbände einer Population mit gemeinsam geteilter Alltagserfahrung als zunehmend
ungeeignet; das Leben in großräumigen Gemeinschaften mit
unterschiedlichen soziokulturellen Erfahrungen der in ihnen
vereinten Gruppen macht den Austausch von Wissen zu einer
überragenden Aufgabe.
Um den Austausch dieses Wissens zu ermöglichen, entwickeln

sich die Konventionen des 'syntactic mode'

(a) als von jedem Individuum zu erlernende, bei allen Mitgliedern voraussetzbare Regeln zur <u>Symbolisierung</u> und
<u>Tradierung</u> von Wissen und

(b) als ein Medium, gemeinsames Handeln gemeinsam zu planen
bzw. unterschiedliche Handlungen unter ein gemeinsames
Tätigkeitsziel zu <u>koordinieren</u>, sich über Ziele und Vorstellungen anderer zu <u>orientieren</u> und das Wissen der
anderen zu <u>bearbeiten</u> (vgl. Kap. 1.2.5 d. A.).

Hierdurch wird es auch möglich, zunehmend Verhaltenskomponen-
ten (also Handlungen; auf menschlichem Niveau sprechen wir
von Tätigkeitskomponenten) zu syntaktisieren, symbolisieren
und semantisieren. Dies sind z. B. in Anlehnung an J. S.
Bruner (1977:832):

die Handlung selbst	Anfang und Ende von Handlungen
der Agent	die Absicht zu handeln
das Objekt	der Wunsch
das Instrument	der Befehl
der Ort	die Aussage
der Zeitpunkt	die Bitte

Der Mensch hat nicht nur das Leben mit den Tieren gemein, sondern ist sowohl ihrer Organisation als ihrem
Mechanismus mehr oder weniger, das heißt, nach Stufen
ähnlich. Der Hauptunterschied muß also auf die Lebens-
art ankommen ...
Der Mensch lernt alle seine Gliedmaßen und Sinne, also
auch Ohr und Zunge, brauchen und regieren, weil er lernen kann, lernen muß und ebenso lernen will.
Folglich ist der Ursprung der Sprache so natürlich und
menschlich als der Ursprung aller unserer Handlungen,
Fertigkeiten und Künste. Ohngeachtet aber jeder Lehr-
ling zu seinem Unterrichte mitwirkt nach Verhältnis
einer Neigung, Fähigkeit und Gelegenheit zu lernen: so
ist doch Lernen im eigentlichen Verstande ebensowenig
Erfindung als bloße Wiedererinnerung ...
Nichts ist also in unserem Verstande, ohne vorher in
unsern Sinnen gewesen zu sein ...

(J. G. Hamann: Der Ursprung der Sprache (1772))

1.2.4 Funktion von Sprache und Lernen beim Übergang von der biologischen zur gesellschaftlichen Lebenssicherung

Wie wir gesehen haben, gibt es die Spezifik des menschlichen
Kommunikationsverhaltens. Eine ganze Anzahl morphologischer,
physiologischer, psychologischer, neurologischer und sozialer
Faktoren und deren Zusammenspiel waren die Grundlage, auf der
sich das Sprechverhalten - und aus ihm die Sprache - aus einer
speziellen Form des Kommunikationsverhaltens neben anderen mit
seiner dominierenden Funktion entwickeln konnte.
Wie jedes Kommunikationsverhalten kann die Besonderheit der
menschlichen Sprache nur in der Funktion liegen, die dieses
Steuerungsmittel in der menschlichen Gemeinschaft hat und
dessen Erfordernisse und Bedürfnisse sie erfüllt. Aus den in
den vorangegangenen Kapiteln beschriebenen Grundlagen des
Kommunikationsverhaltens sind für die jetzigen Überlegungen
folgende Punkte wichtig und sollen hier noch einmal zusammengefaßt werden:
- Kommunikative Strukturen dienen der Steuerung von Koordinationsproblemen sozialer Gemeinschaften. Dabei betreffen die
  Koordinationsprobleme immer weniger die Kundgabe und Aus-
  lösung spezieller Handlungen während und innerhalb primär
  lebenserhaltender Handlungsvollzüge, sondern zunehmend die

Darstellungsfunktion zur Orientierung und Koordinierung der Vorbereitung solcher Handlungsvollzüge.

- Das Schwergewicht der Bedeutungsvermittlung durch Symbole geht von der Kundgabe- und Auslösefunktion zur Darstellungsfunktion über.

- Die Kodierung von Raum-Zeit-Verhältnissen, das Einbeziehen nicht aktuell vorhandener dritter Personen, Objekte und Zustände erweitert die Kommunikationsmöglichkeiten enorm.

- Das durch die Traditionsbildung entstehende Informationsgefälle innerhalb einer Population macht es notwendig und möglich, Diskursregeln zu entwickeln, mit deren Hilfe man sich u. a. über Dinge, Pläne usw. einigen kann.

- Da gemeinsames Weltwissen nicht mehr vorausgesetzt werden kann, ist es notwendig, Konventionen darüber zu entwickeln, mit welchen Symbolen welche Dinge 'gemeint' sind und wie die Symbole bei Koordinationsproblemen eingesetzt werden.

- Der Übergang von monopropositionalen zu multipropositionalen Sprechhandlungen erfordert die Ausbildung von Konventionen über die Anordnung und das Aussehen der Symbole im Äußerungsakt sowie Regeln zu deren Interpretation (Grammatik, Semantik).

Diese zuletzt genannten Konventionen bilden eine neue Wissensstruktur, einen neuen Wissenskontext, die nicht mehr genetisch vorgegeben und nicht nur auf gemeinsamen Erfahrungen im gleichen Kontext begründet ist, sondern individuell erlernt und als gültig bei anderen Gruppen vorausgesetzt oder ausgehandelt werden muß. Damit können wir die allgemeine Definition von Konvention (vgl. Kap. 1.2.1, S.) dahingehend für die Bedeutungskonzeption spezifizieren, daß vokale Gesten als signifikante Symbole Bedeutung erlangen aufgrund eines bestimmten Typs von Konventionen, die Bedeutungskonventionen genannt werden sollen. Diese haben zwei Aspekte:

"als Mitteilungskonventionen besagen sie, daß in einem Koordinationsproblem eines bestimmten Typs, wenn auf das Bewußtsein eines anderen Mitglieds der Gruppe eingewirkt werden soll, eine bestimmte Sprechtätigkeit durchzuführen ist; als Interpretationskonventionen legen sie fest, wie in einem Koordinationsproblem eines bestimmten Typs Sprechtätigkeit eines anderen Mitglieds der Gruppe interpretiert werden soll (...)".
(Kummer 1975b:14; Hv. W. K.)

Diese Bedeutungskonventionen sind die elementaren Einheiten der menschlichen Sprache und stellen u. E. das einzig wirklich trennscharfe Charakteristikum der menschlichen Sprache dar,

verweisen sie doch auf den Inhalt - d. h. die Bedeutung der
Symbole - dessen, was auf menschlichem Niveau dargestellt wird:
Das Entstehen der unmanipulierten Arbeitsteilung (d. h. sie
ist nicht genetisch festgelegt) bedarf der bewußten Koordinierung der Einzelhandlungen der Mitglieder eines Sozialverbandes. Mit der Entstehung des Werkzeuggebrauchs und der
systematischen und geplanten Werkzeugherstellung für eine
künftige Gelegenheit ist notwendig verbunden, daß die in der
geplanten Werkzeugherstellung begründet liegende Antizipation
der Ergebnisse des Werkzeuggebrauchs allen Handelnden bewußt
ist.

Werkzeuge sichern die Produktion und Reproduktion einer Gesellschaft langfristig ab, da sie wiederholt und zu gleichen
Zwecken verwendet werden können, also
- nicht immer wieder für jede Handlung neu hergestellt werden
  müssen, sondern dauerhaft zur Verfügung stehen und
- die erforderlichen Kenntnisse für eine Handlung nicht jedesmal vollständig neu von einem Individuum erworben werden müssen, sondern schon 'in den Werkzeugen' verfügbar sind.
  (vgl. Keseling 1979a:86)

Diese - notwendigerweise kooperative - gesellschaftliche Werkzeugherstellung und -benutzung wird zum Ursprung der Arbeit,
d. h.

"dem geplanten verändernden Eingriff des Menschen in die
Natur, durch welchen er die Bedingungen für die gesellschaftliche, damit individuelle Lebenssicherung schafft". (Holzkamp-Osterkamp 1975:233)

In der Arbeit wirken die Menschen einerseits auf die Natur ein
und andererseits durch Kooperationsbeziehungen auf andere
Menschen: Dies setzt einen Prozeß in Gang, der von der biologischen Lebenssicherung zur gesellschaftlichen Lebenssicherung
führt und einen Umschlag von der biologischen Evolution zur
gesellschaftlich-historischen Entwicklung bedingt. Diese Entwicklung soll im folgenden kurz erläutert werden, und vor
allem sollen die Konsequenzen für das Kommunikationssystem
herausgearbeitet werden, indem eine Bedeutungskonzeption entwickelt wird, die den Erfordernissen der Lebenserhaltung auf
menschlich-gesellschaftlichem Niveau entspricht. Der Übergang
von der biologischen Lebenssicherung kann als das Resultat
folgender Prozesse beschrieben werden (vgl. Kap. 1.2.3). Durch

das immer weitere Zurücktreten der instinktiv festgelegten Verhaltensweisen zugunsten von Verhaltensmustern, die individuell
zu erlernen sind, werden die Selektionsvorteile der Lernfähigkeit (vgl. Kap. 1.2.2) - rasche Anpassung an sich ändernde Umwelten - immer mehr durch die Selektionsnachteile -
zunehmende Verhaltensunsicherheit durch die Notwendigkeit,
unter mehreren Handlungsalternativen die adäquate auszuwählen
- gefährdet.
Eine Möglichkeit zur Reduzierung dieser Unsicherheit bietet
die aktive eingreifende Veränderung der Umwelt. Dies bewirkt
zweierlei:
(a) Die Umwelt verliert immer mehr ihre Natürlichkeit in dem
    Sinne, als sie nicht mehr als unbeeinflußbare Größe dem
    handelnden Individuum gegenübersteht, sondern daß die
    Gegenstände der Umwelt sich zunehmend durch bestimmtes
    Handeln in bestimmter, vorhersagbarer und planbarer -
    damit bewußter - Hinsicht als veränderbar erweisen.
(b) Durch die Traditionsbildung bilden sich bestimmte Hand-
    lungsmuster aus, die für die Bearbeitung/Manipulation
    eines bestimmten Ausschnitts der Umwelt mit bestimmten
    Umweltgegenständen präferiert werden, indem die mög-
    lichen Handlungsalternativen in adäquate und inadäquate
    eingeteilt werden (vermittelt durch soziokulturelle Tra-
    dition).
Diese Entwicklungen führen dazu, daß die Beziehungen zur Umwelt soziokulturell festgelegt und vermittelt sind und die
Umweltgegenstände zunehmend als Resultat bestimmter Handlungsvollzüge erscheinen. Die mangelnde genetische Festgelegtheit und Absicherung des Verhaltens wird also durch die
Herstellung einer soziokulturell bestimmten Reduktion von
Handlungsalternativen bei gleichzeitigem Aufbau einer Umwelt,
deren Gegenstände immer mehr das Resultat von sie verändernden
Handlungen sind, kompensiert. Damit ist der Widerspruch
zwischen Festgelegtheit und Modifikabilität des Verhaltens
aufgehoben,
"indem die 'Vorteile' der individuellen Anpassungsmöglichkeit

an neue Umweltgegebenheiten hier mit den 'Vorteilen' der Festgelegtheit der Umweltbeziehung dadurch miteinander verbunden
wurden, daß die Festgelegtheit über die Vergegenständlichung
der gesellschaftlichen Erfahrung in der produktiven Auseinandersetzung mit der Umwelt bewußt geschaffen wurde". (Holzkamp-
Osterkamp 1975:236)

Diese Möglichkeit der bewußten Planung der Umwelt führt zu der
neuen 'Qualität' der menschlichen Gesellschaft im Vergleich zu
den tierischen Sozialverbänden: Die Entwicklung der menschlichen Gesellschaft wird zunehmend unabhängig von der phylogenetischen Entwicklung: die menschliche Gesellschaft entwickelt
sich weiter in historischen Stadien.

Das bedeutet aber auch, daß das einzelne Individuum sich die
soziokulturellen und damit gesellschaftlichen Erfahrungen an-
eignen muß, um in der aktuellen gesellschaftlichen Wirklichkeit handlungsfähig zu sein. Die Spezifik der menschlichen
Lernfähigkeit liegt somit nicht in der Ausbildung einer neuen
Lernform, sondern in einer qualitativen Veränderung der Lerninhalte!

Gelernt werden muß gesellschaftliche Erfahrung, d. h. die Art
und Weise, wie eine bestimmte Gesellschaft zu einem bestimmten
Zeitpunkt auf einer bestimmten Stufe ihrer Entwicklung welche
Handlungsalternativen in der Auseinandersetzung mit der Umwelt
präferiert. Gelernt werden müssen dabei insbesondere

- der Umgang mit Werkzeugen,
- das Herstellen von Werkzeugen,
- die Kooperation mit anderen Individuen,
- das Erfassen von Gegenstandsbedeutungen,
- das Erfassen von Symbolbedeutungen
  (zu den beiden letzten Punkten vgl. S. 84ff).

Das Lernen dieser Fähigkeiten ist immer ein Schritt auf die
individuelle Vergesellschaftung des Menschen. Indem der Mensch
mit einem gesellschaftlich produzierten Gegenstand umzugehen
lernt, eignet er sich zugleich das in ihm vergegenständlichte
Wissen an. Dadurch integriert er sich immer mehr in die Gemeinschaft (er wird 'vermenschlicht'), was wiederum eine wesentliche Voraussetzung für den individuellen Beitrag zur Kontrolle der Naturbedingungen und Sicherung des gesellschaft-

lichen Lebens ist. (vgl. Holzkamp-Osterkamp 1975:236-247)
Gleichzeitig ist der Einzelne von Anfang an in einen Verband
kooperativ tätiger Individuen eingebunden, wobei nicht nur die
Handlungen der Individuen gegenüber der 'natürlichen' Umwelt
soziokulturell geprägt sind, sondern auch die Formen der Handlungen mit anderen Individuen (Interaktion) sind auf je spezifische Art durch Tradition geprägt und müssen erlernt werden. In die Art der Kooperation gehen also die Beziehungen
des Individuums zur Umwelt (durch den Gegenstand der Kooperation) und zu anderen Individuen (durch Interaktionsformen) gemeinsam ein. Kooperation auf menschlicher Stufe weist dabei
folgende Merkmale auf (vgl. Holzkamp 1973:135ff; Holzkamp-
Osterkamp 1975:242):
(a) Delegieren von Teilaktivitäten unter ein gemeinsames
    Handlungsziel;
(b) Aufstellen von Zwischenzielen;
(c) Umverteilungsantizipation;
(d) verallgemeinerte Zwecksetzung der gegenständlichen Arbeit
    zur gemeinschaftlichen Lebenssicherung.
Dies läßt sich gut am Beispiel Jäger-Treiber veranschaulichen:
(a) gemeinsames Ziel: Beute
    Teilaktivitäten: Jagen, Treiben
    delegiert an: Jäger, Treiber
(b) stellt einen sehr wichtigen Aspekt dar, da beide Teilakti-
    vitäten für sich gesehen sinnlos sind:
    Das Verjagen des Wildes durch die Treiber bringt ebenso-
    wenig Nahrung wie das bloße Warten der Jäger an einem Ort.
    Erst das Wissen über die Ziele des anderen und des gemein-
    samen Zieles ermöglicht die Kooperation.
(c) Den Treibern muß bewußt sein, daß sie an der Beute teil-
    haben werden.
(d) Nicht nur die Jäger und Treiber, sondern der gesamte
    Stamm hat an der Beute Anteil. Nur unter dieser Voraus-
    setzung können Jäger und Treiber vom Stammesverband zu
    ihren Tätigkeiten delegiert werden.
Kooperation ist nicht gleichbedeutend mit Interaktion, Inter-

aktion ist auch nicht immer ein Teilaspekt der Kooperation,
obwohl Kooperation Interaktion voraussetzt. Man kann kooperieren, auch wenn die Tätigkeiten räumlich und zeitlich voneinander getrennt ablaufen und die handelnden Menschen sich nicht
kennen! Wichtig für Kooperationsbeziehungen ist, daß eine
Tätigkeit nicht ohne die Resultate der Tätigkeit anderer ausgeführt werden können bzw. sinnvoll sind. (vgl. Keseling
1979a:194)

Kooperation enthält damit nicht nur synchrone Beziehungen
- Menschen stellen gleichzeitig bzw. in gleichen Arbeitssitua-
tionen gemeinsam oder aufeinander bezogen Produkte her -,
sondern vor allem auch diachrone Beziehungen, indem "mit dem
Werkzeug als dem in vielen Arbeitsprozessen konstanten Moment
die erforderlichen Kenntnisse" (Keseling 1979a:86) über Generationen hinweg überliefert werden können.

Vor diesem Hintergrund können wir die spezifische Form der gesellschaftlichen Tätigkeit des Menschen - die Arbeit - näher
spezifizieren:

"In der Arbeit als gesellschaftliche Lebenssicherung erreicht
der Mensch im Vergleich zum bloß organismischen Niveau eine
neue Qualität der Umweltkontrolle. Die bereits bei den
höchsten Tieren gegebene Möglichkeit zur Handlungssteuerung
durch die Antizipation von konkreten Handlungszielen erhält
dadurch ihre 'menschliche' Spezifik, daß hier nicht nur die
Erreichung eines singulären, realen Aktivitätsziels (...)
vorgenommen wird, antizipiert werden vielmehr allgemeine Gebrauchseigenschaften eines Dings, die ihm jetzt noch nicht
zukommen, die es durch die herstellende Tätigkeit erst gewinnen soll." (Holzkamp-Osterkamp 1975:237)

In der gesellschaftlichen Arbeitstätigkeit ist so
auf dem Wege der Widerspiegelung die Möglichkeit zur theoretischen Hervorhebung praktischer Tätigkeiten gegeben. Sie
können im Bewußtsein festgehalten und zur Idee werden. Diesen
Vorgang bezeichnet A. N. Leontjew (1973:210) als "Denken im
eigentlichen Sinne des Wortes" - ein Denken, dessen Träger die
Sprache wird. Denken ist dabei eine höhere Form psychischer
Tätigkeiten des Menschen, in denen mit kognitiven Abbildern
operiert werden kann (vgl. Lorenz/Wotjak 1977:14).
Auf den Begriff 'Abbild' gehen wir in Kap. 1.2.5 d. A. näher

ein.

Widerspiegelung bezeichnet eine Relation zwischen Abbild und Abgebildetem, die W. Dittich wie folgt bestimmt (1968 ; zit. nach: Lorenz/Wotjak 1977:40):
"(...) und zwar wird eine Gegebenheit x' dann als Abbild einer Gegebenheit x gefaßt, wenn x' und x verschieden sind, x' abhängig von x existiert, x unabhängig von x' existiert und x' mit x (in bestimmter Hinsicht) übereinstimmt. Wenn zwischen einer Gegebenheit x' und einer Gegebenheit x jede dieser Relationen vorliegt, wird x' als 'Abbild' von x bezeichnet. Eine Gegebenheit x' steht also dann in der Relation der Widerspiegelung zu einer Gegebenheit x, wenn folgendes zutrifft:
$W(x,x') = {\sim}Id(x',x) \cap AB(x',x) \cap {\sim}Ab(x,x') \cap \ddot{U}b(x',x).$
Dabei symbolisiert W die Relation der Widerspiegelung, Id die Identitätsrelation, Ab die Relation des Abhängig-Existierens und Üb die Relation der Übereinstimmung. (...) Ferner wollen wir den Prozeß, durch den eine Gegebenheit x' in die Relation der Widerspiegelung zu einer Gegebenheit x tritt 'Widerspiegelungsprozeß' nennen."

Kooperatives Handeln ist so die Grundbedingung der historischen Genese der Menschheit und der spezifisch menschlichen Formen des Bewußtseins. Diese spezifische Form des menschlichen Bewußtseins, das durch einen Regreß von Spiegelungen der an einer kollektiven Tätigkeit Beteiligten ineinander die Entstehung von Selbst-Bewußtsein als Kontroll- und Planungsmöglichkeit eigener Handlungen erlaubt und die Zielsetzungen des Handelns von der biologischen Determination vorprogrammierter Ziele ablöst, ist das wichtigste Produkt der kollektiven Tätigkeit. Bei kollektivem Handeln repräsentiert nicht nur jeder der Beteiligten den Ausgangszustand und den angestrebten Zielzustand, sondern auch die Repräsentation dieser Zustände in allen Beteiligten und die Art, wie sich seine eigene Repräsentation in den Repräsentationen der anderen spiegelt. (vgl. Laing 1973:11-37)

Auf diese Weise erfährt sich der Mensch einerseits als selbständig handelndes Wesen, dem die anderen Menschen als Objekte von Handlungsvollzügen gegenüberstehen; andererseits erlebt er sich als Objekt in Handlungsvollzügen anderer. Seine Erlebniswelt zerfällt in eine bewußt wahrgenommene Dichotomie von 'Ich' und 'Du'. (vgl. Kummer 1975a:9f)

Wir haben gesehen, daß sich durch die besondere Form der gesellschaftlichen Lebensaktivität, gekennzeichnet durch systematische Werkzeugherstellung und kooperative Arbeit Hand in Hand mit der Fähigkeit zur Wissensakkumulation und -tradierung, die spezifischen menschlichen Lerninhalte herausbilden.

"Die neue Organisationsstufe des Aufgehobenseins des Widerspruchs zwischen Festgelegtheit und Modifikabilität durch die Vergegenständlichung als 'Hineinbauen' von Invarianzen in die Umwelt gemäß gesellschaftlichen Zwecksetzungen bedeutet (...) die Fixierung menschlichen Wissens außerhalb des Organismus in der vom Menschen geschaffenen gegenständlichen Welt; dieses entäußerte menschliche Wissen ist über die individuelle Aneignung jederzeit abrufbar (...). (...) Nur, weil das in den Arbeitsprodukten kristallisierte verallgemeinerte Wissen überdauernde gegenständliche Form hat, geht der gewonnene Wissensstand nicht wieder verloren." (Holzkamp-Osterkamp 1975:248; Hv. B. H./R. M.)

Der Mensch erfährt seine Umwelt in der Wahrnehmung. In den Formen der Wahrnehmung drücken sich qualitative Unterschiede zwischen Umweltgegebenheiten (das unmanipuliert Gegebene im Sinne von 'noch nicht für den Prozeß der gesellschaftlichen Lebenserhaltung nutzbar gemacht') und Umweltgegenständen aus. Wahrnehmung eines Umweltgegenstandes ist immer auch Wahrnehmung seiner Bedeutung: seiner Stellung innerhalb des gesellschaftlichen Lebensprozesses.

Um diesen Tatbestand zu erfassen, hat K. Holzkamp das Konzept der Gegenstands- und Symbolbedeutung entwickelt. Gegenstandsbedeutung heißt:

"Bedeutung im Zusammenhang mit der menschlichen Lebenstätigkeit. Ein 'Hammer' beispielsweise ist nicht lediglich Inbegriff einer bestimmten Form und bestimmt gearteten Farbigkeit, sondern eine komplexe gegenständliche Bedeutungseinheit, in die eingeht, daß er von Menschen gemacht ist, daß er zum Schlagen da ist, wie man am besten mit ihm trifft, daß man mit ihm vorsichtig sein muß u. v. a., wobei all dies einheitliches und eindeutiges Gesamtcharakteristikum des Hammers als eines wirklichen, wahrnehmbaren Dinges ist." (Holzkamp 1973:25)

Bedeutungen liegen also "in den Dingen, weil der Mensch im historischen Prozeß durch kooperative Produktion Bedeutungen in ihnen vergegenständlicht hat" (Holzkamp 1973:152; Hv. K. H.).

"Sofern die Wahrnehmungsgegebenheiten lediglich hinsichtlich ihrer figural-qualitativen Merkmale betrachtet werden, ist davon abstrahiert, daß die wahrgenommenen Welttatbestände als

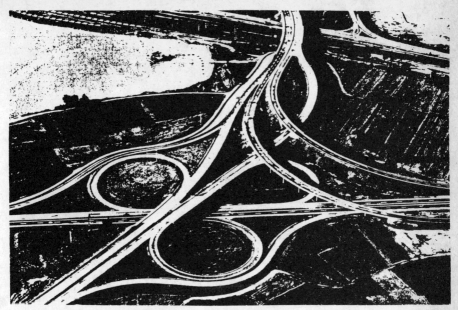

Konsequenzen des Hinein^hauens_bauens von Invarianzen im 20. Jahrhundert

(Bilder aus: Der Spiegel 13/1982:78 (oben), 14/1982:74 (unten))

solche _bedeutungsvoll_ sind. Dies gilt sowohl für sachliche
wie für personale Gegenstandsbedeutung." (Holzkamp 1973:25;
Hv. K. H.)

Personale Gegenstandsbedeutung meint, daß auch die Mitmenschen
in ihrer Bedeutung für die Gesellschaft wahrgenommen werden.
Wir erleben ein Individuum nicht als abstrakte, isolierte Einheit, sondern stets als in Bezug stehend zu anderen Mitgliedern einer Gesellschaft und zu konkreten Positionen innerhalb
der Gesellschaftsstruktur. Die Entwicklung sachlicher und
personaler Gegenstandsbedeutungen als Gebrauchswerterfahrungen verläuft nicht unabhängig voneinander.

"Phylogenetisch entwickeln sich die Gebrauchswerterfahrungen
deshalb wahrscheinlich nicht nur in der äußersten Zone der
Auseinandersetzung mit der Natur, sondern auch mit der
inneren Gruppenerfahrung des Artgenossen als Instrument und
Widerstand eigener Interessen." (Schurig 1976:251)

Im Zueinander sachlicher und personaler Gegenstandsbedeutungen
entstehen objektive Bedeutungsstrukturen im Sinne von gegenseitigen Bedeutungsverweisungen (vgl. Holzkamp 1973:146), die
sich u. E. wie folgt konkretisieren lassen als Verweisungen

(1) von Menschen auf Sachen
    (Tischler - Tisch);
(2) von Sachen auf Menschen
    (Tisch - Tischler)
(3) von Beziehungen zwischen Menschen auf Beziehungen zwischen
    Sachen
    (Käufer: Hersteller - für Geld läßt sich ein Tisch kaufen);
(4) von Beziehungen zwischen Sachen auf Beziehungen zwischen
    Menschen
    (Tisch: Geld - Hersteller: Käufer).

Diese Bedeutungsverweisungen vollziehen sich im Rahmen von
überindividuellen Handlungsprozessen, "in die außer sachlichen
Objekten auch noch mitwirkende Artgenossen einbezogen sind.
Daher sind für uns neben der allgemeinen Beziehung zwischen
Subjekt und beliebigem Objekt noch die Beziehungen zwischen
Artgenossen von besonderer Bedeutung." (Höpp 1970:5)

Durch die Notwendigkeit der gesellschaftlichen Produktion
bringt der Mensch die allgemeinen Gebrauchswertbestimmungen,

die als Gegenstandsbedeutung im Werkzeug vergegenständlicht
sind,

"allmählich immer durchgehender abstrahierend als Symbolbedeutung auf den Begriff (...); der Axt als wirklichem Arbeits-
produkt stünde so schließlich ihr Begriff als 'Axt', in dem
ihre Gebrauchseigenschaften in ideeller Form gemeint und gekennzeichnet sind, gegenüber. (...) Aus dem Bereich der durch
Arbeit geschaffenen Gegenstandsbedeutungen hätte sich so ein
Bereich der Symbolbedeutungen, die gleichwohl eng auf die Gegenstandsbedeutungen rückbezogen bleiben, herausdifferenziert,
wodurch die entscheidende Voraussetzung für Kumulation und
Verwertung gesellschaftlichen Wissens auf erweiterter Stufen-
leiter gegeben wäre." (Holzkamp 1973:150f; Hv. B. H./R. M.)

Nach V. Schurig (1976:250) kann die Symbolisierung nicht auf
einen Zusammenhang mit elementaren Produktionsformen und
Werkzeugherstellung beschränkt werden, da "die gesellschaftliche Erfahrung, die jeder individuellen Werkzeugherstellung
vorausgeht, nur als sehr abstrakte Größe eingeführt werden
kann". Eine solche gesellschaftliche Erfahrung hält V.
Schurig z. B. in der Symbolbedeutung 'geben' für manifest und
nicht auf das menschliche Spezifitätsniveau beschränkt, da im
Experiment nachgewiesen wurde, daß selbst Tiere Symbolbedeutungen lernen können (vgl. Premack 1971; Schulz 1981). Wir
glauben jedoch, daß positive Ergebnisse aus Experimenten, in
denen quasi alles auf die Entwicklung von Symbolisierungsmechanismen und deren Aneignung optimiert ist, nicht generali-
sierbar sind. Andererseits negieren wir keineswegs die Erkenntnisse, die aus derartigen Experimenten gewonnen werden
können. Darüber hinaus läßt sich anhand der Symbolisierungs-
und Kommunikationsmodi im nicht-humanen Bereich die besondere
Stellung des Sprachlich-Symbolischen als spezifisch menschliche Kommunikationsform aufzeigen.

"Von den zahlreichen Unterschieden zwischen Psychischem und
Bewußtsein bzw. Tier und Mensch ist die Entwicklungsdifferenz
der akustischen Signalübertragung besonders groß, so daß die
menschliche Sprache geradezu als definitorisches Abgrenzungs-
merkmal des Bewußtseins herangezogen wird. Tieren wird (...)
wesentlich eher die Fähigkeit zu elementaren logischen Operationen, den phylogenetischen Vorformen des Denkens, zugestan-
den, als die sprachliche Mitteilung einer derartigen Abstrak-
tionsleistung an einen Artgenossen. Tierische Abstraktions-
leistungen sind zwar möglich, bleiben aber auf den motorischen

Reaktionsablauf eines individuellen Tieres beschränkt, während
die interindividuelle verbale Artikulation als 'Sprache' erst
ein relativ spätes, auf den Menschen beschränktes gesellschaftliches Entwicklungsprodukt tierischer Kommunikation ist."
(Schurig 1976:231)

Außerdem ist

"die über Werkzeugherstellung und -verwendung begriffene Ge-
brauchswertfunktion der Gegenstände wesentliches Vehikel
einer sprachlich-symbolischen Repräsentation der Außenwelt (...)
((und))sehr wahrscheinlich der Mechanismus mit der größten
'Breitenwirkung'". (Schurig 1976:250)

V. Schurig schließt jedoch nicht aus, daß es neben phylogenetisch komplizierteren Symbolisierungsmechanismen (z. B. Kombination der Symbole zu Metasymbolen) auch einfachere gibt,
die phylogenetisch möglicherweise vor der Gebrauchswertanti-
zipation durch Werkzeuggebrauch liegen. Dazu zählen soziale
Transaktionen ohne manipulative Veränderung eines Gegenstandes. Symbolisierungsmöglichkeiten bestehen bereits dann, wenn
die Unterschiede zwischen verschiedenen Individuen erkannt
werden. Zum anderen bleibt "die Fähigkeit, Teile der Umwelt
zu benennen, was wiederum eine geistige Trennung der einzelnen
Objekte voraussetzt, (...) auf die menschliche Sprache beschränkt." (Schurig 1976:240)

Die Fähigkeit, sprachlich zu symbolisieren, steht in engem
Zusammenhang mit der Entwicklung gesellschaftlich-kultureller
aus präkultureller Traditionsbildung (vgl. Schurig 1976:241;
siehe auch Kap. 1.2.2 d. A.).

'Präkulturell' bezeichnet eine Tradierung, deren Ausbreitung
weitgehend von biologisch-sozialen Faktoren wie Kontakthäufigkeit der Mitglieder innerhalb einer Population, Dominanz
der Informanten und Übertragung innerhalb der Mutter-Kind-
Beziehung bestimmt ist. Solche Traditionsbildungen finden
sich im ökologischen und sozialen Bereich. Die Tradierung
bestimmten Kommunikationsverhaltens als Sonderfall der sozialen Traditionsbildung konnte bisher nur bei sehr wenigen Tierarten und teilweise nur im Experiment festgestellt werden. Die
gesellschaftlich-kulturelle Traditionsbildung setzt dagegen
die Lösung der Kommunikation von den biologischen Faktoren

voraus, bei gleichzeitiger Symbolisierung der Lautzeichen.
Genauer gesagt liegt die Tradierung bereits in der Symbolisierung, da ja erst etwas in dem Moment symbolisiert ist,
wenn es für eine Gruppe durchgesetzt ist und nicht auf ein
Individuum beschränkt bleibt. Symbolisierung ist also an die
Möglichkeit der Durchsetzbarkeit innerhalb einer Gruppe gebunden, wobei diese Durchsetzbarkeit zum einen abhängig ist
von der individuellen Aneignung des Symbolisierten durch die
Nachkommenschaft, zum anderen vom permanenten Erfahrungs- und
Informationsaustausch der einzelnen Gruppenmitglieder über
die symbolische Repräsentation der Umwelt.

"Die menschliche Sprache vermittelt als wichtigstes 'gesellschaftliches Instrument' aber nicht nur den Entwicklungsstand
zur Außenwelt in psychisch direkter Form, sondern symbolisiert
auch die Verhältnisse der Gruppenmitglieder untereinander in
ihrer gesellschaftlichen Spezifik. Etwas vereinfacht baut das
gesamte System menschlicher Traditionsbildung nur auf den zwei
Pfeilern der materiellen Vergegenständlichung und der sprachlichen Symbolisierung auf, von denen der zweite Weg zugleich
die unmittelbare psychische Erscheinungsform des gesellschaftlichen Bewußtseinstandes selbst ist." (Schurig 1976:242)

In den Prozeß produktiv-kooperativer gesellschaftlicher Lebenserhaltung ist als eine Bedingung seiner historischen Entwicklung die symbolisch-sprachliche Kommunikationsweise von Anfang an eingebettet. Eine solche Kommunikationsweise bildet
die Voraussetzung für das abstrakte Denken und damit die Erweiterung der Wirklichkeitserfassung durch die Möglichkeit der
verallgemeinerten Erfassung von Eigenschaften der realen Außenwelt, auf die im gesellschaftlichen Arbeitsprozeß eingewirkt
wird. Die Erfassung von Eigenschaften (Gegenstandsbedeutungen)
und deren Verallgemeinerung (Symbolbedeutungen) hat ihren Ansatz

"an der Beziehung zwischen den sachlichen Gegenstandsbedeutungen als orientierungsrelevantem Aspekt allgemeiner gesellschaftlicher Zwecksetzungen in den Gebrauchswert-Vergegen-
ständlichungen und den Gebrauchswert-Antizipationen, die zum
Verständnis der kontinuierlichen, geplanten Annäherung an die
vergegenständlichenden allgemeinen Zwecksetzungen bereits
im Prozeß einfacher Werkzeugherstellung als möglich vorausgesetzt werden müssen." (Holzkamp 1973:149)

Dabei sind Symbol und Sache nicht wesensähnlich, stehen jedoch

in einem inneren Zusammenhang; denn im Gegensatz zur Gegenstandsbedeutung wird in der Symbolbedeutung auf ein Drittes,
Gemeintes verwiesen. Symbolbedeutungen 'schaffen' also keine
bedeutungsvolle Welt, sondern sind abstrakte Explikationen
der Gegenstandsbedeutungen, die durch die Arbeit erfahren
werden.

Pozzo: Ich möchte mich gerne wieder hinsetzen, aber ich weiß
nicht recht, wie ich es machen soll.
Estragon: Kann ich Ihnen helfen?
Pozzo: Vielleicht, wenn Sie mich darum bitten würden.
Estragon: Worum?
Pozzo: Wenn Sie mich bitten würden, wieder Platz zu nehmen.
Estragon: Wäre Ihnen damit gedient?
Pozzo: Ich meine wohl.
Estragon: Also, bitte. Nehmen Sie doch wieder Platz, mein Herr,
ich bitte Sie darum.
Pozzo: Nein, nein, es ist die Mühe nicht wert. (Pause. Leiser.)
Nicht lockerlassen!
Estragon: Aber ich bitte Sie, bleiben Sie doch nicht so stehen,
Sie werden sich erkälten.
Pozzo: Glauben Sie?
Estragon: Aber gewiß, ganz gewiß.
Pozzo: Sie haben wahrscheinlich recht. (Er setzt sich wieder.)
Vielen Dank, mein Lieber. Da sitze ich also wieder.

(S.Beckett: Warten auf Godot)

1.2.5   Gesellschaftliche Entwicklung und Kommunikationsverhalten: Bedeutung im Spannungsfeld von Denken und
Handeln

Die in Kapitel 1.2.4 dargestellte Bedeutungskonzeption auf
menschlichem Niveau hat den Vorteil, daß sie aufzeigt, wie
sprachliche Bedeutungen (Symbolbedeutungen) aus dem konkreten
Lebenszusammenhang der Menschen im Umgang miteinander und der
Natur (personale und sachliche Gegenstandsbedeutungen), d.h.
aus den Bedingungen und Erfordernissen der sich entwickelnden menschlichen Gesellschaftlichkeit ableitbar sind.
Allerdings hat diese Bedeutungskonzeption einen entscheidenden Nachteil: Sie ist noch statisch und nicht in der Lage,
die Bedeutungsproblematik auf dem Niveau sich historisch entwickelnder menschlicher Gesellschaften zu erfassen. Die sprachlichen Bedeutungen scheinen eine Teilmenge der Gebrauchs-
wertvergegenständlichungen zu sein, die in den bearbeiteten
Sachen selbst stecken und nur in eine andere Form des Bewußtseins übersetzt werden. Mag der im vorangegangenen Kapitel
skizzierte Prozeß auch für die ersten Anfänge sprachlicher
Bedeutungsgenese zutreffen und eine der notwendigen und
zweifellos auch wichtigsten Bedingungen für die Ausbildung

differenzierter sprachlicher Bedeutungen darstellen, so
kann die Beschränkung auf die dort genannten Punkte leicht
zu einer in Kap. 1.1 kritisierten Analogisierung und Deter-
minierung des Zusammenhangs zwischen Arbeit und Sprache
führen.

Die Holzkamp'sche Konzeption berücksichtigt nicht - oder
erwähnt zumindest nicht - die relative Selbständigkeit und
antizipatorische Potenz menschlicher Sprache sowie die mögliche Funktion der Sprachtätigkeit an der Regulation gesellschaftlicher Prozesse.

Wie schon in Kap. 1.2.3 erwähnt, wird die Entwicklung zum
multipropositionalen Diskurs auch einerseits dadurch ge-
fördert, daß soziale Gruppen unterschiedlicher Traditionen
und Kulturen zumindest teilweise kooperieren, d.h. sich verständigen müssen, andererseits dadurch, daß die Entwicklung
von der 'community of intimates' zur 'community of strangers'
auch innerhalb sozialer Gruppen Verständigungsprobleme her-
vorbringt und nicht nur Ausgleich und Übermittlung von
Wissen über gemeinsam zu bearbeitende Umweltgegebenheiten,
sondern auch Beziehungs- und Situationsdefinitionsprobleme
von Anfang an beinhaltet. Zudem führt die Möglichkeit, durch
Sprache gesellschaftliche Erfahrung zu tradieren und zu
fixieren nicht nur dazu, daß unterschiedliche Gesellschaften
und/oder unterschiedliche Gruppen in einer Gesellschaft unterschiedliche Aspekte der Umweltgegebenheiten als bedeutungsvoll für ihre Lebenserhaltung erkennen und gleichen Gegenständen unterschiedliche Bedeutungen zuordnen, sondern auch
dazu, daß Lernprozesse auch ohne praktische Tätigkeit, ohne
die je eigene(praktische) Erfahrung des Einzelnen möglich werden. Es bilden sich sprachliche Gewohnheiten heraus, un-
bewußtes und unreflektiertes sprachliches Alltagswissen.

Eine 'reine' Gegenstandsbedeutung von 'Hammer' (z.B. 'Gegenstand, um einen harten Gegenstand in einen weichen zu trei-
ben') anzunehmen, ist daher in höchstem Maße unmaterialistisch,
da so die Bedeutungsproblematik auf die Relation Individuum-
Umwelt reduziert und die Gesellschaftlichkeit des Individuums

abstrahiert wird. In die Gegenstandsbedeutung und damit auch
in die Symbolbedeutung von 'Hammer' gehen von Anfang an auch
die durch spezielle Kulturen und Traditionen ausgeformten Bestimmungen, die situations- und beziehungsdefinierend sind,
ein, so etwa 'gehört dem Starken' (Zeichen der Stärke), 'ist
selten/kostbar' (Zeichen von Reichtum).
Damit sind mögliche Konfliktpunkte mit anderen Sozialverbänden oder Gruppen innerhalb eines Sozialverbandes durch unterschiedliche Symbolbedeutungen immer schon ein Koordinationsproblem (Verstehens- und Interpretationsproblem), und zwar
nicht nur bezüglich der materiellen Umwelt, sondern auch bezüglich des Verhältnisses der Interagierenden zueinander.
Eine Bedeutungskonzeption auf entwickeltem historisch-mensch-
lichem Niveau hat also in Rechnung zu stellen, daß
- jeder Lernprozeß eingebettet ist in verschiedene historisch
  bedingte kulturelle Milieus, Traditionszusammenhänge,
  klassen- und schichtenspezifische Differenzen;
- in den konkreten Aneignungsprozeß von Gegenstandsbedeutungen von Anfang an auch eine Situations- und Beziehungsdefinition eingeht, von der "in der inhaltlichen Bestimmung tatsächlich wahrgenommener Gegenstandsbedeutungen
  in Handlungssituationen nur willkürlich abstrahiert werden
  kann" (Paris 1981:16);
- die Möglichkeit, Wissen sprachlich zu erwerben, ohne die
  sprachlichen Bedeutungen aus der praktischen Erfahrung ableiten zu müssen/können, zu einem Spannungsverhältnis
  zwischen praktischer Lebenstätigkeit und sprachlichem
  (Alltags-)Wissen führen kann (so 'gibt' der 'Arbeitgeber'
  natürlich keine 'Arbeit', noch viel weniger 'nimmt' der
  'Arbeitnehmer' sie).
Die Art und Weise, in der Gegenstände für uns Bedeutung erlangen, ist für den einzelnen auch symbolisch vorstrukturiert,
denn "wir stehen nicht am Anfang der Menschheitsgeschichte"
(Schmitz 1981:32). Unser Alltag hat seine lange gesellschaftlich durchgearbeitete Vorgeschichte und tritt uns nur als

deren Resultat entgegen. Unser Alltag ist auch - und damit ist
R. Paris (vgl.1981:16) zuzustimmen - über symbolische Interaktion vermittelt, d.h. die Interaktion wird durch die Interpretationen und Reinterpretationen der Interagierenden bezüglich der Situations- und Beziehungsdefinitionen ständig
neu strukturiert, aber nicht, weil die Symbolwelten primär
gegenüber praktischen Tätigkeiten sind, sondern weil spezifisch menschliche Tätigkeit nicht auf ein Individuum beschränkt ist und notwendigerweise der Planung und Orientierung - U. Schmitz (1981:32) spricht von "theoretischer Be-
gleitung" - bedarf; denn Intersubjektivität entsteht nicht
erst auf der Ebene der Kommunikation,sondern vor und mit
ihr in den Erfordernissen der praktischen Tätigkeit. Die
sprachlichen Bedeutungen, die die Erfahrungen und Handlungen
des einzelnen Individuums beeinflussen, sind überlieferte
Fixierungen gesellschaftlicher Erfahrungen und gehen letztlich aus der praktischen Tätigkeit mit der materiellen
Realität hervor. In dem Sinne sind "alle Sachen, über die
wir sprechen, (...) Tat-Sachen" (Schmitz 1981:32).
Eine weitergehende Bedeutungskonzeption, die den Bedingungen
auf menschlichem Niveau besser gerecht wird, läßt sich -
ohne die Holzkamp'sche Konzeption ganz aufzugeben - ableiten
(a) aus der in Kap. 1.2.1 gemachten Überlegung, daß die
    Funktion kommunikativer Systeme die von Steuerungs-
    mitteln bei Koordinationsproblemen von Organismusso-
    zietäten ist;
(b) aus der in Kap. 1.2.4 dargestellten spezifischen Sozial-
    struktur menschlicher Gemeinschaften (Arbeit, Werkzeug-
    gebrauch, Kooperation, Arbeitsteilung),zu deren Steue-
    rung beim Auftreten von speziellen Koordinationsproble-
    men das kommunikative System der menschlichen Sprache
    dient;
(c) aus der Tatsache, daß sich auf menschlichem Niveau
    eigenständiges kommunikatives Verhalten ausbildet, was
    zu einer Entstehung eigenständiger kommunikativer Ver-
    haltensmuster und -regularitäten führt ('syntactic mode').

Diese entstehen zwar und sind eingebettet in den Prozeß
der gesellschaftlichen Lebenserhaltung, aber nicht allein
aus ihm ableitbar, sondern haben eine Eigengesetzlichkeit (Juxtastruktur der Sprache).
Das eigenständige kommunikative (Sprach-)Verhalten ist dem
materiell-gegenständlichen Verhalten zur gesellschaftlichen
und damit individuellen Lebenserhaltung insofern übergeord-
net, als es die Funktion hat, die Lösungen der Koordinationsprobleme zu steuern. Seine Selbständigkeit begründet sich und
hat ihre Funktion darin,
daß (1) die materiell gegenständliche Tätigkeit
    -geplant,
    -in ihrem Ergebnis antizipiert,
    -koordiniert,
    -motiviert und argumentativ begründet und ggf.
    gerechtfertigt werden muß;
daß (2) man sich über die Verfügbarkeit (des Wissens) um
    und die Bezugnahme auf Gegenstände und Handlungen
    der Tätigkeit orientieren muß.
Damit ist ersichtlich, daß sich die Funktion der elementaren
sprachlichen Einheiten - der Bedeutungskonventionen - und
ihre Realisierung in sprachlichen Ausdrücken nicht im Auf-den-
Begriff-Bringen erschöpft - dem Symbolisieren individueller
und gesellschaftlicher kognitiver Erkenntnisse über die Beschaffenheit der Umwelt. Fixierung und Tradierung der Denkprodukte geschieht nicht um ihrer selbst willen, sondern
immer in Bezug auf die zu lösenden Koordinationsprobleme bei
materiell gegenständlichen Tätigkeiten. Bei diesen Tätigkeiten wird vorgefundenes oder vorgefertigtes Material zu Produkten umgeformt: Sie sind ein "Einwirken auf Gegenstände zu
bestimmten Zwecken" (Keseling 1979a:62). Dieses Umformen ist
im allgemeinen ein komplizierter Prozeß, in dem ein angestreb-
tes Tätigkeitsziel sich erst über Handlungssequenzen erreichen läßt. Handlungen innerhalb von Handlungssequenzen sind
auf Zwischenziele gerichtet und bringen Zwischenergebnisse
hervor, die als Material in die weiteren Handlungen eingehen

und umgeformt werden. Wenn in Handlungen oder Handlungssequenzen nicht nur ein einzelner Gegenstand umgeformt wird,
"sondern ein Ensemble von materiell-gegenständlichen und/oder
sprachlichen bzw. geistigen Gegenständen ((Gedanken, Abbilder; B.H./R.M.))" (Keseling 1979a:63), so sprechen wir von
Situationen. Da sprachliches Handeln immer in übergeordnete
Handlungszusammenhänge, d.h. die Tätigkeit, eingebettet ist,
ist auch sprachliches Handeln eine Art Materialumformung, die
situationsverändernd wirkt. Im Gegensatz zur Umformung materieller Gegenstände werden hier geistige Gegenstände (Denkprodukte, Einstellungen, Abbilder) umgeformt, und die Produkte der Umformung dienen nicht der primären Lebenserhaltung,
sondern sie sollen als veränderte Einstellungen, Abbilder,
Denkprodukte ein Zwischenergebnis und damit eine (neue) gemeinsame Basis zur Planung und Koordinierung materiell gegen-
ständlicher Tätigkeit hervorbringen.
Die Organisation des Lebenserhaltungsprozesses - Kooperation
und Arbeit - erfordert das Wissen von den Tätigkeiten der
anderen und von den in diese Tätigkeiten eingehenden Werkzeuge. Dazu ist es notwendig, daß vor und während der Ausführung von Tätigkeiten mit Werkzeugen, d.h. vor oder während
der Phase der materiell gegenständlichen Tätigkeit (Realisierungsphase), eine Orientierung erfolgen muß: das sprachliche Handeln. Dabei setzt Orientierung "in irgendeiner Form
das Bewußtsein von einer mangelhaften Situation (...) und
die Antizipation einer möglichen Behebung des Mangels voraus"
(Keseling 1979a:70f).
Menschliche Sprache hat somit Orientierungsfunktion bei Koordinationsproblemen der spezifisch menschlichen Form der Organisation der Lebenserhaltung und dient dabei zur Behebung
folgender Mängel:
- Uneinigkeit über Art und Weise, Gegenstand und Ziel der
  auzuführenden Handlung;
- Wissensdefizite bezüglich Gegenstand und Handlung;
- Unklarheit über Koordination und Kooperation;
- mangelnde Motivation

u.a.m.

Die Orientierungsphase dient der Vorbereitung und Ermöglichung
weiteren Handelns. Dabei lassen sich analytisch zwei Teil-
aspekte unterscheiden. Zum einen wirken die Menschen aufeinander ein, indem sie aufmerksam machen, Wissen einbringen etc.
Zum anderen machen sie eine Aussage über einen Wirklichkeits-
ausschnitt, was wiederum eine Analyse der Wirklichkeit voraussetzt, die interessengebunden ist und aus dem praktischen Umgang mit der Wirklichkeit entsteht. Diesen zuletzt skizzierten Prozeß muß der Hörer im Verstehen einer sprachlichen
Äußerung nachvollziehen - andernfalls könnte man sich nicht
über etwas verständigen.
Die je individuell erworbenen Kenntnisse über die Wirklichkeit, d.h. die über kognitive Prozesse erworbenen Abbilder
der Wirklichkeit müssen also in der Orientierungsphase kompa-
tibel gemacht, aufeinander abgestimmt werden. Einem Sender
geht es dabei darum, in einem Empfänger Veränderungen des
Abbildes eines Wirklichkeitsausschnitts hervorzurufen. In der
Orientierungsphase werden also Gegenstände und Personen nicht
im physischen Sinne, sondern als deren Abbilder im Empfänger-
bewußtsein verändert (vgl. Helbig 1975:68). Auch Sprechen
richtet sich damit auf einen Gegenstand, genauer: auf das
Abbild eines Gegenstandes in einem Hörer, der/das im Verlauf
der Orientierungsphase (z.B. des Gesprächs) gemäß den Wün-
schen und Absichten der Beteiligten umgeformt wird, um weiteres Handeln (sprachliches oder materiell gegenständliches)
vorzubereiten oder zu ermöglichen.
Dies ist von entscheidender Wichtigkeit, denn sprachliche Bedeutungen beziehen sich somit nicht auf die Gegenstände der
Umwelt direkt, sondern auf die Abbilder dieser Gegenstände
im menschlichen Bewußtsein. Damit gehen in die sprachlichen
Bedeutungen sowohl Hypothesen darüber ein, was der andere
für ein Abbild hat, als auch Hypothesen darüber, welche Abbilder vorausgesetzt werden können/müssen. Sprachliche Ausdrücke werden so zu "Quasiwerkzeugen" (Keseling 1979a:95),

indem geistiges Material zu
nützlichen Produkten umgeformt wird. Die materielle
Realität wird nicht mehr
direkt bearbeitet, son-
dern über die Einwirkung
auf den Ko-Aktanten. Der
Sender übersetzt in der
Orientierungsphase sein
gedankliches Abbild in
einen sprachlichen Aus-
druck, d.h. intraindivi-
duelle neuronale Gegeben-
heiten werden in äußere
Sprache umkodiert und
interindividuell verfüg-
bar, wobei

(a) wegen der Komplexi-
    tät individueller
    Abbilder stets nur
    Teilaspekte in Sprache
    übersetzt werden kön-
    nen und

"Ich habe einen
Hund gekauft."

"O ja? Einen
großen Hund?"   "Nein, nicht so
                 sehr groß."

"Ist es ein
langhaariger?"   "Nein, einer mit
                 kurzen Haaren."

"Und welche
Farbe?"   "Schwarz-weiß
                 gefleckt."

"Was für ein   "Ja, ha!"
schöner Hund!"

(b) diese Übersetzung situations- und empfängerspezifisch
    erfolgen muß.

Neben materiell gegenständliche Handlungsfolgen treten Handlungsfolgen aus kombiniert sprachlichen und materiell gegenständlichen Handlungen. Dabei führt die Eigengesetzlichkeit
und Eigenständigkeit des Kommunikationsverhaltens durch den
'syntactic mode' dazu, daß sich sprachliches Handeln immer
mehr von der gegenständlich praktischen Ausführungsphase
löst und immer weniger auf eine gemeinsame Interaktionsgeschichte angewiesen ist.

War auf der Ebene der Ein- und Zweiwortsätze immer noch
die Präsenz des materiellen Handlungsobjekts notwendig, so
daß sprachlich materielle Tätigkeit durch folgendes Schema
gekennzeichnet war:

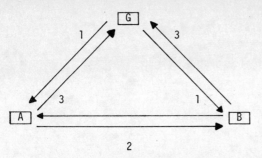

A,B = Aktanten, die auf einen
Gegenstand G einwirken

1 = A oder B stellt an G fest,
daß gegenständliche Tätigkeit unzureichend

2 = A teilt dies B mit (oder
umgekehrt); beide ver-
ständigen sich über wei-
teres Vorgehen

3 = Tätigkeit wird in geänder-
ter Form fortgesetzt

Abb. 6   Sprachlich-gegenständliches Handlungsschema
(nach: Keseling 1979a:170)

so ist mit der Möglichkeit des 'syntactic mode' - insbesondere der Einbeziehung nicht vorhandener Dritter in Raum und
Zeit, Semantisierung der Wortstellung und Ausbildung von
Diskursregeln - eine 'rein' sprachliche Tätigkeit möglich,
bei der ausschließlich gedankliche Abbilder bearbeitet
werden:

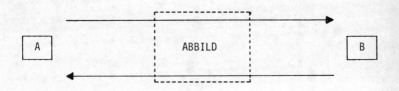

Abb. 7   'Rein' sprachliches Handlungsschema
(nach: Keseling 1979a:170)

Dadurch fällt einerseits das wichtigste Regulativ zur Beur-
teilung des Erfolgs sprachlicher Handlungen weg - gelungene
oder nicht gelungene Veränderungen des gegenständlichen Objekts -, und der Sender ist jetzt ausschließlich auf wiederum
sprachliche Rückmeldungen des Hörers angewiesen, so daß Verstehen oft nicht mehr sofort nachprüfbar wird.
Voraussetzung für diesen Dekontextualisierungsvorgang ist,
daß die Verständlichkeit nicht unter dieser Entwicklung lei-
det. Dies wird dadurch erreicht, daß das eigenständige Kommunikationsverhalten immer komplexere Verhaltensregulationen
(Grammatik) ausbildet und eine zunehmend gesellschaftliche

Normierung der Inhalte - der Bedeutungen - erforderlich wird:
Es kommt zur Ausbildung von kommunikativen Invarianzen, die
als erwartete und erwartbare Gewohnheiten bei der inhaltlichen
und formalen Organisation des Kommunikationsverhaltens gelernt werden müssen. Sprache wird immer mehr eine orientieren-
de Tätigkeit, bei der mithilfe sprachlicher Ausdrücke Wissen
vermittelt, ausgetauscht und ausgewiesen wird, das für die
gemeinsam oder einzeln auszuführenden Handlungen erforderlich
ist. Um erforderliches Wissen vermitteln zu können und um es
z.B. beim Verstehen auf schon vorhandenes Wissen beziehen zu
können, muß dieses vorhandene, zwar verinnerlichte aber entweder z.Zt. nicht aktualisierte oder nicht bewußte Wissen
erneut verfügbar gemacht werden.

"Jegliches Sprechen und Verstehen erfordert ein solches Ver-
fügbar- und Bewußtmachen von Wissenselementen sowie deren
Umorganisation für die inhaltlichen Aufgaben, die mit dem
aktuellen Sprechen verbunden sind." (Keseling 1979a:33)

Damit ist eine Sprachhandlung (sprachliches Handeln in
allen Modalitäten) sowohl Handlung in der Orientierungsphase
eines übergeordneten Handlungszusammenhangs (Tätigkeit) und
der Ausführungsphase vorgeschaltet als auch selbst in eine
Orientierungs- und Ausführungsphase unterteilbar, wobei in
der Ausführungsphase - der Sprachproduktion - beim Rezipienten ein Abbild von denjenigen Wirklichkeitselementen
produziert wird, deren Kenntnis für zukünftige Handlungen
des Rezipienten voraussichtlich relevant ist. In der Orientierungsphase (Hypothesenbildung und Interpretation) wird die
Situation analysiert, (sprachliches) Wissen aktiviert und
gemäß den Hypothesen über Sprach- und Weltwissen des Rezipienten ein Plan kommunikativen Verhaltens erstellt.

Wir haben gesagt, daß Sprache zum Träger der Denkprodukte
wird. Damit sind wir bei einer der schillerndsten Problem-
stellungen: dem Verhältnis von Sprache und Denken. Das Problem verliert viel von seiner mystischen Rätselhaftigkeit,
wenn wir uns klarmachen, daß das Verhältnis beider einen
dialektischen Charakter hat, und "das Denken, die Widerspiegelung der objektiven Realität als Ergebnis der praktischen

Tätigkeit des Menschen, primär gegenüber der Sprache, dem
wesentlichen Mittel der Verständigung und der gesellschaftlichen Fixierung des Ideellen ist" (Lorenz/Wotjak 1977:21).
Denken ist eine psychische Tätigkeit, in der mit kognitiven
Abbildern operiert wird mit dem Ziel, ein ideelles Modell
der Realität im menschlichen Subjekt aufzubauen, um die
praktisch gegenständliche Tätigkeit als zielgerichtete Tätigkeit zu ermöglichen. Unter 'Abbild' verstehen wir "Bewußt-
seinsinhalte als Produkt der Fähigkeit des menschlichen
Nervenapparates - als Teil der Natur - zur Widerspiegelung"
(Lorenz/Wotjak 1977:43; vgl. auch Rubinstein 1973:insb.
Kap.II).
Abbilder treten als Empfindungen, Wahrnehmungen, Vorstellungen, Begriffe, Aussagen usw. auf und sind keine passive
Kopie, kein Spiegelbild der objektiven Realität, sondern "das
Produkt der praktischen und auf deren Grundlage basierenden
theoretischen Auseinandersetzung des Menschen mit seiner Umwelt" (Lorenz/Wotjak 1977:44). Da diese Auseinandersetzung
immer ein zielgerichteter Prozeß der Veränderung der Wirklichkeit entsprechend den Bedürfnissen ist, geht die Zielsetzung selbst als Moment in das Abbild ein. <u>Für den Menschen
gibt es keine Gegenstände an sich, sondern nur für ihn (oder
gegen ihn)</u>.

(aus: "STOP KABELFERNSEHEN" 1982:42)

(aus: Wechselwirkung 10/1981:Titelseite)

Ein Abbild ist ein Produkt zweier Widerspiegelungsbezüge: Zum
einen ist es Abbild eines Abgebildeten. Ziel des Abbildungs-
und Erkenntnisprozesses ist es, das Abbild dem Original immer
adäquater zu machen. Zum anderen ist es Abbild im Bewußtsein
menschlicher Individuen, die sich handelnd zu den Dingen
verhalten; und damit gehen Determinanten der Praxis selbst

in das Abbild ein. Erkenntnis ist so nie die Beziehung eines
vereinzelten Individuums zur Wirklichkeit, sondern der gesellschaftliche Charakter der Menschen bedingt auch den gesellschaftlichen Charakter der individuellen Erkenntnisprozesse.
Durch die Sprache erhalten nun diese subjektiven Ergebnisse
der Denkprozesse, d.h. die individuellen Abbilder als Ergebnis der kognitiven Widerspiegelung, intersubjektiven Charakter: "das Sprechen ist die Existenzform des Bewußtseins (...)
für den anderen, die als Mittel des Verkehrs mit ihm dient"
(Rubinstein 1977:508; Hv. S.L.R.).
Der Prozeß der Vergesellschaftung der individuellen Abbilder
durch die Sprache vollzieht sich
(a) im Kommunikationsprozeß, indem die Abbilder über das
    Symbolsystem natürlicher Sprachen intersubjektiv zu-
    gänglich werden;
(b) im Subjekt selbst, in der ständigen Konfrontation der
    Merkmale der individuellen Abbilder mit den gesellschaft-
    lich fixierten Merkmalen der konventionalisierten Sym-
    bole.
Sprache kommt damit eine Vermittlerrolle zwischen Individuum
und Gesellschaft sowie (intraindividuell) zwischen sprachlicher
Bedeutung und kognitivem Abbild zu. Die Bedeutung eines
sprachlichen Ausdrucks ist so ein Abbild eines Abbildes; seiner Funktion nach dient es primär der Kommunikation über
Objekte und nicht der Erkenntnis/dem Erkennen dieser Objekte.
(vgl. Lorenz/Wotjak 1977:62)
Was man sich beim Erlernen einer Sprache aneignet, ist also
die Zuordnung bestimmter sprachlicher Ausdrücke zu bestimmten
kognitiven Abbildern von bestimmten Objekten, m.a.W. eine
gesellschaftliche Norm im Gebrauch der sprachlichen Ausdrücke
in bestimmten Kommunikationssituationen und Kontexten. Damit
eignet sich das Individuum gesellschaftliches Wissen in Form
von Alltagswissen an, das in der Sprache 'gefroren' ist, ein
Wissen, das über kommunikativen Gebrauch erworben wird. Die
Bedeutung sprachlicher Ausdrücke stellt also eine kommunika-
tionsgemeinschaftliche Norm dar, in die das für eine be-

stimmte Kommunikationsgemeinschaft Wichtige eingeht.
Bei der Bedeutungsanalyse kann so die erkenntnistheoretische
und für die kognitive Abbildanalyse relevante Frage nach der
Adäquatheit gegenüber dem Abgebildeten zurücktreten gegenüber
der Frage, was der Gesamtheit der bei den Sprechern durch einen sprachlichen Ausdruck hervorgerufenen individuellen Abbildern gemeinsam ist, d.h. der Frage nach den kommunikativen
Invarianten.
Die Individuen ordnen ihrem unterschiedlichen Erfahrungs-
schatz entsprechend einem sprachlichen Ausdruck nicht völlig
übereinstimmende Abbilder zu. Die Orientierungsphase der
Gesamthandlung dient u.a. dazu, eine Annäherung der individuellen Abbilder herzustellen. Dazu werden Hypothesen über
Art und Ausmaß der Differenzen sowie Strategien zu ihrer Ver-
ringerung aufgestellt. Die Bedeutung ist somit nicht identisch
mit den durch das Denken entstandenen individuellen kognitiven Abbildern der objektiven Realität. Vielmehr ist die Darstellung der außersprachlichen Realität beim Sprachhandeln
Mittel zur Einflußnahme des Sprechers auf den Hörer. Diese
Einflußnahme wird durch eine Mitteilung über die Dinge, d.h.
durch die Art der Darstellung der Dinge ausgeübt, "die beim
Hörer ein bestimmtes Verständnis für diese Dinge, eine bestimmte Beziehung zu ihnen hervorruft und damit Anstoß zu
bestimmten Handlungen gibt" (Galparin 1980:57f).
Die dargestellten Überlegungen führen somit zu der notwendigen Ergänzung und Weiterführung der in Kap. 1.2.4 vorge-
stellten Holzkamp'schen Bedeutungskonzeption: In die Bedeutung sprachlicher Ausdrücke ist untrennbar das Interesse
eingebunden, auf den Kommunikationspartner durch eine bestimmte Darstellung des Objekts einzuwirken.
Bedeutungen sind primär Widerspiegelungen der Interessen
und Bedingungen und sollen der Organisation einer gemeinsamen Tätigkeit dienen.
Man 'hat' nicht nur Bedeutungen, man 'tut' sie (frei nach
E. Bates 1976); und sie bilden ein dynamisches System, das
in bestimmten Situationen zwischen bestimmten Menschen

variiert.

Diese Bedeutungskonzeption ist unlöslich eingebunden in die soziokulturelle Realität. Sie erfordert die Erforschung des aktuellen Sprachgebrauchs und seiner Funktion in natürlichen Situationen. Gleichzeitig heißt das, daß Bedeutungsanalysen natürlichsprachlicher Ausdrücke nicht auf eine 'rein' sprachliche Ebene beschränkt werden können, sondern stets die Kommunikationssituation und ihre Einbettung in die gesellschaftlichen Rahmenbedingungen zu analysieren sind. Diese Zielsetzung geht nun explizit in das Erkenntnisinteresse der Ethnographie ein:

"Die Ethnographie des Sprechens befasst sich mit den Situationen und Gebrauchsweisen, den Mustern und Funktionen des Sprechens als einer gesellschaftlichen Aktivität aus eigenem Recht." (Hymes 1973,II:341)

Sprachliches Wissen umfaßt also weit mehr als ein abstraktes Regelwissen über die Grammatikalität von Sätzen; es umfaßt
- Wissen über Sprachgebrauchsregeln in Form von Angemessenheitsurteilen bezüglich des Sprachgebrauchs in Situationen;
- Sprachgebrauchsfähigkeit;
- Interaktionsfähigkeit.

Sprachwissenschaftliche Forschung muß die linguistischen Daten und Ergebnisse in einen integrativen Zusammenhang zu sozialen Daten stellen: Bedeutung ist immer soziale Bedeutung, denn sprachliches Handeln in einer Gesellschaft dient bestimmten Zwecken und Zielen und hat bestimmte Konsequenzen.

In einer aktuellen Kommunikationssituation ist die Bedeutung eines sprachlichen Ausdrucks gesellschaftlich vordefiniert: das kommunikativ Invariante, ohne das Bedeutung nicht verstanden und Verständigung nicht gedacht werden kann. Die aktuelle Bedeutung, d.h. die für die Kommunizierenden aktuelle Bedeutung, hängt jedoch von einem komplizierten Wechselspiel zwischen sprachlichem Ausdruck und Gebrauchskontext ab.

"Für das Verständnis und die Vorhersage von Verhalten haben die Kontexte eine kognitive Bedeutsamkeit, die in folgender Weise ganz allgemein gekennzeichnet werden kann. Für sich gesehen legt die Anwendung einer sprachlichen Form ((eines sprachlichen Ausdrucks; B.H./R.M.)) einen Spielraum von Bedeutungen fest. Ein Kontext kann die Auswahl aus dem Spielraum ihrer Bedeutungen unterstützen. Oder umgekehrt betrachtet: wenn in einem Kontext eine sprachliche Form ((ein sprachlicher Ausdruck; B.H./R.M.)) verwendet wird, dann schließt sie die Bedeutungen aus, die im betreffenden Kontext noch jenseits derjenigen möglich sind, die gerade von der gewählten Form ((dem gewählten Ausdruck; B.H./R.M.)) übermittelt werden." (Hymes 1973,II:346f)

Für einen Sender in einer Situation heißt das, daß der Gebrauch eines sprachlichen Ausdrucks in einem Kontext eine Auswahl aus einer Menge von Alternativen in der Situation erfordert (vgl. auch D.R. Olsons instruktionssemantischen Ansatz (1970, 1972)). Diese Auswahl hat kommunikative und interaktive Funktion, denn

"an individual's choice from among permissible alternatives in a particular speech event may identify him as a Southerner, a Northerner, an urbanist, a rustic, a member of the educated or uneducated classes, and may even indicate whether he wishes to appear friendly or distant, familiar or deferential, superior or inferior." (Gumperz 1976:220)

(Soziale) Bedeutungen beschränken sich nicht auf linguistische Formen wie phonologische, morpho-syntaktische oder lexikalische Variablen, sondern ebenso auf Varietäten wie Dialekte, Register und im Extremfall andere Sprachen. Hinzu kommen auch noch extrasprachliche Merkmale aus dem kinesischen und proxemischen Bereich sowie parasprachliche Merkmale (Intonationskonturen etc.). In einem durch gemeinsame Interaktion und Kooperation gekennzeichneten Sozialverband existiert eine Vielzahl von verschiedenen und ungleichzeitigen Sprachverhaltensweisen, die "unterschiedliche Funktionen erfüllen und unterschiedliche Bedeutungen für die Benutzer haben je nach spezifischer Gemeinschaft mit spezifischen Interaktions- und Kommunikationsmustern und Kommunikationsweisen" (Selting 1981:12).

Dem Individuum steht damit ein Wissen über die Beziehungen zwischen sprachlichem Ausdruck, Gebrauchskontext und sozialer Bedeutung zur Verfügung, das sich in verschiedenen Kulturen, Gesellschaften und Gruppen je spezifisch herausgebildet hat im Verlauf einer Interaktion oder Interaktionsgeschichte. Dabei entwickeln sich sog. 'verbal routines' (Gumperz 1972:17).

Sprachliches und nichtsprachliches Kommunikationsverhalten
besteht zu einem großen Teil aus routinisierten Praktiken,
die Bestandteil der Sprach- und Interaktionsregeln von
Gesellschaften sind und z.B. die Funktion der sozialen Beziehungsdefinition in der Interaktion erfüllen (etwa Formen des
Begrüßungsverhal-
tens). Diese 'verbal
routines' werden zu
erwartbaren Verhal-
tensmustern, die als
'normal' angesehen
werden. Auch für
sprachliche Bedeu-
tungen gibt es sol-
che 'routines', zum

> Ein Neger mit gestreiften Hosen, Homburg
> und Brilliantringen sitzt im Erster-Klas-
> se-Abteil und liest das 'Wall Street
> Journal'. Der Weiße starrt ihn eine Weile
> haßerfüllt an und schreit ihm dann ins
> Gesicht:
> "Nigger!"
> Der vornehme Neger läßt die Zeitung sin-
> ken und ruft entsetzt:
> "Wo?"

(aus: Raeithel 1975:43)

einen in Form der sprachlichen Organisation (Grammatik) der
bedeutungstragenden Symbole und zum anderen in Form der kommunikativen Invarianten der Inhalte. Beide Formen konstituieren
zusammen mit dem individuellen Sprachwissen und dem Wissen
der Interagierenden aus ihrer gemeinsamen Interaktionsgeschichte die aktuelle Bedeutung in einem komplizierten Rück-
und Wechselwirkungsprozeß von Interpretationsleistungen. Hierbei fließen sowohl makrostrukturelle (Herrschaftsverhältnisse,
institutioneller Rahmen) als auch mikrostrukturelle Bedingungen (Interaktionsgeschichte, Emotionen) ein. Die dabei verwendeten Interpretationsverfahren besitzen Eigenschaften, die
sozusagen grundlegende Begriffe im interpretativen Paradigma
der Ethnographie sind. Wir stellen sie hier kurz dar (nach
Cicourel 1970:131-135):

(1) Reziprozität der Perspektiven: Sie besteht in der "Ideali-
    sierung der Auswechselbarkeit von Standpunkten", die A
    und B einander unterstellen und aufrechterhalten, bis es
    aufgrund der Entwicklung der Situation nicht mehr möglich
    ist. (131)
(2) Et-cetera-Annahme: Sie erfüllt die Funktion, "Sachen trotz
    ihrer Ambiguität oder Vagheit als akzeptabel zuzulassen
    oder bestimmte Beispiele als hinreichend relevant oder
    verständlich zu behandeln, um deskriptive Elemente als
    'angemessen' betrachten zu können. Das Entscheidende bei

der Et-cetera-Annahme ist ihr Vertrauen auf bestimmte
Elemente der Sprache selbst (Lexikoneinheiten, Ausdrücke, idiomatische Ausdrücke oder Wortspiele z.B.)
und paralinguistische Eigenschaften des kommunikativen
Verkehrs, um Verlauf und Bedeutung der Konversation zu
'indizieren' (...)."(132)
(3) Normalformen: Ist (1) fraglich und kann auch nicht durch
    (2) aufgefangen werden, bemühen sich A und B, eine Norma-
    lisierung der vermuteten Unterschiede herbeizuführen.
    (132f)
(4) Retroperspektiv-properspektiver Ereignissinn: Er besteht
    in der Annahme, die A und B einander unterstellen, daß
    im Zuge der Situationsentwicklung bisher Unklares und
    Vages sich aufklären wird. (133)
(5) Selbstreflexivität von Gesprächen: "Die zeitliche Regu-
    lierung des Sprechens - im Gegensatz zu absichtlichem
    oder unabsichtlichem Zögern und zu Veränderungen der Nor-
    malform-Intonationsmuster - und die zeitliche Regulierung
    von Schweigeperioden bzw. solche gelegentlichen Hinweise
    darauf, daß das Gespräch einen normalen Verlauf nimmt,
    wie 'oh je', 'ach ja', 'ah' und 'oh', stellen für Sprecher
    und Hörer eine reflexive Orientierungsgrundlage dar, die
    sie durch das ganze Gespräch leitet." (134)
(6) Deskriptive Vokabularien als indexikalische Ausdrücke:
    "Die Vokabularien sind ein Index der Erfahrungen. Aber
    die Erfahrungen nehmen im Verlauf ihrer Erzeugung und
    Umformung Elemente der Vokabularien als Bestandteile
    des Erzeugungsprozesses in sich auf und erlauben so die
    Reaktivierung von Informationen, die durch ausgewählte
    Bestandteile der ursprünglichen Vokabularien indiziert
    sind." (135)

Interpretationsverfahren setzen voraus, daß sich die Interaktionspartner gegenseitig Kompetenz unterstellen und aner-
kennen. Sie liefern die Basis für die Interagierenden, auf
der sie dem Verhalten und speziell dem Sprachverhalten Sinn
unterstellen und zuweisen. Dabei erfolgt die Bedeutungszuord-
nung sprachlicher Ausdrücke im Rahmen alltäglicher Interak-
tions und Kooperationszusammenhänge auch im Vertrauen auf
die Kompetenz, und die Sinnzuschreibung erfolgt auf der
Basis dessen, 'was jeder kennt'. Die Bedeutung sprachlicher
Ausdrücke steckt nicht in diesen selbst, sondern muß in
Situationen erschlossen und durch Situationen festgelegt
werden. Je mehr die Kommunizierenden sich räumlich und zeitlich trennen (ermöglicht durch die Entwicklung von Print-
und elektronischen (Massen-)Medien), desto mehr Aspekte der
Situation müssen durch Syntaktisierung in den 'syntactic

mode') überführt werden, und es bedarf expliziter Bedeutungs-
definitionen und reglementierter Festschreibungen (Lexika,
Sprachregelungen).

Diese Entwicklung findet ihre Extremform in den wissenschaftlichen Meta- und Kunstsprachen und ihre Pervertierung in
politischen Sprachregelungen ('Nachrüstung').

Solche Festschreibungen sind das Endprodukt einer zunehmenden
Differenzierung des gesellschaftlichen Lebens bei hochgradi-
ger Arbeitsteilung und dienen dazu, in Kooperation Verständigung zu ermöglichen.

Martin Beck wagte nicht zu atmen. Er hoffte, daß dem Mädchen klarwar, was es als nächstes fragen mußte.
"Weißt du noch, daß Annika und Bosse Verstecken gespielt haben?"
"Ja. Ulla un Lena nich pielen Verteck. Ulla, Lena dumm. Annika schlau. Bosse schlau."
Der Kontakt war jetzt gut.
"Onkel schlau."
"Welcher Onkel?"
"Onkel in Park schlau. Hat Bosse Bon geschenkt."
"Hat der Onkel im Park Bosse einen Bonbon geschenkt? Weißt du das noch?"
"Onkel Bosse Bon. Nich Bonbon."
"Keinen Bonbon?"
"Bon."
"Was hat der Onkel gesagt? Hat der Onkel mit Annika und Bosse gesprochen?" "Onkel mit Annika prochen. Onkel Bosse Bon."
"Bekamen Annika und Bosse Bonbons vom Onkel?"
"Bosse Bon. Annika nich. Nur Bosse."
Bosse drehte sich plötzlich um und fragte Martin Beck: "Bosse Bontasche haben. Has du Bontasche?"
Martin schüttelte den Kopf.
"Bosse hat Bontasche. Muß er ja. Du Bontasche?"
"Nein", sagte Martin Beck, "nicht hier." Und fuhr dann fort: "Hast du eine Bonbontasche vom Onkel im Park bekommen?"
Bosse schlug ungeduldig mit der Hand aufs Sofa. "Nein. Bosse Bon."
"Hast du nur einen Bonbon bekommen. War er gut?"
Bosse schlug Martin Beck aufs Knie. "Nich gut", sagte er. "Kann nich essen Bon."
Martin Beck sah zu Bosses Mutter hinüber. "Was heißt Bon?" wollte er wissen.
"Das weiß ich nicht", sagte sie. "Er sagt so zu Bonbons, Kassenzetteln, Fahrscheinen usw. Zu allen möglichen Bons also. Ich weiß nicht, was er jetzt meint."

1.3   Sprache und Lernen in ihrer ontogenetischen Entwicklung

Wie im vorangegangenen Kapitel für die Phylogenese wollen wir nun den Verlauf der Bedeutungsentstehung im Rahmen der ontogenetischen Sprach- und Lernentwicklung darstellen: Insofern bilden die folgenden Ausführungen eine Ergänzung der phylogenetischen Ableitung unseres Bedeutungsbegriffs , auf der sie gleichzeitig aufbauen. Wir werden dabei sehen, welche grundlegenden Prinzipien der Sprach- und Lernfähigkeit auch in der Ontogenese wirksam sind. Übereinstimmungen werden ihren Ausdruck im Rückgriff auf die in Kap. 1.2 entwickelten Begrifflichkeiten finden.

1.3.1 Allgemeines Entwicklungsmodell der Ontogenese

Eine Beschreibung der Prozesse, die ein Individuum in seiner
Entwicklung durchläuft, muß sowohl die physiologische und neuro-
logische Ausstattung des Organismus berücksichtigen als auch die
äußeren Umgebungsbedingungen, die der Organismus vorfindet. Als
Besonderheit phylogenetisch höher entwickelter Organismen haben
wir in Kap. 1.2.2 das Überwiegen individuell erlernter im Vergleich zu genetisch vorgegebenen Verhaltensweisen genannt und
gleichzeitig betont, daß beide keine in der Realität isoliert
auftretenden Verhaltensaspekte darstellen. Damit kann auch die
dichotomisierende Fragestellung, ob die menschliche Ontogenese
in ihren kognitiven, motorischen und affektiv-emotionellen Aspekten reifungs- oder lernbedingt, anlage- oder milieubedingt sei,
von vorneherein als unangemessen ausgeschlossen werden. Organi-
sches Wachstum, zentralnervöse und hormonelle Reifung schaffen
die notwendigen, aber jedoch nicht die hinreichenden Bedingungen der Möglichkeit für das Auftreten bestimmter Verhaltensweisen. Die Verwirklichung der Möglichkeiten ist ihrerseits von der
Umwelt und ihrer gesellschaftlichen Organisation abhängig. Die
unterschiedlichen Organisationsformen bilden dabei den Rahmen
dessen, was gelernt werden soll. Wenn auch die enge Verschrän-
kung zwischen organismischer Lernfähigkeit/-ausstattung und ihrer Ausbildung/Nutzung im Rahmen interaktiver Beziehungen unbe-
stritten ist, so hat doch der Versuch einer genaueren Bestimmung
der spezifisch menschlichen Lernausstattung, insbesondere der
sog. sprachspezifischen Anlagen, zu weitreichenden Spekulationen
geführt.
Ohne an dieser Stelle eine erschöpfende Diskussion um den angeborenen Spracherwerbsmechanismus (language acquisition device =
LAD) und damit um den nativistischen Ansatz auf der Basis der
Kompetenztheorie N. Chomskys führen zu wollen, halten wir einen
Vergleich der von uns in Kap. 1.2.2 beschriebenen Bedingungen
für den Ablauf von allgemeinen Lernprozessen mit den Faktoren
des LAD für angebracht, da hierbei gezeigt werden kann, welche
Auswirkungen bestimmte Vorentscheidungen über die Art des Unter-

suchungsgegenstandes auf den Aussagegehalt einer Theorie haben
können.

N. Chomsky beschränkt die Theorie einer natürlichen Sprache auf
die Beschreibung und Erklärung der Kenntnis (Kompetenz) eines
Sprecher-Hörers von seiner Sprache; von ihrem aktuellen Gebrauch
in konkreten Situationen (Performanz) wird dann abstrahiert.
"Der Gegenstand einer linguistischen Theorie ist in erster Linie
ein idealer Sprecher-Hörer, der in einer völlig homogenen Sprach-
gemeinschaft lebt, seine Sprache ausgezeichnet kennt und bei der
Anwendung seiner Sprachkenntnis in der aktuellen Rede von solchen
grammatisch irrelevanten Bedingungen wie
- begrenztes Gedächtnis
- Zerstreutheit und Verwirrung
- Verschiebung in der Aufmerksamkeit und im Interesse
- Fehler (zufällige oder typische)
nicht affiziert wird." (Chomsky 1970:13)
Nur in dieser Idealisierung spiegelt die Sprachverwendung die immanente Sprachkenntnis wider.
Die Sprache selbst besteht aus einer unendlichen Menge von
Sätzen, die durch ein rekursives Regelsystem erzeugt (generiert)
werden können, anders ausgedrückt: Ein solches Regelsystem, eine
generative Transformationsgrammatik, ist genau dann eine Beschreibung einer natürlichen Sprache X, wenn es allen Sätzen
Strukturbeschreibungen zuordnen bzw. entscheiden kann, ob A ein
Satz von X ist oder nicht.
Hier stoßen wir bereits auf eines der Hauptprobleme dieses Gram-
matikmodells: Es betrifft die Frage der Beschreibungs- und Erklä-
rungsadäquatheit. Wenn eine generative Transformationsgrammatik
(gTG) einem Satz A keine Strukturbeschreibung zuordnen kann, ist
dann anzunehmen, daß A nicht zum Sprachsystem X gehört oder daß
die gTG (als Beschreibungsmodell) unzureichend ist? Sind bei der
Entwicklung der gTG nicht schon Grammatizitätsbewertungen im Sinne von Ausfilterungen der 'diffusen' Performanzdaten (über die
Idealisierungsforderung hinaus) getroffen worden, so daß die gTG
von vornherein nur das generiert, über dessen Grammatizität und
Akzeptabilität die Intuition des Linguisten/der Linguistin bereits entschieden hat? Wir glauben, daß genau dies der Fall ist,
wollen es aber bei der groben Skizzierung des Transformationsmo-
dells bewenden lassen.
Eng verknüpft mit der Kompetenztheorie ist die Annahme linguistischer Universalien, von deren Existenz die Möglichkeit und das
Funktionieren natürlichen Sprachsysteme abgeleitet wird (vgl. die
Publikationen in Greenberg 1966). Von Interesse für die Ontogenese sind hierbei die von der Einzelsprache unabhängigen Mechanismen, die den Spracherwerb steuern. Sie sind in Form des LAD eine
notwendige Konsequenz der kompetenztheoretischen Sprachauffassung.
So folgt aus der These von der Verworrenheit primärer Sprachda-
ten, die das Kind aus seiner sprachlichen (?!) Umgebung erhält,
und aus denen es dennoch Kompetenz erwerben soll, die Notwendigkeit eines angeborenen Sprachverarbeitungsverfahrens, das die Umsetzung der diffusen Performanzdaten in ein explizites Regelsystem über die Ausbildung und Modizifierung hypothetischer Gram-

matiken ermöglicht (vgl. Chomsky 1970:40f,77).

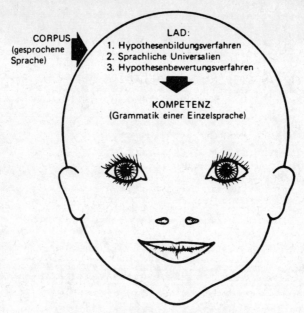

Abb. 8   Der LAD nach Chomsky
(aus: Szagun 1980:55)

Unter sprachspezifischen Anlagen werden dabei allgemeine sprach-
strukturelle Anfangsinformationen sowie die Fähigkeit verstanden, in konkreten Sprachsituationen einem auftretenden Zeichen
eine Strukturbeschreibung zuzuordnen. Der LAD bestimmt die Verarbeitung externer sprachlicher Stimulation während der Sprachentwicklung, und er umfaßt (vgl. Chomsky 1970:47-50,71f; vgl.
auch Fodor 1974:168-170,179):
(a) eine Technik zur Repräsentation von Eingabesignalen;
(b) ein Mittel zur Repräsentation struktureller Informationen
    über diese Signale;
(c) einige Anfangseingrenzungen für eine Klasse von möglichen
    Hypothesen über die Sprachstruktur;
(d) eine Methode zur Bestimmung, was jede solche Hypothese für
    einen jeden Satz impliziert;
(e) eine Methode zur Selektion einer der (vermutlich infinit
    vielen) Hypothesen, die nach (c) erlaubt sind und den gege-
    benen primären sprachlichen Daten gerecht werden.
Die in (c) genannten Anfangseingrenzungen leiten sich aus den
sprachlichen Universalien ab. Jede Grammatik, jede Klasse möglicher Hypothesen, spiegelt die universalen Eigenschaften der
Sprache wider. Die Universalien schränken also eine unbegrenzte
Möglichkeit zur Hypothesenbildung von vornherein ein. (d) zielt
auf die Leistungsfähigkeit der Grammatik ab. Die aus (c) gewonne-

ne Klasse möglicher Grammatiken wird mit primären sprachlichen
Daten (wie sie in (a) und (b) repräsentiert sind) konfrontiert,
was eine weitere Einschränkung der Menge alternativer Grammatiken zur Folge hat. Aber erst das Selektionsverfahren in (e)
wählt genau eine Grammatik aus der Menge der alternativen Grammatiken aus; dabei ist das Bewertungsverfahren selbst von den
primären sprachlichen Daten unabhängig; als ein Bewertungskri-
terium taucht dann z.B. das Prinzip der Einfachheit auf. Der LAD
konstruiert also eine Theorie der jeweiligen Sprache, in der die
primären sprachlichen Daten nur einen Ausschnitt darstellen.

Vergleichen wir die Punkte (a) bis (e) mit den in Kap. 1.2.2
aufgeführten grundlegenden Lernvoraussetzungen, der Darstellung
des Wirkungsgefüges allgemeiner Lernprozesse und ihrer Klassifikation (s.S.34 ff d.A.), so ergeben sich Übereinstimmungen in
Hinblick auf die zentralen Faktoren der Informationsaufnahme,
-abgabe und -speicherung sowie der Bewertung und Entscheidung.
Die Sprachspezifik des LAD besteht in dieser Hinsicht allein in
der Verwendung der Begriffe 'Sprach'(struktur), 'Satz', (primäre) 'sprachliche' (Daten). Wir wollen hier nicht undifferen-
ziert gegen Kompetenztheorie und generative Transformationsgrammatik wettern oder in die Heilige Allianz ihrer Kritiker/innen
aufgenommen werden; wir halten jedoch die o.g. 'sprachlichen'
Ergänzungen schlicht für eine magere linguistische Ausbeute,
gehen sie doch nicht über die Feststellung hinaus, daß allgemeine Lernvoraussetzungen und -prinzipien auch, aber nicht nur beim
Erwerb einer Sprache wirksam werden, und wen sollte das wundern.
Weiterhin ungeklärt bleibt, worin die 'allgemeinen sprachstruk-
turellen Anfangsinformationen' bestehen, die für angeboren ('innate') gehalten werden. Auch die Verwendung des Begriffs 'Satz'
ist nicht sonderlich geeignet, eine Klärung herbeizuführen: Häufig verwendet und nahezu ebenso häufig zu definieren versucht,
zählt er zu den unklarsten Begriffen in der Linguistik.

Daß zum Erlernen und zum Gebrauch einer Sprache bestimmte neurophysiologische Voraussetzungen erfüllt sein müssen, wird niemand
ernsthaft bezweifeln. Die Spezifizierung dieser Voraussetzungen
kann allerdings nur im Rahmen neurolinguistischer Untersuchungen
sinnvoll angegangen werden (vgl. die unterschiedlichen Schwer-
punktsetzungen der Einzelbeiträge in Klix/Sydow 1977 und Schnelle 1981; ebenso Luria 1976 und Lenneberg 1972). Die Ergebnisse

solcher Untersuchungen sind wiederum im Zusammenhang mit den
sprachtheoretischen Annahmen, auf denen sie beruhen, zu betrachten. Dies wird auch etwa bei E.H. Lennebergs kompetenztheoreti-
scher Sprachauffassung deutlich, wenn er in Anlehnung an
N. Chomsky Sprache hauptsächlich als syntaktisches System be-
greift und als Zeitspanne für den Erwerb dieser Systemkomponente
- E.H. Lenneberg spricht insofern fälschlicherweise vom "Erwerb
primärer Sprachfähigkeiten" (1972:217f) - das 3. bis 12. Lebensjahr angibt (physische Unreife bis zum Ende des 2. Lebensjahres;
Verlust der Flexibilität für zerebrale Reorganisation mit Beginn
des 13. Lebensjahres).
Legt man einen funktionalen Sprachbegriff zugrunde und betrachtet
Sprache als das für den gesellschaftlichen Menschen spezifische
Kommunikationsmittel, als Träger gesellschaftlich-historischen
Wissens und als Mittel zur Steuerung psychischer Prozesse sowie
zur Koordinierung von Handlungen, wird deutlich, daß eine Dar-
stellung der Entwicklung sprachsystematischer Aspekte nicht den
Anspruch einer Darstellung der Sprachentwicklung erheben kann.
Die Entwicklung der Bedeutung ist ohne eine Gesamtbetrachtung der
Ontogenese von Sprache, Denken und Handeln nicht möglich - sonst
besteht die Gefahr, tätigkeitspsychologische Aspekte als 'innate'
ausgeben zu müssen. Wir fassen die Gesamtentwicklung, wie in unserer phylogenetischen Darstellung, als Entwicklung des Psychischen auf.
Die psychische Entwicklung des Kindes ist von Beginn an kein einfacher Prozeß passiven Reifens angeborener Strukturen, sondern
stets geprägt durch die aktive Auseinandersetzung des Individuums
mit der Umwelt (vgl. Piaget 1977; Galparin 1969). Die mentalen
Aktivitäten des Neugeborenen sind auf ein Spielenlassen von Re-
lexmechanismen beschränkt. Diese genetisch festgelegten sensorischen und motorischen Koordinierungen sind jedoch von Anfang an
echte Aktivitäten: So u.a. die schnelle Verfeinerung der Reflexe
durch Reflexübungen und die frühe Differenzierung des Schreiens
(bereits zwei Wochen nach der Geburt), die der Kodierung unterschiedlicher interner Zustände dient (Givón 1979a:291 spezifiziert nach "hunger, pain and rage"; vgl. auch Bühler 1978a:210).

Dabei ist jede Aktivität dadurch motiviert, daß sie der Befrie-
digung eines Bedürfnisses dient. Bedürfnisse entstehen dann, wenn
Veränderungen innerhalb oder außerhalb des Individuums auftreten,
worauf es sich in seinem Verhalten einstellen muß. Verhalten ist
somit ein ständiger Anpassungsprozeß an sich verändernde Bedingungen.
Diese Charakteristik bezeichnet J. Piaget(vgl.1977:154ff)als invariante Funktion menschlichen Verhaltens. Demgegenüber sind die
konkreten Verhaltensstrukturen - die Art und Weise, wie dieser
Anpassungsprozeß abläuft - variabel und vom Stand der jeweiligen
Entwicklung abhängig. Anpassung bedeutet hierbei nicht, daß die
Umwelt auf das passive Individuum einwirkt. Bei der Beschreibung
des Verhältnisses zwischen äußerer Einwirkung und individueller
Aktivität setzt A. Lorenzer (1976:194,201) bei der Konstitution
der individuellen Struktur an, an dem Punkt, "da der Embryo aus
dem Status eines Körperteils der Mutter zum eigenen System wird
(...). Physiologisch betrachtet: Die Aktionseinheit im mütter-
lich-kindlichen Reiz-Reaktionsgeschehen wird als sensomotorisches
Engramm festgehalten." Aus solchermaßen 'passiven' Erfahrungen
heraus setzt das Kind eigene Reize ein, um den Aktionsmechanismus
in Gang zu bringen. Dabei treten sog. Aktivitätskerne zusammen,
die über eigene Reizeinsätze eine Herausbildung von Ich- und Ge-
genstandspol bewirken.
Der o.g. Anpassungsprozeß läßt sich analytisch in zwei Teilvor-
gänge zerlegen (vgl. Piaget 1977:157f). In der Assimilation werden die Dinge und Personen der Umwelt der Aktivität des Ich ein-
verleibt, also die Außenwelt mit den bereits erstellten Verhaltensstrukturen untersucht.
Fassen wir den Saugreflex des Neugeborenen als bereits erstellte,
vorgegebene Verhaltensstruktur auf, dann beruhen die Verfeinerun-
gen des Saugens (das Trinken klappt nach ein bis zwei Wochen besser als in den ersten Tagen) und die Verallgemeinerung der Saug-
tätigkeit (an allen Gegenständen wird systematisch gesaugt) auf
frühen assimilierenden Übungen: In diesem frühen Stadium besteht
die Welt für den Säugling aus einer Wirklichkeit zum Saugen.
In der Akkomodation werden die Verhaltensstrukturen je nach den

eingetretenen Veränderungen der Umwelt neu abgestimmt, also an
die äußerlichen Objekte angepaßt.
Zum Erreichen von Gegenständen, die z.B. auf einem Tisch liegen
und aus der Krabbelposition nicht mehr ergriffen werden können,
muß sich das Kleinkind hoch aufrichten und auf die Zehenspitzen
stellen. Später wird auch diese Verhaltensstruktur modifiziert,
indem das Kleinkind auf Bänke, Schemel o.ä. klettern muß, um den
begehrten Gegenstand zu erreichen.
Die im Laufe der Entwicklung erworbenen Verhaltensstrukturen
werden nicht gelöscht, wenn neue erworben werden, sondern jede
Struktur baut auf den voraufgegangenen auf, indem die alten
Strukturen in die neuen integriert werden. J. Piaget/B. Inhelder
(1977:177) haben diese Gesamtentwicklung als gelenkt bezeichnet,
als einen Ausgleichsprozeß, dessen innerer Mechanismus sich
selbst reguliert, und zwar in einer "Folge von aktiven Kompensa-
tionen des Subjekts als Antwort auf die äußeren Störungen und
einer rückwirkenden (...) und vorausgreifenden Regulierung".
Welche sind nun die elementaren Strukturen, die das Kind aufbaut?
Hiermit ist gleichzeitig die Frage nach der Erfassung und Repräsentation von Bedeutungen gestellt. Ihre Grundlage bildet die
praktive Tätigkeit des Kindes in seiner Umwelt.
Es baut Handlungsstrukturen auf (Aktions- oder sensomotorische
Schemata bei Piaget 1977; sensomotorische Aktionseinheiten bei
Lorenzer 1976; motorische Programme bei Rosch 1974), mit denen es
ihm unbekannte Objekte zu 'begreifen' sucht, z.B. durch Schütteln, Reiben, Werfen. Mit diesen Handlungsstrukturen, die eine
'Logik des Tuns' bilden, wird die Wirklichkeit organisiert und
praktische, sensomotorische Erkenntnis gewonnen über die Eigenschaften und Permanenz von Objekten, über die Trennung von Ich
und Objekt, über Raum, Kausalität und Zeit (vgl. Piaget/Inhelder
1977:18; Szagun 1980:95,98).
Die Permanenzeigenschaft von Objekten wird dadurch erkannt, daß
ihre unterschiedlichen Positionen im Raum, ihre Veränderungen
und Bewegungen, die das Kind durch Handlungen mitbewirkt, erfahren werden.
So ist für Kleinkinder zwischen fünf und sieben Monaten ein Ge-

genstand, der vor ihren Augen mit einem Tuch verdeckt wird, offenbar nicht mehr existent, und sie zeigen kein Suchverhalten. In der weiteren Entwicklung wird zwar der Gegenstand gesucht (durch Wegziehen des Tuches o.ä.), allerdings unabhängig von seiner Lokalisation im Raum: Deckt man den Gegenstand bei A zu, sucht das Kind ihn dort; verschiebt man den Gegenstand vor den Augen des Kindes nach B und versteckt ihn dort, kann man oft feststellen, daß das Kind wiederum bei A sucht. Im Alter von neun bis zehn Monaten wird das Kind den Gegenstand bei B suchen, die Aktion des Suchens ist dabei mit der Ortsveränderung des Gegenstandes koordiniert worden.

Ursache-Wirkung-Beziehungen werden vom fünf bis sieben Monate alten Kind als Gesamt des eigenen Tuns aufgefaßt. Hat das Kind erfolgreich einen Gegenstand durch Heranziehen der Unterlage, auf der sich der Gegenstand befindet, in Greifnähe gebracht, so wird es auch dann an der Unterlage ziehen, wenn sich der Gegenstand nicht auf, sondern neben der Unterlage befindet. Mit neun bis zehn Monaten sind Ursache-Wirkung-Beziehungen zwischen Gegenständen und/oder Aktionen des Kindes hergestellt. Das Kind koordiniert Ursachebedingungen (A verhält sich zu B in der Beziehung 'gestellt auf') mit dem Ergebnis der eigenen Handlung (wenn ich an B ziehe, kann ich A erreichen) (vgl.Piaget/Inhelder 1977:18-22). Die sensomotorische Erkenntnis der Zeit geht von der Organisation der Bewegungen und der räumlichen Koordination aus. Ebenso wie die Erkenntnis des Raumes aus der praktischen Koordinierung der Körperbewegungen entsteht - noch bevor der Raum als Beziehung zwischen Objektperformanz und Individuum begriffen wird - entwickelt sich der Zeitbegriff aus dem der Dauer, bevor er zu einem Mittel der Verbindung und Ordnung kindlicher Handlungen mit externen Ereignissen wird (vgl. Piaget 1953:31; 1968:324). So kann das ca. acht Monate alte Kind zwar ein zeitliches 'vor' und 'nach' wahrnehmen, bezieht diese Wahrnehmung jedoch allein auf seine eigenen Aktivitäten. Mit dem o.a. Fall des Suchverhaltens korreliert folgendes Beispiel: Ein Kind beobachtet, wie seine Mutter den Raum betritt und sich hinter es setzt; beim Spiel dreht es sich häufig zur Mutter um; auch wenn das Kind beobach-

tet, wie die Mutter den Raum verläßt, stellt es sein Sich-zur
Mutter-Umblicken nicht ein (vgl. Piaget 1968:332-335). Sehr kleine Kinder können z.B. keine Unterscheidung zwischen 'jetzt' und
'später' treffen; daher ist ihnen ein Abwarteverhalten nicht möglich, und der Verweis auf die spätere Erfüllung einer positiv
gewerteten Handlung wird als Nichterfüllung betrachtet. Dagegen
kann das ca. dreijährige Kind komplexe Aufforderungen befolgen,
zu deren Erfüllung erst eine Veränderung der augenblicklichen Situation abzuwarten ist, z.B. "Versteck dich, wenn Papa kommt!"
(vgl. Luria 1961:54f).
Ein weiteres Beispiel für die kindliche Organisation des zeitlichen Feldes bieten die sog. graphischen Erzählungen. Noch bis
zum 7./8. Lebensjahr werden beim Malen Momente aufeinanderfolgen-
der Zustände in einem Bild dargestellt (vgl. Piaget 1955:14).
Das Erkennen von Objekteigenschaften einschließlich ihrer Perfor-
manzeigenschaften und die Trennung von Ich und Objekt sind eng
miteinander verküpft. A. Lorenzer (1976:191) analysiert u.E.
treffend das Problem mit der Feststellung, daß "Gegenstandsbedeutungen produziert werden aus Anfängen, in denen von keinem
produzierenden Ich gesprochen werden kann, dieses Ich vielmehr
selbst hergestellt wird - in der Bildung von Bedeutungen" (Hv.
A.L.). An diesem Produktionsprozeß beteiligt sind das Kind einerseits, die personale und sachliche Umwelt andererseits, die in-
teraktiv miteinander in Beziehung treten und somit die gesellschaftliche Vermitteltheit auch des frühesten sensomotorischen
Erkenntnisgewinns ausmachen.
Diesen Umstand übersieht J. Piaget. Obwohl er die aktive Tätigkeit des Kindes betont, findet diese bei ihm überwiegend in der
sachlichen Umwelt statt. Die das Kind umgebenden Personen und
die sozialen Interaktionsformen, auf die es eingeübt wird, scheinen in J. Piagets Untersuchungen auf seltsame Weise reduziert:
Die Personen werden zu 'unsozialen' Experimentatoren, die den
Kindern Gegenstände reichen, und das Reichen der Gegenstände
wird zu einem reinen Element der Versuchsanordnung. Diese Vernachlässigung der sozialen Einbettung (vgl. Kap. 1.1 d.A.) muß
dann auch zu Fehleinschätzungen der Eigenschaften und Repräsen-

tationsformen sich angeeigneten Wissens auf allen Ebenen der
Entwicklung führen. Das wird deutlich im Piaget'schen Egozen-
trismus-Konzept (vgl. Piaget 1977:166ff): Das Kind wird erst
über das 'soziale' Instrument der Sprache zur Aufgabe seines
egozentrischen Standpunktes gezwungen. Auch wir teilen die Auffassung, daß der Egozentrismus des Neugeborenen ein totaler
ist. Das Ich ist noch nicht von der äußeren Welt unterschieden
(vgl. oben: A. Lorenzer). In der weiteren Entwicklung kann sich
der Egozentrismus u.E. nur auf den Grad der Situationsbezogen-
heit und den Umfang des als geteilt unterstellten Wissens beziehen, wie es T. Givón spezifiziert (1979a:295):

"At the very start, cultural generic knowledge is not shared,
but communication is exclusively about the immediate environment,
so that specific knowledge is largely shared. As the child ac-
quires more universal, generic shared knowledge, so does the scope
of the evironment opens up, and more diverse, less-immediate
specific information can now be communicated (...). (...) the
young child still tends to assume that information available to
him internally is shared by others, and early child discourse is
characterized by the slow learning of strategies for making the
topic obvious (...)." (Hv. T.G.; ebenso die gramm. Abweichung)

Wir sehen im übrigen hier eine Parallele zur phylogenetischen
Entwicklung (vgl. Kap. 1.2.3, S. 54ff).

Sensomotorische Erkenntnis ist an das Hier und Jetzt gebunden;
Situation und Tun, Objekt und Handeln bilden eine feste Aktionseinheit mit einer gemeinsamen 'Bedeutung'. Diese feste Bindung
wird schrittweise abgebaut, indem Aktions- und Objekthaftes einer
Handlung voneinander geschieden und zu neuen Handlungen kombiniert werden (vgl. Kap. 1.2.1 und 1.2.3). Verhaltens- und lern-
theoretisch stellt sich dies dar als ein zunehmendes und immer
adäquateres Wahrnehmen von Situationsmerkmalen, Bewerten dieser
Merkmale auf der Basis des augenblicklichen emotionalen und moti-
vationalen Zustandes, Herbeiführen einer Verhaltensentscheidung
und ggf. Speicherung/Korrektur einer Bindung zwischen verhaltens-
relevantem Merkmal und erfolgter Verhaltenskonsequenz im individuellen Gedächtnisbesitz, kurz: als Erfassen und internes Reprä-
sentieren von Invarianzen. Wir haben diese Prozesse in Kap.1.2.2
eingehend beschrieben. Das, was wir schrittweises Nach-innen-Ver-
legen der Entscheidungsfindung (S. 37 d.A.) genannt haben, ver-

deutlicht in unserem Modell (kybernetisch) den Übergang von sensomotorischer zu operationeller Erkenntnis, der durch Interiorisierung geschieht.

Die Kulturhistorische Schule faßt den Vorgang der Interiorisierung als einen Prozeß der idellen Rekonstruktion äußerer praktischer Aktivitäten auf (vgl. Galparin 1969:bes.325ff). In der Genetischen Erkenntnistheorie bezeichnen die Begriffe Internali-
sation/Interiorisation die Übergänge zwischen sensomotorischer
zu operationeller Intelligenz (vgl. Piaget 1977:192; Furth 1976:
87ff).

Der Vorgang der Interiorisierung läßt sich u.E. als eine besondere Art des Informations-/Erkenntnisgewinns darstellen, der durch
das Suchen und Neubilden von Relationen - den Operationen über
individuellem Gedächtnisbesitz - intern erzielt wird und damit
nicht mehr unmittelbar an die Präsens von Objekten und die motorische Aktivität des externen Informations-/Erkenntnisgewinns
gebunden ist (vgl. die Vorstufen bei VTE-Verhalten und elementa-
rer Hypothesenbildung bis zu ihrer vollen Ausprägung auf der
Stufe der Einsichtsleistungen in Kap. 1.2.2, S. 44ff).

Auf die speziellen Funktionen, die die Sprache im Prozeß der In-
variantenerfassung und ihrer internen Repräsentation erfüllt,
gehen wir in den folgenden Kapiteln ein.

Martin Beck öffnete die Wohnungstür, drehte sich um und streckte Bosse
die Hand hin.
Der kleine Kerl stand da mit der Jacke im Arm. Als er die Hand aus der
Tasche herausholte, segelte ein kleines Stück weißes Papier auf den Fuß-
boden. Als Martin Beck sich bückte, um es aufzuheben, rief der Junge:
"Bosse Bon, Bosse Bon von Onkel."
Martin Beck sah den Gegenstand in seiner Hand an.
Es war ein ganz gewöhnlicher Straßenbahnfahrschein.

(M.Sjöwall/P.Wahlöö: Der Mann auf dem Balkon)

1.3.2 Von der vorsprachlichen zur sprachlichen Kommunikation

Die von uns aufgezeigte direktive Funktion der Sprache - speziell
der sprachlichen Bedeutungen -, über die der Sprecher das Handeln
anderer beeinflußt, um seine Absichten zu realisieren, hat Konsequenzen für die Untersuchung der frühkindlichen Sprachentwicklung.
Dem Kind stellen sich von Anfang an Interaktions- und Kommunika-
tionsprobleme, die zu Beginn stark von seinen Bedürfnissen abhängig sind und die für die Arterhaltung lebenswichtigen Funktionen betreffen. Die einfachste Art der Verständigung in der Mutter-Kind-Dyade vollzieht sich durch Gesten, Lautäußerungen und
Auswertung des situativen Zusammenhangs, so daß "das Kind sich
kommunikativ zu verständigen weiß, schon bevor es spricht".
(Bruner 1977:831)
'Mutter-Kind-Dyade' bezeichnet eine Beziehung zwischen Kind und
primärer Bezugsperson (nicht unbedingt die leibliche Mutter) und
wird von A. Lorenzer (1972:26f) folgendermaßen charakterisiert:
"Ohne schlechter Verallgemeinerung zu verfallen, läßt sich als
theoretische Grundfigur menschlicher Entwicklung transsubjektiv,
transkulturell eine typische Anordnung ausmachen, die wir (...)
als Mutter-Kind-Dyade bezeichnen wollen: Ein intimes Zusammenspiel zwischen Embryo/Neugeborenem und bestimmtem primären Be-
ziehungsobjekt realisiert in einer oder mehreren, GLEICHARTIG
sich dem Kind zuwendenden Personen." (Hv. A.L.)
Von einer Mutter-Kind-Dyade kann bereits gesprochen werden, wenn

sich das Kind noch im embryonalen Stadium im Mutterleib befindet.
Auch hier findet schon Interaktion statt, indem der Embryo vom
Körper der Mutter ernährt wird und später, indem die Mutter von
außen etwa durch Klopfzeichen oder Lageveränderung auf das Kind
einwirken kann und das Kind seinerseits auf diese Einwirkungen
reagiert durch Strampeln oder Lageveränderung.
Die zweite Phase der Interaktionsbeziehungen beginnt mit der Geburt des Kindes. Hier findet eine Auflösung der körperlichen Einheit statt, bei gleichzeitiger verstärkter Notwendigkeit des Auf-
baus von Interaktions- und Kommunikationsbeziehungen. Das neuge-
borene Kind ist im Vergleich zu neugeborenen Tieren relativ hilf-
los und unbedingt auf eine Bezugsperson angewiesen. Dabei zeigt
und befriedigt das Kind seine Bedürfnisse zunächst durch unreflektiertes, rein von Trieben bestimmtes Verhalten. Die Mutter ist
die Person, die diese Triebe befriedigen kann und muß. So findet
mit der Triebbefriedigung als Auslöser Interaktion und Kommunikation statt: Das Kind hat Hunger und schreit - die Mutter nährt
es; das Kind will Berührung und die Stimme der Mutter hören - die
Mutter nimmt es auf den Arm, summt oder singt ein Lied. Mit der
Art und Weise der Triebbefriedigung sowie mit ihrer zeitlichen
Abstimmung und Auswahl durch die Mutter findet eine Triebregula-
tion statt. Das Kind seinerseits fügt sich in einen vorwiegend
(aber nicht nur) von der Mutter und deren Umgebung bestimmten Er-
nährungs-, Spiel- und Schlafrhythmus, wobei es auch seine eigenen
Bedürfnisse durchzusetzen versucht. Die Einigung zwischen Mutter
und Kind auf eine Regulationsebene und die damit verbundene Form
der Handlungen bezeichnet A. Lorenzer (1972:44f) als Interak-
tionsform:
"Dieses in realer Interaktion sich festigende eigenartige Profil
der Beziehungen zwischen Mutter und Kind wollen wir das Profil
der spezifischen Interaktionsformen der Mutter-Kind-Dyade nennen." (Hv. A.L.)
Beim Übergang von der vorsprachlichen zur sprachlichen Kommunikation ist daher von folgenden Tatbeständen auszugehen:
(1) Das Kind ist schon von Anfang an in Interaktions- und Kommu-
    nikationsprozessen beteiligt und hat Erfahrungen mit ihnen.
(2) Der Beginn der Sprachentwicklung ist bereits das Endprodukt

psychischer Reifungs- und Lernprozesse.

(3) Das Kind bildet interaktive und kommunikative Verhaltensweisen aus (vor dem Hindergrund von (1) und (2)).

(4) Zum Verständnis des Übergangs müssen Funktion und Inhalte
der Kommunikation berücksichtigt werden.

J.S. Bruner (1979) sieht die Wurzeln der Sprache in den kommunikativen und interaktiven Mustern des vorsprachlichen Kindes, in
seinen sozialen Verhaltensweisen. Dabei wird Sprache als Fortführung des gemeinsamen Handelns von Mutter und Kind dargestellt,
und die sprachlichen Kategorien werden nicht nur aus Handlungen,
sondern aus gemeinsamen Handlungen abgeleitet. "Die Sprache ist
eine spezialisierte und konventionalisierte Fortführung des ko-
operativen Handelns." (Szagun 1980:226) Eine scharfe Grenze zwischen sozialen Konventionen und grammatischen Strukturmustern
gibt es nicht.

Die Ontogenese - und damit auch die Ontogenese der Sprache - verläuft von Anfang an in Kontexten, die dem Kind vertraut sind und
durch die die Beziehungen zwischen Mutter und Kind bereits kon-
ventionalisiert sind. Diese Kontexte und die Art der Konventionalisierung sind immer schon gesellschaftlich vorgeprägt, so daß
die kindliche Entwicklung von Anfang an von den gesellschaftlichen Bedingungen beeinflußt wird. Einen Bereich der autonomen
Entwicklung gibt es nicht.

Die Mutter ist eingegliedert in verschiedene gesellschaftliche
Beziehungen (Arbeit, Wohngebiet etc.), und sie vermittelt dem
Kind von Anfang an Normen und Verhaltensregeln - speziell: In-
teraktions- und Kommunikationsregeln -, damit es in der Gesellschaft, insbesondere in den gesellschaftlichen Beziehungen, in
denen sie sich befindet, anerkannt wird. Daraus folgt, daß beim
Aufbau der Mutter-Kind-Dyade und bei der Einigung auf Interaktionsformen die Lebensgeschichte, d.h. die primäre und sekundäre
Sozialisation, der Mutter bestimmend dafür ist, wie von Seiten
der Mutter die Interaktion und Kommunikation aufgebaut wird.
"Die Interaktion, die eine Mutter dem Kind anbietet, und das
heißt die konkrete Praxis ihres Interagierens, ist das Produkt
ihrer eigenen Lebenspraxis." (Lorenzer 1972:47)

Die Mutter-Kind-Dyade der Mutter beeinflußt ihre sekundäre Sozialisation und diese wiederum die primäre ihres Kindes. Die in
der primären Sozialisation angeeigneten Normen und Verhaltensmuster beeinflussen die Aneignung von Normen und Verhaltensmustern in der sekundären Sozialisation. Die Mutter gibt die Normen der Gesellschaft nicht mechanisch weiter, vielmehr sind diese Normen "gebrochen durch ihre eigene lebensgeschichtliche Aneignung" (Lorenzer 1972:47).

Eingebunden in die frühinfantile Auseinandersetzung zwischen je

eigenen Körperbedingungen, Bedürfnissen bzw. Trieben einerseits

und den über die Handlungen der Mutter vermittelten Normen haben

die ersten Sprachanfänge eine pragmatische Basisstruktur und

zeichnen sich durch folgende Merkmale aus:

"Erstens, daß der Gang der Handlung und der Aufbau der Sprache
recht gut aufeinander abgestimmt sind, daß ihre Beziehung zueinander nicht zufällig und willkürlich ist.
Zweitens, daß es einer gehörigen Menge frühen Lernens bedarf, um
die Schwierigkeiten gemeinsamen Handelns zu bewältigen - noch ohne eigentliche Sprache.
Drittens, daß die Übereinkünfte und Verfahren, mit denen wir einen Handlungsablauf darstellen, - nämlich unsere Grammatik - sich
nicht von selbst aus der Bewältigung gemeinsamen Handelns ergeben, daß aber das Wissen um die Erfordernisse gemeinsamen Handelns dem Lernenden (...) wichtige Hinweise auf den Aufbau des
sprachlichen Regelgefüges gibt." (Bruner 1977:833)

Wenn das Kind ein Stadium erreicht hat, in dem z.B. das sprach-

liche Hinweisen möglich wird, weiß es bereits eine Menge über die

Kontexte und Konventionen, an die das 'Hinweisen' gebunden ist,

und kann mit ihnen umgehen.

Wir führen nun stichwortartig einige Beispiele dafür an, auf wel-

che Weise vorsprachliche Interaktions- und Kommunikationsstruktu-

ren in sprachliche übergehen. Wir folgen dabei weitgehend der

Darstellung J.S. Bruners (1979) und greifen folgende Punkte

heraus:

(a) das Unterstellen kommunikativer Absichten;

(b) die Ausbildung von Referenzbezügen;

(c) die Grundlage für Sprechhandlungsmuster.

ad (a) Erwachsene unterstellen dem vorsprachlichen Kind gewöhn-

lich kommunikative Absichten ('rich interpretation' bei Brown

(1973); vgl. die Diskussion bei Szagun 1980:72-92), so daß

Schreie, Gesten, Haltungen etc. so interpretiert werden, als ob

die Kinder 'sich produzieren wollen', 'den Erwachsenen ärgern

wollen', 'lärmen wollen' etc. Indem die Erwachsenen auf diese
Weise auch Lautäußerungen wie sprachliche Äußerungen interpretieren, kommentieren und wiederholen, bilden sich kommunikative
Muster ('formats') heraus, die den Gumperz'schen 'verbal routines' ähneln. Dabei handelt es sich um durch Gewohnheit entstehende Interaktionsprozesse, die die Grundlage schaffen, auf
der die kommunikativen Absichten von Mutter und Kind in ihren
konkreten Bezügen zu interpretieren sind. Diese wirken soziali-
sierend und unterlegen den kommunikativen Absichten des Kindes
Strukturen, die zugleich dem Erwachsenen ein Gerüst für deren
Interpretation geben. Mutter und Kind sind somit in einer wechselseitig aufeinander bezogenen Austauschsituation. Wenn die
Mutter in ihrem Interpretationsverhalten konsistent ist, be-
merkt das Kind die Merkmale, die vorhersagbare Konsequenzen in
Bezug auf das Verhalten der Mutter signalisieren (vgl. Kap.
1.2.2). So werden schon sehr früh Intonationsmuster als Nach-
druck, Vergnügen, Protest oder Bitte/Aufforderung interpretiert
und damit schrittweise konventionell festgelegt. Daneben werden
die eine Lautäußerung begleitenden Aktivitäten als Zeigen, Suchen, Spielenwollen und Verweigern interpretiert und in einen
Zusammenhang mit den produzierten Lauten gebracht. (vgl. Kap.
1.2.3) Kommunikationsereignisse werden kontextspezifisch interpretiert, so daß ein Schrei zur 'normalen' Essenszeit als Hun-
gerschrei, beim Nicht-Erreichen-Können eines Gegenstandes als
Unzufriedenheitsschrei, beim Alleinsein als Aufmerksamkeits-
schrei usw. interpretiert wird. Dadurch kann der Fokus des Kindes bei entstehenden Koordinationsproblemen sehr schnell auf die
Steuerungsfunktion des Lautrepertoires gelenkt werden. In diesem
Unterstellen kommunikativer Absichten wird eine notwendige
Grundlage für die Entwicklung kommunikativer Kompetenz geschaffen als einer "Fähigkeit, Äußerungen unter Einbeziehung des Kontextes, in dem sie gemacht werden zu produzieren und zu verstehen" (Szagun 1980:222).

ad (b) Das Ziel erster Referenzbezüge ist es, einem anderen mit
einigen zuverlässigen Mitteln anzuzeigen, was aus einer Menge
alternativer Dinge, Zustände oder Handlungen für das Handeln re-

levant ist. Dabei ist Genauigkeit des Identifizierens zweitran-
gig gegenüber der Wirksamkeit der Heraussonderung.

So lassen sich möglicherweise auch viele Erscheinungen des 'Über-
dehnens' von Wortbedeutungen ('overextension' bei Clark (1973);
vgl. auch Szagun 1980:110-120) dadurch erklären, daß das Kind
mit seinen begrenzten sprachlichen Möglichkeiten Objekte nicht
deshalb mit gleichen Wörtern benennt, weil sie für das Kind identisch sind, sondern weil ihm ein differenzierter Wortschatz
fehlt und die verschiedenen Objekte in einigen Punkten überein-
stimmen. Das Äußern des Wortes ist dann für den Erwachsenen eine
Interpretationshilfe, und das Kind bekommt z.B. das gewünschte
Objekt trotz der - vom Erwachsenen aus gesehen - falschen Anwendung.

Anfänge von Referenzbeziehungen sind z.B. im vorsprachlichen
Hinweisen durch gestische, verhaltensmäßige oder idiosynkra-
tisch-vokalische Vorgänge zu sehen, bei denen das Kind die Aufmerksamkeit eines Partners auf ein Objekt, eine Handlung, einen
Zustand lenkt. Solch wechselseitiges In-Beziehung-Setzen, durch
das eine gemeinsame selektive Aufmerksamkeit zwischen Kind und
Bezugsperson sichergestellt werden kann, sind z.B. das gemeinsame Suchen oder das Folgen einer Blickrichtung. Diese Hinweis-
prozesse werden zunehmend dekontextualisiert und ökonomisiert.
Das Kind entwickelt Hinweisstrategien, die nicht an spezifische
Handlungsschemata gebunden sind, auf die sie sich beziehen. So
entwickelt sich z.B. eine allgemeine Greifgeste aus dem Versuch,
die Eigenschaften gewünschter Objekte durch Nachahmung bestimmter Aspekte motorisch darzustellen (z.B. weites Ausbreiten der
Arme, um die Größe eines gewünschten Balles anzuzeigen, wenn
mehrere zur Auswahl stehen). Diese Greifgeste wandelt sich zur
gerichteten Geste: Die Greifbewegungen werden nicht mehr voll
ausgeführt. Gleichzeitig versuchen Kind und Bezugsperson heraus-
zufinden, ob ihre Gesten bei anderen auch entsprechend ankommen
und interpretiert werden, so z.B. durch Blickkontrolle während
des Hinweisvorganges. Zur Herstellung von Referenzbezügen werden
auch räumliche, zeitliche und interpersonale Kontextmerkmale in
einer Situation als Hilfsmittel verwendet.

Wir veranschaulichen die Konventionalisierung von tätigkeitsbe-
gleitenden Lauten an folgendem Beispiel:

Ein Kind verwendet unterschiedliche Tonhöhen, wenn es einen er-

128

reichbaren Gegenstand ergreift und wenn es einen Gegenstand zu
erreichen sucht. Im zweiten Fall kommt es häufig zu einem ver-
stärkten Stimmeinsatz, der möglicherweise durch größere körper-
liche Anstrengung verursacht ist, auf den die Mutter nach einiger Zeit mit dem Geben eines nicht erreichbaren Gegenstandes
reagiert. Daraufhin kann das Kind nun beginnen, systematisch den
Stimmeinsatz zu verstärken, wenn es in neuen Situationen einen
nicht erreichbaren Gegenstand haben möchte.
Die Ausbildung der Deixis der Person, des Ortes und der Zeit ist
gebunden an die Möglichkeit und Fähigkeit Ich und Du, Hier und
Dort, Jetzt und Später zu unterschieden. Die Grundlage hierfür
ist die Möglichkeit zur wechselseitigen Vorstellung und entwik-
kelt sich aus der Übernahme wechselseitiger Rollen im Spiel.
Erste Ansätze hierzu zeigen sich schon zwei Wochen nach der Geburt, wenn folgendes Rollentauschspiel - bei noch identischen
Rollen - auftritt: Das Kind imitiert die Mimik der Mutter - die
Mutter imitiert das Kind - das Kind imitiert mit wachsender Be-
geisterung.
Das 'Benennen' als der Erwerb von festgelegten lexikalischen Ausdrücken, die für die außersprachlichen Ereignisse in
der gemeinsamen Welt von Kind und Bezugsperson stehen, hat in
diesen Prozessen ihre notwendige Grundlage.

ad (c) Von Beginn an ist das Kind mit kommunikativen Routinen
vertraut, die auf dem aufbauen, was man den 'Modus des Verlangens' nennen kann, wobei vieles aus angeborenen Verhaltensmustern des Ausdrückens von Unbehagen entsteht. So werden mit
der Zeit folgende Modi ausgebildet:

Modus des Verlangens ↓ - ununterbrochener Schrei (z.B. nach Nahrung), in dem auf die Antwort/Reaktion
von der Bezugsperson gewartet wird;

Modus der Aufforderung ↓ - wird der Schrei genügend häufig beantwortet, erwartet das Kind schließlich
eine Antwort/Reaktion; Intensität und
Dauer des Schreies werden eingeschränkt
und bei Nichterfolgen der Reaktion erneut eingesetzt;

Modus des Austausches ↓ - gestische oder lautliche Äußerungen, in
denen der Wunsch nach einem Gegenstand
ausgedrückt wird, und Anfänge des Rol-

lenspiels wirken hier zusammen und werden durch das Spielverhalten begünstigt; das Kind schreit und bekommt einen Gegenstand und gibt ihn zurück - das Kind schreit erneut, erhält den Gegenstand, gibt ihn wieder zurück usw.;

Modus der Ergänzung   - Interaktionen sind jetzt um Aufgaben organisiert, die durch äußerlich ablaufende, 'arbeitsteilige' Prozesse bestimmt sind; die Aufgaben erfordern jetzt die Ausbildung wechselseitigen Rollentauschs bei nun nicht länger identischen Rollen, wie z.B. im folgenden Spiel: Die Mutter gibt dem Kind Klötze, das Kind legt sie in einen Kasten; der Kasten wird geleert, und nun gibt das Kind der Mutter die Klötze, die sie in den Kasten legt.

Diese Beispiele verdeutlichen, daß die Aufgabe der Verständigung von Anfang an von den Kindern gelöst werden muß und daß die Art und Weise der frühen Interaktion "das Gerüst für den Spracherwerb bildet" (Bruner 1977:829). Viele Konventionen, die der Sprachverwendung unterliegen, werden vor dem Beginn des artikulierten Sprechens erworben. Es läßt sich also zeigen, daß der Übergang von der vorsprachlichen zur sprachlichen Kommunikation ein kontinuierlicher Prozeß ist, wobei Verstehen und Verwenden sprachlicher Strukturen an die Entwicklung kognitiver Fähigkeiten gekoppelt sind und die Prinzipien der Cromer'schen Kognitionshypothese gelten (Cromer 1974; vgl. Bruner 1979:15-17):

(1) Man ist nur dann in der Lage, sprachliche Strukturen zu verstehen und zu benutzen, wenn man durch seine kognitiven Fähigkeiten dazu imstande ist.

(2) Um einen Gedanken zu begreifen, braucht man nicht die vollständige (sprachliche) Regel erworben zu haben, die zu seinem (sprachlichen) Ausdruck notwendig ist.

Children's early words for animals are as indeterminate as their later drawings.

(aus: Clark/Clark 1977:495)

1.3.3 Ein- und Zweiwortphase und die Entwicklung von Bedeutung

Die frühe ontogenetische Sprachentwicklung ist gekennzeichnet durch drei Faktoren, die zur Entwicklung von kommunikativem Verhalten mit den Organisationsmerkmalen des 'pragmatic mode' führen (vgl. Kap. 1.2.3):

"(a) COMMUNICATIVE STRESS: The child is thrown into the world with urgent functions to be taken care of and no mode of communication to be shared with the surrounding community. ((vgl. Kap. 1.3.2))

(b) LACK of COMMON BACKGROUND: The child obviously lacks the shared common background of knowing the world, the culture, the social structure and the probable motivation of his interlocutors.

(c) IMMEDIATELY OBVIOUS CONTEXT: Early child communication involves immediately obvious topics, tasks and contexts of the here-and-now, the most immediate and obvious of which is, of course, the child himself." (Givón 1979b:102; Hv.T.G.)

Diese drei Punkte bilden die 'Motivationsgrundlage' für die relativ rasche sprachliche Entwicklung in der Ontogenese. Wie erwähnt, sind die ersten differenzierten Lautäußerungen (ab ungefähr zwei Wochen) affektiv-emotionale Zustandsanzeiger (vgl. Kap.
1.3.1, S. 115).
Durch die ständige Interaktion mit den Bezugspersonen erhalten
diese Lautäußerungen schnell manipulativen Charakter, indem sie
bei diesen Personen Handlungen auslösen, um Mängelsituationen
des Kindes zu beheben. Dieser affektiv-emotionale Bereich der
kommunikativen Inhalte dominiert das Kommunikationsverhalten
während der ersten sechs Monate und ist "essentially a limbic
communicative mode" (Givón 1979a:291), d.h. es wird vom limbi-
schen System gesteuert und unterliegt nicht der bewußten Kontrolle (vgl. auch Nottebohm 1975:86-95; Kap. 1.2.3, S. 58 d.A.).
Am Ende des ersten Lebensjahres beginnt dann das eigentliche
verbale Kodieren, und auch hier geht es zunächst hauptsächlich
um "food, general want, pleasure" (Givón 1979a:291). In der vor-
verbalen, affektiv-emotionalen Phase ist die kindliche Kommunikation monopropositional (vgl. Kap. 1.2.3), da keine topic-Kon-
tinuität festzustellen ist und auch keine kohärente Diskursstruk-
tur über eine Einheit besteht, die mehr als eine Äußerung umfaßt. Dies ändert sich in der Einwortphase: topic-Wiederholungen
sind nun ein häufig auftretendes Merkmal von Diskursen, die mehrere Lautäußerungen umfassen. Die Einwortphase legt die Grundlagen zum multipropositionalen Diskurs, indem mehrere comment-
Feststellungen ('comment-assertions' bei Givón 1979a:292) nach-
einander über den gleichen topic gemacht werden.
Diese Fähigkeit entwickelt sich im engen Zusammenhang mit der
Entwicklung der sensomotorischen Handlungsstrukturen, vor allem
mit der Fähigkeit, Erfahrungen mithilfe innerer Bilder und Symbole zu strukturieren. Diese Handlungsstrukturen (oder -schema-
ta; vgl. Kap. 1.3.1) setzen eine Stufe der kognitiven Entwicklung voraus, auf deren Grundlage sich relativ zwanglos wichtige
sprachliche Bedeutungskategorien ableiten lassen (vgl. Abb. 10).
In der Einwortphase wollen Kinder mit einem einzigen Wort mehr
an Bedeutungen mitteilen, als das Wort allein - für den Erwach-

Funktionen von Zwei-Wort-Sätzen in der Kindersprache, mit Beispielen aus verschiedenen Sprachen[1]. (aus Bühler und Mühle, 1974, S. 146/147).

Funktion der Äußerung	Sprache					
	Englisch	Deutsch	Russisch	Finnisch	Luo	Samoanisch
Ortsbestimmung, Benennung	There book that car see doggie (da Buch, das Auto, sieh Hund)	Buch da gukuk wauwau	Tosya tam (Tosya da)	tuossa Rina (da Rina) vettä sinnä (Wasser da)	en sua (da Uhr) ma vendo (da Gast)	Keith lea (Keith da)
Forderung, Wunsch	more milk (mehr Milch) give candy (gib Bonbon) want gum (will Kaugummi)	mehr Milch bitte Apfel	yeshche moloko (mehr Milch) day chasy (gib Uhr)	anna Rina (gib Rina)	miya tamtam (gib Bonbon) adway cham (will essen)	mai pepe (gib Puppe) fia moe (will schlafen)
Verneinung[2]	no wet (nein naß) no wash (nein waschen) not hungry (nicht hungrig) allgone milk (fort Milch)	nicht blasen Kaffee nein	vody net (Wasser nein) gus' tyu-tyu (Gans weg)	ei susi (nicht Wolf) enää pipi (noch weh)	beda onge (meine-Peitsche weg)	le 'ai (nicht essen) uma mea (fort Ding)
Beschreibung eines Ereignisses oder einer Situation[3]	Bambi go (Bambi geht) mail come (Post kommt) block fall (Klotz fallen)	Puppe kommt Ticktack hängt Sofa sitzen Messer schneiden	mama prua (Mama laufen) papa bay-bay (Papa schlafen) jorka upala (Knust gefallen)	takki pois (Katze weg) Seppo putoo (Seppo fallen) talli 'bm bm' (Garage 'Auto')	chungu biro (Europäer kommt) odhi skul (er-ging Schule)	pa'u pepe (fallen Puppe) tapale 'oe (dich schlagen) tu'u lalo (hinstellen)

	hit ball (werfen Ball); baby highchair (Baby Stuhl)				omoyo oduma (sie-trocknet Mais)	
Besitzanzeige	my shoe (mein Schuh); mama dress (Mama Kleid)	mein Ball; Mamas Hut	nashla yaichko (gefunden Ei); baba kreslo (Oma Sessel); mami chashka (Mamas Tasse); pup moya (Nabel mein)	tati auto (Tante Auto)	kom baba (Stuhl Vater)	lo a'u (Bonbon mein); polo' oé (Ball dein); paluni mama (Mamas Ballon)
Modifikation	pretty dress (schönes Kleid)	Milch heiß	mama khoroshaya (Mama gut)		piypy kech (Pfeffer scharf)	fa'ali'i pepe (Dickkopf Baby)
nähere Bestimmung	big boat (großes Schiff)	armer Wauwau	papa bol'shoy (Papa groß)	rikki auto (Auto kaputt); tomo iso (Turm hoch)	gwen madichol (Küken schwarz)	
Frage[4]	where ball (wo Ball)	wo ball (wo Ball)	gde papa (wo Papa)	missa pallo (wo Ball)		tea Punafu (wo Punafu)

[1] Die Beispiele wurden verschiedenen veröffentlichten und unveröffentlichten Untersuchungen entnommen. Die Angaben über die drei nicht-indoeuropäischen Sprachen stammen aus den Dissertationen von *Melissa Bowerman* (Harvard, in Arbeit: Finnisch), *Ben Blount* (Berkeley, 1969: Luo), *Keith Kernan* (Berkeley, 1969: Samoanisch). Die aufgeführten Beispiele sind repräsentativ für viele weitere Äußerungen desselben Typs in jeder Sprache. Die Reihenfolge der zwei Wörter in der Äußerung liegt im allgemeinen fest. Eine Ausnahme ist Finnisch, in dem beide Rangreihen für einige Äußerungstypen von manchen Kindern beliebig verwendet werden können.

[2] *Bloom* (Dissertation Columbia, 1968) nennt drei verschiedene Arten von Negationen: (1) Nicht-Vorhandensein (z. B. *not wet*, was *trocken bedeutet*), (2) Ablehnung (z. B. *no wash*, was bedeutet *Wasch mich nicht*), und (3) Verneinung (z. B. *no girl*, Verneinung einer früheren Behauptung, ein Junge wäre ein Mädchen).

[3] Beschreibungen können verschiedenen Klassen angehören: (1) Agent + Handlung (z. B. *Bambi go*), (2) Handlung + Objekt (z. B. *hit ball*), (3) Agent + Objekt (z. B. *mama bread*, was bedeutet *Mama schneidet Brot*), (4) Ortsbestimmung (z. B. *baby highchair*, *Baby sitzt im Kinderstuhl*), (5) instrumental (z. B. *cut knife*), (6) Dativ (z. B. *throw daddy*, was bedeutet *Wirf es Papa zu*). (Die Terminologie für grammatikalische Fälle wird hier mehrdeutig gebraucht; cf. *Fillmores* Diskussion von Fällen in der Tiefenstruktur als zugrundeliegenden sprachlichen Universalien.)

[4] Zusätzlich zu wh-Fragen können aus jeder Zwei-Wort-Äußerung Ja-Nein-Fragen gebildet werden, indem man sie mit ansteigendem Tonfall ausspricht. Allerdings ist das im Finnischen nicht möglich. (*M. Bowerman* berichtet, daß dementsprechend Ja-Nein-Fragen in der finnischen Kindersprache außerordentlich spät auftreten.)

Abb. 9   Funktionen von Zweiwortsätzen (aus: Szagun 1980:86f)

Sensomotorische Erkenntnisse	Sprachliche Bedeutungskategorien nach Bloom et al. (1975) und Brown (1973)
Objektpermanenz	Vorhandensein, Nichtvorhandensein, Wiedervorhandensein, Demonstrativ + Objekt
koordinierte Handlungen	Handlung
Trennung Selbst/Objekt	Handlungsträger und Objekt
Handlung	Handlungsträger und Handlung, Handlung und Objekt
Raum	Handlung mit Lokalergänzung, Zustand mit Lokalergänzung, Person/Objekt mit Lokalergänzung
Zeit	Wiedervorhandensein
Kausalität (a) physikalische (b) psychologische	Instrument Handlungsträger und Handlung, Dativ

Abb. 10 Sensomotorische Erkenntnisse und sprachliche
Bedeutungskategorien (nach: Szagun 1980:98)

senen - an Bedeutung enthält. Den Einwortäußerungen liegen komplexe Bedeutungsstrukturen zugrunde, die von Erwachsenen mit einer komplexen Äußerung ausgedrückt werden. Man spricht daher auch von Einwortsätzen oder 'Holophrasen' (Dore 1975; Sinclairde-Zwart 1974:108). Allerdings sind diese Äußerungen - entsprechend dem Stand der kognitiven Entwicklung - noch sehr stark an Handlungs- und Situationskontexte gebunden: "Wort und Kontext scheinen eine Einheit zu bilden." (Szagun 1980:102) Dabei ist das, was kodiert wird, noch sehr stark dadurch geprägt, daß die Kommunikation sich auf die augenblickliche Umgebung und Situation bezieht, so daß "agent and recipient go largeley uncoded, since (...) they are obvious from the interactive situations" (Givón 1979a:293). Kognitive Reifung und Lernprozesse, Einbezug neuer Gegenstände der immer komplexer erfaßten Umwelt und Erweiterung des Aktionsradius durch Verfeinerung der Motorik finden ihren Niederschlag in der Zweiwortphase. Hier wird neben der Kodierung des Objekts und des Ziels auch eine Kodierung des Handelnden oder der Handlung erforderlich. Eine Übersicht über die Funktionen von Zweiwortsätzen findet sich bei G. Szagun (1980: 86f) und ist in Abb. 9 wiedergegeben.

Der Übergang zu Zweiwortsätzen führt zur Ausbildung der Organi-

sationsform des präsyntaktischen multipropositionalen Diskurses
als Regulation kommunikativen sprachlichen Verhaltens: der Organisationsform des 'pragmatic mode'. Dieser stellt auch in der
Ontogenese das notwendige Bindeglied zwischen monopropositiona-
lem Diskurs und 'syntactic mode' dar. Auf diesen Prozess wollen
wir hier nicht noch einmal näher eingehen; er wird in der Ontogenese durch die gleichen Erfordernisse ausgelöst und enthält
die gleichen Möglichkeiten wie in der phylogenetischen Entwicklung (vgl. Kap. 1.2.3).
Im folgenden skizzieren wir, wie kindliche Bedeutungsentwicklung gedacht werden kann: Die Bedeutungsmerkmale, auf deren Basis das Kind ein Wort verwendet und auf neue Objekte überträgt,
entwickeln sich zum einen aus den Kategorien der sinnlichen
Wahrnehmung (vgl. Wygotski 1977; Clark 1973), z.B. Form, Bewegung, Größe, Ton. Das Benennen von Gegenständen wird häufig so
beschrieben, daß das Kind Eigenschaften des mit einem Wort be-
zeichneten Objekts bei anderen Objekten wiederfindet und aufgrund seines rudimentären Wortschatzes diese mit den gleichen
sprachlichen Ausdrücken assoziiert.

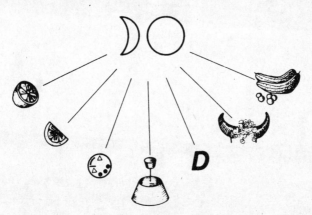

Abb. 11 Assoziativer Komplex
(aus: Szagun 1980:136)

Eine andere Möglichkeit wird in der Bildung von Kettenkomplexen
gesehen. Dabei wird das Wort, z.B. 'Wasser', auf die Flüssigkeit
angewendet, in der man badet. Die Eigenschaft 'flüssig' wird bei

Flüssigkeiten in einem Glas wiedergefunden, worauf das mit Flüssigkeit gefüllte Glas als 'Wasser' bezeichnet werden kann. Die zusätzliche Eigenschaft des Trinkglases, etwa 'Durchsichtigkeit', wird nun bei einem Fenster wiedergefunden und so die Fensterscheibe mit 'Wasser' bezeichnet.

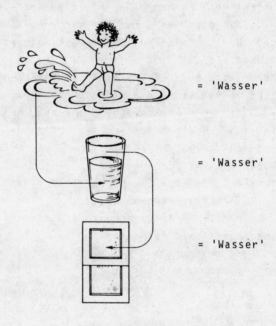

Abb. 12   Kettenkomplex
(aus: Bloom/Lahey 1978:121)

Diese 'praktischen Kategorien' (Rosch 1974), die das Kind ausbildet, sind jedoch durch die figurativ-qualitativen Merkmale nur unzureichend beschrieben. Sie vernachlässigen den wichtigen Umstand, daß das Kind sich von Anfang an aktiv zu seiner Umwelt verhält und sie im eigenen Verhalten und durch das Verhalten der Umweltgegenstände erlebt. Dieses Aspekt betont K. Nelson (1974), wenn sie den Prozeß der Bedeutungsgenese aus der Entwicklung von 'concepts' beschreibt. 'Concepts', die etwa dem entsprechen, was wir in Kap. 1.2.5 'Abbilder' genannt haben, sind bei K. Nelson geistige (kognitive) Konstruktionen aus Informationen über Objek-

te und Geschehnisse. Sie entstehen aufgrund der Interaktion des
Kindes mit seiner Umwelt und hängen nicht davon ab, ob z.B. das
Objekt 'Ball' mit einem sprachlichen Ausdruck bezeichnet werden
kann. K. Nelson unterscheidet zwischen dem Prozeß

(a) der ursprünglichen Entstehung: 'concept generation' und
(b) der Herausbildung von statischen Charakteristika der 'concept'-Objekte, auf deren Basis neue Umweltmerkmale/-ereignis-
se identifiziert werden, d.h. einem bestimmten 'concept' zugeordnet werden können: 'concept identification'.

Schließlich wird noch ein dritter Prozeß beschrieben, den wir

(c) Versprachlichung der Konzepte

nennen wollen. Ein einzelnes Objekt wird nach K. Nelson nicht
nur und auch nicht primär aufgrund seiner statischen figurativ-
qualitativen Merkmale wiedererkannt, sondern zunächst aufgrund
seiner Funktionen oder dynamischen Beziehungen. Der Teilprozeß
(a) besteht darin, daß die Funktionen des Objekts, d.h. das,
was ein Objekt tut und/oder was mit ihm gemacht werden kann, zu
einem Konzept synthetisiert werden. Weitere Objekte, die die
gleichen Aktivitäten ausführen können bzw. mit denen die gleichen Aktivitäten ausführbar sind, werden auf der Basis dieser
Funktionen zu einem Konzept gruppiert:

$$\text{Ball}_1 \begin{pmatrix} \text{im Wohnzimmer, auf der Veranda;} \\ \text{Mutter wirft, hebt auf, hält fest;} \\ \text{ich werfe, hebe auf, halte fest;} \\ \text{rollt, hüpft;} \\ \text{auf dem Boden, unter der Couch...} \end{pmatrix} \qquad \text{Ball}_2 \begin{pmatrix} \text{auf dem Spielplatz;} \\ \text{Junge wirft, fängt;} \\ \text{rollt, hüpft;} \\ \text{auf dem Boden, unter} \\ \text{Zaun} \end{pmatrix}$$

$$\text{Ball}_{1,2} \begin{pmatrix} \text{Ort der Tätigkeit: Wohnzimmer, Veranda, Spielplatz;} \\ \text{Handelnde: Mutter, ich, Junge;} \\ \text{Handlung: werfen, aufheben, festhalten, fangen;} \\ \text{Bewegung des Balles: rollen, hüpfen;} \\ \text{Ort des Objekts: auf dem Boden, unter Couch, unter Zaun} \end{pmatrix}$$

Abb. 13 Entstehung und Synthetisierung des Konzepts 'Ball'
(nach: Szagun 1980:124f)

Diese definierenden Aktivitäten nennt K. Nelson den 'funktionalen Kern' eines Konzepts. Dieser funktionale Kern bezieht sich
also auf Tätigkeiten, die ein Objekt 'vollziehen' kann oder die

mit ihm vollzogen werden können und stellt etwas <u>Dynamisches</u>
dar, was einerseits von Kind zu Kind verschieden sein kann, aber
andererseits bei vielen Kindern gleich ist, "einfach weil die
Beschaffenheit und der Gebrauch von Objekten gewissen Restriktio-
nen unterliegen, die durch die Beschaffenheit der physischen Welt
((und - leider von K. Nelson vergessen - der gesellschaftlichen
Welt; B.H./R.M.)) bedingt sind" (Szagun 1980:125).
Dieses Modell kann u.E. besser erklären, warum Kinder keine
'festen' semantischen Relationen und Inhalte haben. Ihre Konzeptbildung ist noch nicht abgeschlossen und ihr Erfahrungs-
schatz ist noch sehr gering, erweitert sich aber enorm, da die
Kinder immer mehr in Situationen kommen, in denen sie mit Objekten konfrontiert werden, die sie so oder so ähnlich bisher
noch nicht gesehen haben. Der nächste Schritt ist die immer weitere Abstraktion der Umgebungsmerkmale eines Objekts, wobei der
funktionale Kern beibehalten wird:

$$\text{Ball} \left(\begin{array}{l} \text{Kern} = \text{rollt, hüpft} \\ \text{Lokalisierung} = L_i \\ \text{Handelnde} = X_j \\ \text{Handlung} = A_k \\ \text{Lokalisierung (des Objekts)} = P_l \end{array} \right)$$

L_i = Ort, an dem gespielt wird; X_j = menschlich; A_k = eine Reihe von
Handlungen, die man mit kleinen harten Gegenständen ausführen kann;
P_l = eine unbestimmte Anzahl von Stellen innerhalb der Grenzen vom L_i.

   Abb. 14   Abstraktion der Umgebungsmerkmale eines Objekts
             (nach: Szagun 1980:127)

Damit ist der Teilprozeß (a) abgeschlossen: Das Konzept ist gebildet.
Im nächsten Schritt lernt das Kind, einen Ball auch dann als einen Ball zu erkennen, wenn dieser nicht 'in Aktion' ist. Hier
kommt es in Teilprozeß (b) zum notwendigen Vorgang des Isolie-
rens statischer Merkmale, etwa das allen Bällen <u>gemeinsame per-
zeptuelle Merkmal</u> 'rund'. So können schließlich Objekte mit
gleichem funktionalen Kern und <u>unterschiedlichen perzeptuellen
Merkmalen</u> (außer dem Merkmal 'rund') als zu einem gemeinsamen
Konzept zugehörig erkannt werden:

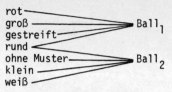

Abb. 15 Isolierung des perzeptuellen Merkmals 'rund'
(nach: Szagun 1980:125)

Die Isolierung statischer Merkmale führt dann zu einem 'endgülti-
gen' Konzept:

Ball
/Funktionaler Kern: rollt, hüpft;
implizierte Beziehungen, nicht zum Kern gehörig: Handelnder (X_j),
Handlung (A_L), Lokalisierung: (P_1, L_j);
Mögliche Beziehungen: Besitzer (O_m)...;
Beschreibende Merkmale: Form (rund...), Beschaffenheit (hart...),
Größe (...), Farbe (...);
Namen: Ball, baseball\

Abb. 16 'Endgültiges' Ball-Konzept
(nach: Szagun 1980:128)

Diese beiden Prozesse helfen dem Kind, Erlebnisse, die es macht
oder gemacht hat, kognitiv zu organisieren, zu strukturieren und
zu gruppieren. Mithilfe der entstehenden Konzepte kann auch neu
Erlebtes schneller verarbeitet und erkannt werden. Damit ist notwendigerweise eine Abstraktion vom unmittelbaren sinnlichen Erleben gegeben - eine der Grundbedingungen höherer Lernprozesse
und des adäquateren Erkennens der konkreten Realität -, so daß
"nicht jedes Mal jedes Erlebnis neu ist" (Szagun 1980:121).
Die Konzepte gehen untereinander Verbindungen ein. Es entstehen
komplizierte kognitive Netzwerke. Je mehr Konzepte aufgebaut
werden, desto vielfältiger werden die Verbindungen zwischen ihnen. Ähnliche Konzepte werden zusammengefaßt, was zur Ausbildung
von immer abstrakteren kognitiven Ebenen führt und hierarchische
Netzwerke entstehen läßt. Ein solches "master-concept" (Wagener
1978:52) ist z.B. 'Objekt', das aus einer Vielzahl von Einzel-
konzepten besteht (vgl. Abb. 17).
Gehen diese 'master-concepts' ihrerseits Verbindungen ein, entstehen kaum noch entwirrbare Vernetzungen.
Ein auf den ersten Blick einfaches Konzept wie 'Bewegung' (motion) besteht aus einem hochabstrakten kognitiven Netzwerk

(vgl. Abb. 18).

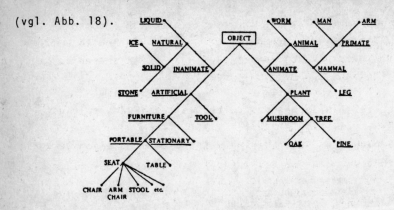

Abb. 17   Schematische Darstellung einiger Konzepte des
          'master-concepts' OBJECT
          (aus: Wagener 1978:53)

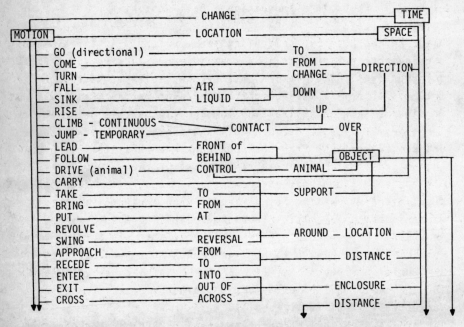

(Auf der linken Seite sind die 'eigentlichen' 'motion-concepts', in der
Mitte und rechts einige Vernetzungen zu anderen Konzepten und 'master-
concepts' aufgeführt.)
Abb. 18   Ausschnitt des Konzepts MOTION (nach: Wagener 1978:55)

Den Teilprozeß der Versprachlichung (c) stellt K. Nelson wie
folgt dar. Ähnlich wie in unserer Diskussion von Abbild und Bedeutung (vgl. Kap. 1.2.5) werden zwei Bewußtseinsebenen unterschieden (Nelson 1974 und 1977; Nelson et al. 1978; vgl. Szagun
1980:121):
- eine Bewußtseinsebene der Konzepte, die sich aus den Erfahrungen mit der Welt bildet und
- eine Bewußtseinsebene der sprachlichen Bedeutungen, die sich
  auf Wortbedeutungen und Beziehungen von Wörtern untereinander
  bezieht.
Dabei wird betont, daß das Erkennen - die Konzeptbildung - Vor-
bedingung für sprachliche Bedeutung ist, daß aber nicht jedes
Konzept und jeder Aspekt des Konzeptes notwendigerweise in
sprachliche Bedeutungen überführt werden. Für das Kind wird der
funktionale Kern eines Konzepts zum Kern der Wortbedeutung:
"(...) die definierenden Aktivitäten dessen, das bezeichnet
wird, werden (...) zum Kern der Bedeutung auch auf der sprachlichen Ebene. Die Essenz der Bedeutung eines Wortes kommt daher
(...) aus der Erfahrung, aus dem tatsächlichen Erleben des Ge-
genstands in seinen aktiven Funktionen." (Szagun 1980:126)
Die Möglichkeit der (nichtsprachlichen) Konzeptidentifikation
und die kognitive Koppelung des funktionalen Kerns an Elemente
des eigenständigen Kommunikationsverhaltens, der Bedeutung
sprachlicher Ausdrücke, löst die in der Einwortphase beobachtete
feste Koppelung sprachlicher Äußerungen an einen Handlungs- und
Situationskontext langsam auf. Dadurch wird der Gebrauch des
Wortes möglich, ohne daß sich das benannte Objekt in seiner definierenden Tätigkeit befindet. Weitere Elemente der Situation können versprachlicht (z.B. 'etwas-haben-wollen') und mit den ursprünglichen Konzeptwörtern kombiniert werden: Zweiwortsätze entstehen, und multipropositionaler Diskurs in Form des 'pragmatic
mode' bildet sich aus.
Leider scheint für K. Nelson die Beziehung der Kinder zu ihrer
Umwelt nur eine Beziehung von autonomen Individuen zu autonomen
Objekten der Umwelt zu sein. So gerät ihr nicht in den Blick, daß
in die Konzeptbildung und die Versprachlichung dieses Konzepts
auch Faktoren als bedeutungsbestimmend eingehen wie etwa

- Ballspielen während der Mittagszeit ist verboten,
- Ballspielen im Verkehr der Großstadt ist gefährlich,
- Ballspielen ist die einzige Möglichkeit, mit dem Vater lustvoll
  zu interagieren.

Diese Liste ließe sich beliebig fortsetzen.

Was das Kind während seiner Sozialisation lernt, besteht darin,
daß die sprachlichen Bedeutungen nur bestimmte Aspekte des Konzepts 'auf den Begriff bringen', die aktuelle Bedeutung für die
Interagierenden jedoch aus einer Vielzahl der Situations-, Kon-
text- und Interaktionsmerkmale erschlossen und/oder ausgehandelt
werden muß. Dabei lernt das Kind, die Möglichkeiten der relativen Eigenständigkeit des Kommunikationsverhaltens immer besser
und adäquater einzusetzen (im Sinne der von uns in Kap. 1.2.5
dargestellten Bedeutungs- und Sprachkonzeption). Neben den Erwerb sprachlicher Bedeutungen zur Steuerung aktueller Koordinationsprobleme tritt zunehmend ihr bewußter Einsatz in der Interaktion und Kooperation zur Steuerung künftiger Handlungen auf
der Grundlage des als 'common sense' voraussetzbaren Wissens
über die immanente Struktur und die möglichen Kontexte, Situationen, Sinnzuschreibungsmöglichkeiten und Interpretationsmöglichkeiten des sprachlichen Verhaltens.

Wir wollen die in Kap. 1.2.5 beschriebenen Einzelheiten hier
nicht wiederholen und uns damit begnügen, die Entwicklung bis
zum ungefähr siebten Lebensjahr durch die von A.K. Markova auf-
gestellte Übersicht darzustellen (vgl. Abb. 19).

Stufen der sprachlichen Entwicklung
(Schema nach A. K. Markova – Voprosy psichologii 6, 1973)

Stufe	Art der allgemeinen kommunikativen Tätigkeit	Art der sprachlichen Tätigkeit	Sprachfunktion	sprachliche Mittel
Kleinkindalter 0–1.0	emotionale und soziale Kommunikation	emotionaler und sozialer Kontakt Bedürfnisausdruck Benennung von Gegenständen	kommunikative Sprachfunktion indikative Sprachfunktion nominative Sprachfunktion	Schreien Lallen Silbenkonturen von Wörtern
Frühes Vorschulalter 1.0–3.0	konkret-operative bzw. gegenständliche Tätigkeit Entfaltung von Kommunikation und Kontakt	(2.0) Bedeutungserwerb Bedeutungskommunikation in Kooperation mit Erwachsenen Fragen, Wortschatzerweiterung	frühe verallgemeinernde Sprachfunktion Ansätze zu signifikativer Sprachfunktion	Silben- und Lautstruktur des Wortes bei Rezeption und Produktion (Silbenanzahl, Betonung) Kombination von Wörtern (Sätze) Situative dialogische Sprache
Vorschulalter 3.0–7.0	Spieltätigkeit (soziale) Rollenspiele nach 'Regeln' Potentielles Bewußtwerden	sozialer Kontakt mit differenzierter sprachlicher Reaktion Ablösung von unmittelbarer Bindung an die Situation (4.5–5.0) Instruktionen für andere Interiorisierung	Fremdregulation bzw. Appellation Selbstregulation: Planen einzelner sprachlicher Handlungen ('verbale Planungsstrategien')	monologische kontextgebundene Sprache (egozentrische Sprache) innere Sprache Elaboration situativ-dialogischer Sprache Lautstruktur des Wortes wird beim Lesenlernen bewußt

Abb. 19 Sprachentwicklungsstufen
(Ausschnitt aus: Lewandowski 1978:170)

Mephistopheles: Im ganzen - haltet euch an Worte!
       Dann geht Ihr durch die sichre Pforte
       Zum Tempel der Gewißheit ein.
    Schüler: Doch ein Begriff muß bei dem Worte sein.
Mephistopheles: Schon gut! Nur muß man sich nicht allzu ängstlich quälen;
       Denn eben wo Begriffe fehlen,
       Da stellt ein Wort zur rechten Zeit sich ein.
       Mit Worten läßt sich trefflich streiten,
       Mit Worten ein System bereiten,
       An Worte läßt sich trefflich glauben,
       Von einem Wort läßt sich kein Jota rauben.

           (J.W.v. Goethe: Faust I)

1.3.4 Schule und Sprachlernen

Wir haben gesehen, daß die Bedeutungen der Wörter, die wir lernen, gesellschaftlich-historischen Charakter besitzen. Sie werden von den Individuen nicht autonom geschaffen, sondern in ihnen fixiert sich die gesellschaftliche Erfahrung der Menschen.
Das Lernen der Wortbedeutungen verläuft von außen nach innen. Indem der Mensch sich sprachliche Bedeutungen aneignet, wächst er
in den Prozeß der produktiv-gesellschaftlichen Lebenserhaltung
hinein. Dabei ist wichtig, daß die Wörter sich nicht auf jeweils
einzelne Dinge, Eigenschaften oder Relationen beziehen, sondern
stets eine allgemeine Erfahrung fixieren: Sie bennen das Wesentliche, Gemeinsame einer Gruppe von Gegenständen bzw. Sachverhalten. Das Wort 'Streik' meint z.B. nicht nur einen augenblicklich
stattfindenen Vorgang, sondern fixiert das Gemeinsame dieser Situation mit denen anderer Aktionen, die 'Streik' genannt werden.
In und nach dem Prozeß des Sprachlernens erlebt der Mensch die
Wirklichkeit nicht mehr sinnlich-unmittelbar, sondern bei der
Wahrnehmung eines 'verworteten' Gegenstandes wird die Bedeutung
eines Wortes erfahren, "die dem Ding als einem für den Menschen
bedeutsamen zukommt" (Keseling 1974:30).

"Ein Blatt Papier wird durch mein Bewußtsein nicht nur als etwas
rechteckiges, weißes und liniiertes widergespiegelt und auch
nicht als irgendeine Struktur oder irgendeine ganzheitliche Form.
Es wird in meinem Bewußtsein eben als ein Blatt Papier, als
'Papier' widergespiegelt." (Leontjew 1961(=1973):181f; zit. nach
Keseling 1974:30)

Wir fassen den Begriff 'Sprachlernen' so weit, daß nicht nur das
Erlernen einer natürlichen Sprache (Deutsch, Englisch usw.)
darunter fällt, sondern auch das Lernen von Begriffssystemen (wie
etwa in den Schulfächern Physik, Biologie etc.).
Die Schule hat u.a. die Aufgabe, heranwachsenden Generationen
das gesellschaftliche Wissen und die gesellschaftlichen Normen
zu vermitteln, die als notwendig angesehen werden, um später als
Erwachsene im Berufsleben am Produktionsprozeß teilzunehmen.

"Die Schulen verdanken ihre Entstehung und ihre Ausbreitung der
belastenden Tatsache, daß unsere Kultur zu differenziert geworden ist, als das ihre Gehalte den Heranwachsenden im bloßen Mit-
erleben in der Gesellschaft einsichtig erfahrbar werden könnten.
Anders als in primitiven Gesellschaften, in denen die Kinder
dank ihres Dabeiseins ihre Fragen in unmittelbarer Gegenwart des
Fraglichen und dank ihres Mittuns und Mithelfens wie von selbst
erfahren, worum es geht und womit man was ins Werk setzen kann,
umgibt sie das komplexe, schnell sich wandelnde Gefüge der Zivi-
lisation mit einer Fülle von verwirrend Unverständlichem (...)."
(Bohnenkamp 1975:74)

Damit ändert sich auch die Qualität des Lernens. Während das Kind
vorher in Situationen
lernt, d.h. einübt,
wie Situationen zu
bewältigen sind, in
denen es selber als
Handelnder oder als
Objekt von Handlun-
gen beteiligt ist,
geschieht das Ler-
nen in der Schule

Zeichnung: Marie Marcks

(aus: Bachmair 1980:18)

jetzt weitgehend losgelöst davon. Man lernt an einem bestimmten
Ort, erfahrungsvorgreifend, weitgehend losgelöst von konkreten
Problemen und Bedürfnissen. Zudem wird dem Kind sein 'naives'
Verhalten in Situationen genommen, denn natürlich handelt es im-
mer schon auch in Situationen, die es gedanklich noch nicht ver-
arbeitet bzw. durchschaut hat: "Das Handeln eilt der denkenden
Realitätserfassung voraus." (Wacker 1976:8) Dies ist auf den Ge-
bieten des Sprachlernens in folgenden Punkten wichtig:
Im alltäglichen Umgang lernt das Kind, Situationen, Gegenstände

oder Beziehungen zu benennen, die auf die konkrete Umwelt und
die Lebensbedingungen des Kindes bezogen sind. Die Inhalte der
Wörter werden von dem Kind mit den es umgebenden Personen 'ausgehandelt', was oft zu einer 'Privatsprache' zwischen Kind und
Erwachsenem führt, die für Außenstehende nicht zugänglich ist
(selbst dann, wenn sie auf der Oberfläche aus Wörtern der Muttersprache besteht).

In der Schule stellt sich das nun anders dar. Aufbauend auf den
sich entwickelnden Fähigkeiten und der physischen Reife des kindlichen Gehirns erhält das Kind nun einen anderen Zugang zu
Sprache und zum Lernen von Sprache. Ihm wird jetzt auf allen
Ebenen (Semantik, Wortgebrauch, Satzbau, Sprechakte usw.) der
'richtige', gesellschaftlich fixierte, Umgang mit der Sprache
vermittelt, wobei die gesellschaftlichen kommunikativen Invarianten mit denen der entwickelten 'Privatsprache' nicht dek-
kungsgleich sind. Sprachlernen geschieht dabei weitgehend losgelöst von konkreten Bedürfnissen des Kindes, was häufig zu einem Motivationsverlust führt, der (wenn überhaupt) erst viel
später durch die Einsicht in die Notwendigkeit aufgehoben wird.
Die Motive, in denen Verhaltensnormen der Gesellschaft ihre Ur-
sprünge haben, teilen sich nur im Lebensvollzug selbst mit, "und
da die Schulen die Heranwachsenden aus dem gesellschaftlichen
Leben isolieren, entsteht in ihnen das Problem der mangelnden
'Lebensnähe' oder Künstlichkeit" (Bohnenkamp 1975:75).

Diese Künstlichkeit besteht u.a. in der Generierung von Bedürf-
niszuständen und der Generierung von Orientierungslosigkeit. Nur
auf diese Weise wird es möglich,

"(...) ein Bedürfnis nach Abhängigkeit und sozialer Bestätigung
zu befriedigen, nachdem man den Schüler in solche Abhängigkeiten
erst hineingestellt hat;
(...) zu belohnen, nachdem man ein künstliches Bedürfnis nach bestimmten Belohnungen geschaffen hat;
(...) zu informieren, nachdem man ein künstliches Bedürfnis nach
bestimmten Informationen geschaffen hat" (Ulich 1976:148).

Das Kind und später der Jugendliche erfährt Lerngegenstand und
Lernziel oft seine ganze Schullaufbahn lang als etwas Fremdes
und Aufgezwungenes.

Außerdem erfährt das Kind eine Reglementierung der Sprache, die es zunächst nicht einsehen kann. Wie dargelegt, geschieht die Aushandlung der Wortbedeutungen zwischen Kind und Erwachsenem zunächst relativ zwanglos und vage. Jetzt wird das Kind plötzlich mit Begriffssystemen konfrontiert, in denen die einzelnen Wörter relativ exakt umrissene (je nach Fach) Bedeutungsinhalte haben. Es erfährt, daß ihm geläufige Wörter wie 'Kraft' plötzlich anders verwendet werden müssen als gewohnt. 'Kraft' wird nicht durch das unmittelbare Erleben, sondern abstrakt in einem Begriffssystem definiert. Natürlich ist dieses Wissen notwendig, um später im gesellschaftlichen Produktionsprozeß bestehen zu können, aber dem Kind muß dieses Wissen zunächst als aufgesetzt und fremd gegenübertreten.

Ein besonderes Problem ist noch das Lernen des Umgangs mit ethischen, moralischen, politischen, kurz: abstrakten Begriffen, da hierbei die vorherrschende ideologische Ausrichtung der Gesellschaft besonders leicht im Bewußtsein der Kinder verankert werden kann. Dies geschieht schon mit so 'harmlosen' Wörtern wie 'arm' und 'reich': Während Armut überwiegend als durch unbeeinflußbare Gegebenheiten verursacht angesehen wird, soll Reichtum wesentlich die Frucht individueller Bemühungen sein (vgl. Wacker 1972).

Neben die oben beschriebene neue Qualität des Lernens tritt für das Kind eine Neuorientierung sprachlichen Verhaltens in Bezug auf grammatische Standards im engeren Sinn. War der Prozeß der kindlichen Sprachentwicklung gekennzeichnet durch eine immer stärkere Annäherung an das sprachliche Verhalten der das Kind umgebenden Personen und Gruppen, so wird mit Beginn des institutionalisierten Lernens in der Schule die 'standardsprachliche' Norm zum Maßstab kindlichen Sprechens.

Der Erwerb der Muttersprache, insbesondere im Zeitraum der vorschulischen Entwicklung, bezieht sich selten auf die sog. Standardsprache (z.B. 'Hochdeutsch'), sondern auf regionale und gruppenspezifische Varianten (Dialekte oder Soziolekte) und findet in 'natürlichen' Situationen statt (im Gegensatz zu 'gesteuerten', auf Lernvorgänge hin optimierten Situationen in der Schule). Im sozialen Kontakt mit Familienmitgliedern, Nachbarn,

Freunden und Spielgefährten werden sprachliche Handlungsmuster
geübt, korrigiert und ständig verfeinert, und zwar immer auf ein
bestimmtes Ziel hin: eine Stimmung oder ein Erlebnis mitzuteilen;
ein Gespräch anzuknüpfen, fortzuführen oder zu beenden; etwas
wissen, durchsetzen oder ablehnen zu wollen. Das Kind verfügt also über ein Repertoire von Handlungsstrategien, in denen verschiedene Intentionen mit unterschiedlichen sprachlichen Mitteln
gekoppelt sind.

Im schulischen Unterricht wird nun insbesondere auf die Form der
sprachlichen Mittel abgehoben. Dabei steht nicht mehr so sehr im
Vordergrund, ob Intention und sprachliche Mittel (auch wenn sie
den Regularitäten von Sprachvarianten folgen) adäquat verknüpft
sind, sondern ob die sprachlichen Mittel der Grammatik der Standardsprache folgen. Besonders in der Schule steht Grammatik
meist für normative Grammatik, als einer vorschreibenden Darstellung, wie Sprache verwendet werden soll (im Gegensatz zur des-
kriptiven Grammatik, die Sprachverwendung beschreibt). Die Bewertung sprachlichen Verhaltens nach Kriterien der Angemessen-
heit in einem bestimmten Handlungszusammenhang tritt dann zugunsten einer Bewertung der sprachlichen Form nach Grammatizi-
tätskriterien zurück. Äußerungen wie sie Barbara Steffen in
Dortmund belauschte und daraus folgenden Vierzeiler machte:

> "Äh, Kalle, du alte Drecksau, hau ja ab!"
> "Ich hau dir alle Zähne ein."
> "Äh, Kalle, spielze nachher mit mir?"
> "Ma sehn."

(aus: Frankfurter Rundschau, 20. 2. 1982)

werden wohl auch heute noch zu den seltenen Übungstexten gezählt
werden können.

Die Loslösung der sprachlichen Äußerung von Handlungskontext,
die Behandlung von Sprache als separatem Lerngegenstand schon in
der Primarstufe und die Betonung des Systemcharakters der Sprache
führen zur Formulierung grammatischer Regeln und zur Einführung
einer grammatischen Nomenklatur. Einerseits wird dabei ein an der
Norm orientierter, 'fehlerfreier' Sprachgebrauch geübt, andererseits kann die Forderung nach Regelbeherrschung und exaktem
sprachlichen Ausdruck als Vorbereitung auf die Formulierung na-

turwissenschaftlicher Gesetzmäßigkeiten aufgefaßt werden: Die
Gesetzmäßigkeiten der Sprache sind eben in den grammatischen Regeln festgehalten (sie sind ebensowenig hinterfragbar wie Addi-
tions- und Subtraktionsregeln), aus denen sich das normierte
Sprechen, das 'richtige' Sprechen, ableitet. Eine solche schulische Unterweisung schränkt Lerntechniken und Lernstrategien ein,
über die Kinder schon verfügen. Überdies werden dadurch die
sprachlichen Möglichkeiten der Kinder eingeschränkt: Kreativität
und Variationsbreite des Sprachverhaltens werden beschnitten.
Jede aktuelle Unterrichtsstunde bricht sich an einer Vielzahl
gesellschaftlicher Normen, institutioneller Reglementierungen
und nicht zuletzt individueller, geistiger und körperlicher,
Zustände und gemeinschaftlicher Erfahrungen, Präferenzen etc.
Das ist allgemein bekannt, aber nicht unbedingt trivial, wenn
in einen Bezugsrahmen gestellt, in dem die Möglichkeiten und Bedingungen der Entwicklung des gesellschaftlichen Menschen aufgezeigt werden.
Wir haben auf die neue Qualität des Lernens in der Schule hinge-
wiesen. Die Schule selbst stellt eine für das Kind neue Lebens-
situation dar und ist somit veränderte Umwelt. Die Schule soll
der Ort sein, an dem gesellschaftlich-historisches Wissen u.a.
durch Sprache systematisch (didaktisch und methodisch gesteuert)
tradiert wird. Aus der Menge dessen, was mit gesellschaftlich-
historischem Wissen bezeichnet wird - und dazu zählen Kenntnisse
und Fähigkeiten - sind in den Lehrplänen bereits jene Bereiche
festgeschrieben, die als bildungs- und kulturspezifisch, letztlich jedoch ökonomisch, relevant betrachtet werden. An den Veränderungen der Curricula sind dann auch jeweils Veränderungen
der sozialen und ökonomischen Landschaft abzulesen. So war z.B.
die stärkere Betonung der 'Realienfächer' zu Beginn dieses Jahr-
hunderts - und als Konsequenz die Entwicklung eines neuen Schul-
typs - eine Folge der gestiegenen Nachfrage am Arbeitsmarkt
nach naturwissenschaftlich-technisch qualifiziertem Nachwuchs.
In die Auswahl der schulischen Fächer aus der Gesamtheit des gesellschaftlich-historischen Wissens gehen Herrschafts- und
Machtverhältnisse über die jeweiligen Interessen der Statusgrup-

pen und ihrer Vertreter in einer Gesellschaft ein. Zum Beispiel:
Die an der Sozialkunde entbrannte Scheindebatte könnte sich wohl
kaum an einem etablierten Fach wie Deutsch oder Physik entfachen.
Der eigentliche Anspruch der Schule, über sprachliche Wissensvermittlung auf relevante Bereiche gesellschaftlicher Tätigkeit vorzubereiten, diese sozusagen im Klassenzimmer vorwegnehmend zu si-
mulieren, kann jedoch nur mangelhaft erfüllt werden, wenn wesentliche Bereiche von vornherein ausgeklammert oder zusätzlich in
andere Fächer hineingestopft werden. Wer könnte sich schon vorstellen, daß wegen der Streichung eines Faches wie Sozialkunde
das Bundesverfassungsgericht bemüht wird, wie im Fall der Unter-
richtsinhalte der reformierten Oberstufe 1981 in Hessen geschehen ...
Nicht nur die Festschreibung des Fächerkanons, sondern auch die
Reglementierung der Lerninhalte ist im Zusammenhang mit der
Vorrangstellung sprachlicher Wissensvermittlung zu sehen. Dabei
liegt die Schwierigkeit für die Lernenden (und wohl nicht nur
für sie) darin, daß der Umgang mit Begriffen, die sprachliche
Beschreibung und Benennung von Sachverhalten usw. den tatsächlichen Umgang mit realen Gegenständen und Beziehungen suggeriert.
'Physikalischer Druck' und 'soziale Unterdrücken' sind eben
nicht schon dann verstanden, wenn sie den Schülern verhältnis-
mäßig flüssig über die Lippen kommen. Daraus ergibt sich die
Notwendigkeit, im Handlungskontext 'Unterricht' aus dem sprachlichen Verhalten über mehr oder weniger gut funktionierende Eli-
zitierungstechniken Rückschlüsse auf den Grad der Aneignung zu
ziehen, so daß der Sprache nicht nur Vermittlungs- sondern auch
Kontrollfunktion zukommt.
Wir wollen abschließend am Beispiel des Sprachunterrichts kurz
aufzeigen, welche Ziele und Funktionen 'gesteuerter' Spracherwerb in der Schule haben und an welchen Kriterien er sich orien-
tieren sollte.
Wenn die schulische Ausbildung allgemein das Ziel verfolgen
soll, auf der Basis gesellschaftlich-historischen Wissens die
grundlegenden (und teilweise bereits angeeigneten) Fähigkeiten
und Kenntnisse systematisch weiterzuentwickeln, dann wird Sprach-

unterricht auf sprachliche Situationsbewältigung abzielen, und
zwar auf
- das Erkennen der Regularitäten (Muster) von Sprachhandlungen;
- die Beschreibung und Erläuterung eigener und fremder Sprachhandlungen;
- die Einbettung einzelner Sprachhandlungen in größere Handlungszusammenhänge;
- das Lernen aus dem eigenen Sprachhandeln.

Die Steuerung des Spracherwerbs muß dabei an die Kenntnisse und
Fähigkeiten anknüpfen, die die Lerner schon besitzen, so z.B.
- elementare, kognitiv orientierte, Sprechhandlungen des Refe-
  rierens und Prädizierens;
- die sprachlichen Mittel, die der Steuerung von Koordinationsproblemen dienen, wie 'sich einigen', 'kooperieren', 'drohen',
  'fragen', 'erklären', 'erzählen', 'berichten', 'informieren'.

Daß dieses Anküpfen an das Wissen und die Fähigkeiten der Schüler im schulischen Unterricht nicht gewährleistet ist, zeigt
eine Untersuchung von A.K. Markova (1973), deren Ergebnisse
Th. Lewandowski (1978:172) wie folgt referiert:

"Das Tempo der sprachlichen Entwicklung scheint sich im Schulal-
ter zu verzögern; sprachliche Entwicklung gelangt jedoch nicht
zum Abschluß, und es bestehe der Verdacht, daß die zur Zeit üb-
liche Schulpraxis nicht in der Lage ist, die sprachlichen Erfahrungen der Vorschulzeit zu aktualisieren und in die weitere Entwicklung sinnvoll zu integrieren."

Wir wollen an dieser Stelle die in Kap. 1.3.3 gegebene Übersicht
über die Stufen der sprachlichen Entwicklung vervollständigen
(vgl. Abb. 20).

Die Schüler/innen haben bereits einen Teil des allgemeinen
Sprach- und Handlungssystems erworben, das allerdings uneinheit-
lich und kaum an der standardsprachlichen Norm orientiert ist.

Es stellt sich nun die Frage: Sind die Lehrenden zur Durch-
setzung des sprachlichen Standards bei Vernachlässigung regiona-
ler und sozialer Sprachvarianten verpflichtet?

Auf der Grundlage der o.g. Lernzielbestimmung kann eine solche
Entscheidungsfrage kaum gestellt werden, denn das Aufdecken von
Regularitäten, nach denen Sprachhandlungen ablaufen, wird immer
auch

Stufen der sprachlichen Entwicklung
(Schema nach A. K. Markova – Voprosy psichologii 6, 1973)

Stufe	Art der allgemeinen kommunikativen Tätigkeit	Art der sprachlichen Tätigkeit	Sprachfunktion	sprachliche Mittel
Frühes Schulalter 7.0–10.0	Lerntätigkeit intensive Kommunikation mit Gleichaltrigen Bewußtwerden	(7.0–8.0) Erwerb, Verarbeitung und Umstrukturierung von Bedeutungen persönlicher Ausdruck	Intensivierung der Instruktionsfunktion und der regulativen Sprachfunktion	lautliche, lexikalische, grammatische Formen, grammatische Strukturen als Gegenstand bewußter Aufmerksamkeit Schriftsprache
Mittleres Schulalter 10.0–15.0	kommunikative Tätigkeit mit motivationaler Berufsorientierung	differenziertes sprachliches Handeln. Bewußter bzw. willkürlicher Gebrauch sprachlicher Mittel	sozial vermittelte Selbstregulation zukunftsorientierte Selbstregulation	Elaboration mündlicher und schriftlicher Sprachmittel funktionale Stile Individualstil
Höheres Schul- bzw. frühes Jugendalter 15.0–17.0	Lern- und Berufstätigkeit	verallgemeinernde Erarbeitung neuer Bedeutungen	perspektivische Selbstregulation	mündliche und schriftliche 'Sprachkultur'
Spätes Jugendalter – Reife 17.0–60.0	berufliche und soziale Tätigkeit	selektiver Erwerb von Bedeutungen und kreative Verarbeitung Darstellung individueller Erfahrungen		Mittel öffentlicher Rede und schriftlicher Publikation Fach- und Sachprosa

Abb. 20   Sprachentwicklungsstufen
(Ausschnitt aus: Lewandowski 1978:171)

- die Ziele des sprachlichen Handelns: Veränderung oder Erhaltung bestimmter Situationen;
- die Eigenschaften der Situationen;
- die Situationsabhängigkeit sprachlichen Handelns und
- die Folgen sprachlichen Handelns
zum Unterrichtsgegenstand machen.

Es gilt also nicht, sprachliche Varianten durch _eine_ standardsprachliche zu ersetzen, sondern den Lernenden beide Formen verfügbar zu machen, indem ihre Funktion verdeutlicht und ihre Verwendung geübt wird.

Die Funktion von Sprache und das Funktionieren bedeutungsvoller Rede sind als Gegenstände sprachlichen Unterrichts erst relativ selten, und die Verwendung von Sprache wird oft verkürzt als 'korrekte' Verwendung und Beherrschung einer grammatischen Nomenklatur verstanden und dementsprechend im Unterricht behandelt. Es leuchtet ein, daß bei dieser unsinnigen Abkoppelung die grammatischen Termini beginnen, ein Eigenleben zu führen und Grammatiktreiben somit - zumindest in den Augen der Lerner - zum Selbstzweck wird. Es ist bekannt, daß die meisten Schüler/innen Grammatikunterricht als eine lästige Notwendigkeit betrachten, die außerdem noch recht verwirrend ist, da in den Schulgrammatiken (Grammatikbüchern) unterschiedliche Konzeptionen und Termini verwendet werden.

Ein 'reiner' Grammatikunterricht ist daher abzulehnen, so lange er funktionslos frei im Sprachunterrichtsraum schwebt. Es sollte vielmehr einsehbar gemacht werden, daß sich in grammatischen Regeln gemeinschaftlich getroffene Vereinbarungen (Konventionen) niederschlagen, die als gesellschaftliches Produkt nicht endgültig festgelegt, sondern veränderbar sind. Es ist dann sinnvoller, statt grammatischer Termini grammatische Operationen zu lernen, die Aufschluß über den syntaktischen und semantischen Aufbau der Sprache geben. Dabei sollte jeweils schrittweise dargestellt werden (vgl. Rieser 1977:9-13):
- das spezifische syntaktische Verhalten sprachlicher Elemente;
- deren Kategorisierung;
- deren unterschiedliche Funktion als Bedeutungsträger;

- deren Zuordnung zu unterschiedlichen semantischen Leistungen
  in der Sprachhandlung.

Darüber hinaus sollten erarbeitet werden
- die Einbettung von Sprachhandlungen in Handlungsvollzügen;
- die Alternativen und die daraus folgenden Konsequenzen zu Art
  und Inhalt der Sprachhandlungen;
- das sprachliche Bearbeiten von Koordinationsproblemen;
- die Aufdeckung ideologisch belasteter Motivation bei Gestaltung und Wortwahl einer Sprachhandlung.

In jeder dieser Phasen kann auf das sprachliche Wissen der Lerner zurückgegriffen und die bereits angeeigneten Strukturen und
Inhalte können bewußtgemacht werden. Insbesondere muß der Zusammenhang syntaktischer und semantischer Funktion, Sprachhandlung
und Situation geklärt werden.

Themenwahl und Planung müssen an Sprachhandlungen aus dem praktischen Leben ansetzen und auf diese Weise dem Lerner Verhaltensmöglichkeiten zur Bewältigung praktisch auftretender Aufgaben und Konflikte zu vermitteln.

Es liegt auf der Hand, daß ein so konzipierter Sprachunterricht
immer bestimmte fachliche und politisch-ideologische Anforderungen an die Lehrenden stellt, d.h. wenn z.B. Verteidigungs- und
Infragestellungsmuster besprochen und geübt werden, dann ist
dieser Unterricht nicht gerade auf die Stabilisierung autoritä-
rer Verhaltensweisen und das unkritische Hinnehmen sprachlichen
Handelns im Unterricht und außerhalb der Schule ausgerichtet.

Daß Schweden und Dänen die Sprache des anderen mit etwas gutem Willen ohne Schwierigkeiten verstehen, ist eine Behauptung, die im Laufe der Jahre in beiden Ländern von hoher Stelle dauernd wiederholt worden ist. Aber häufig ist so etwas eine Wahrheit mit Einschränkungen und noch öfter etwas viel Ernsteres, zum Beispiel das Ergebnis intensiven Wunschdenkens, also eine Illusion. Oder um es einfacher zu sagen: eine Lüge. Zwei der vielen Opfer dieses Wunschdenkens waren Hammar ((Chef der Stockholmer Kriminalpolizei; B.H./R.M.)) und ein bekannter dänischer Kriminalist, die sich seit Jahren kannten und bei vielen internationalen Polizeikongressen nebeneinandergesessen hatten. Sie waren gute Freunde und jeder für sich brüstete sich damit, daß er die Muttersprache des anderen vollständig und ohne Schwierigkeiten beherrschte. Was übrigens jeder normalbegabte Skandinavier eigentlich auch können sollte, eine spöttische Bemerkung, die sie selten versäumten hinzuzufügen. Bis sie sich, nachdem sie jahrelang nur in Konferenzräumen bei großen gesellschaftlichen Anlässen zusammengekommen waren, einmal privat in Hammars Sommerhäuschen zu einem gemeinsamen Wochenende verabredet hatten. Da zeigte es sich nämlich, daß sie sich nicht einmal bei den einfachsten alltäglichen Redewendungen verstanden. Als der Däne um eine Karte bat, ging Hammar hinein und holte ein Foto von sich, und danach war alles vorbei. Ein Teil ihres Weltbildes war eingestürzt, und als sie einige Stunden förmlich im gegenseitigen Nichtverstehen geschwelgt hatten, einigten sie sich darauf, Englisch zu sprechen, und entdeckten, daß sie eigentlich überhaupt nicht zueinander paßten.

(M.Sjöwall/P.Wahlöö: Alarm in Sköldgatan)

2. Bedeutungserwerb als zentrale Komponente des FSU

Wir skizzieren zunächst einige Fragestellungen aus dem Bereich der FS-Erwerbs- und -Lehrforschung sowie deren Konzepte und Hypothesen, insofern sie in einen Zusammenhang mit dem Problem des fremdsprachlichen Bedeutungserwerbs im FSU gestellt werden können. Im Anschluß daran stellen wir die Probleme des Bedeutungserwerbs und der -vermittlung an einem (unterrichts-)praktischen Beispiel dar: der Verwendung des Deutschen als Instruktions- bzw. Unterrichtssprache in einer 8. Klasse an der Deutschen Ev. Oberschule Kairo.

2.1 Problemstellung und Konzepte der FS-Erwerbsforschung

Während die sprachliche Ontogenese, wie sie in Kap. 1.3 beschrieben worden ist, die Prozesse des Erwerbs der ersten Sprache(n)

nach der Geburt (Muttersprache, L1, Ausgangssprache) im Rahmen
der primären und sekundären Sozialisation bezeichnet, wird für
die Prozesse des Erwerbs weiterer Sprachen (L2, Ziel-, Zweitsprache) der Begriff Fremdsprachenerwerb verwendet.

Aus der Darstellung der sprach-/lerntheoretischen Grundlagen
läßt sich ableiten, daß eine Unterscheidung zwischen dem Lernen
und dem Erwerb einer Sprache nicht möglich ist; wir verwenden
daher beide Begriffe im gleichen Sinne (vgl. dagegen die Unterscheidung bei Krashen/Seliger 1976:18f; Krashen 1978 und Bialystok 1978).

Nichtsdestoweniger können wir jedoch zwei Arten des Erwerbs der
Erst- und Zweitsprache unterscheiden. Im ersten Fall bildet der
Erwerb einer Erst- oder Zweitsprache einen Teil des Erwerbs ge-
sellschafts- und kulturspezifischen Wissens sowie jeweiliger In-
teraktions- und Kommunikationsformen. Wie in der Ontogenese werden die Regularitäten sprachlichen und sozialen Handelns und si-
tuationsspezifscher Bedeutungen in und aus den aktuellen jeweiligen sozialen Handlungsvollzügen vermittelt und erworben: In
dieser Hinsicht kann diese Erwerbsform als 'natürlich' bezeichnet werden (vgl. den Begriff der "natürlichen Bedingungen" der
Kieler Projektgruppe z.B. bei Felix 1978:13f). Im zweiten Fall
ist der Spracherwerb aus dem Gesamtprozeß des Erwerbs gesell-
schafts- und kulturspezifischer Interaktions- und Kommunika-
tionsmuster losgelöst, d.h. im Gegensatz zur Ontogenese werden
rein sprachliche - isoliert von sozialen - Regularitäten des
Handelns und normierte Bedeutungen erworben außerhalb von aktuellen sozialen Handlungsvollzügen, für die sie eigentlich gedacht sind: Diese Erwerbsform bezeichnen wir als 'künstlich';
sie läßt die originären Funktionen der Sprache unberücksichtigt,
wird zum überwiegenden Teil in institutionalisierten Lernsitua-
tionen initiiert und findet unter Einsatz formaler Lehrverfahren
statt. Für diese Erwerbsprozesse hat sich die Bezeichnung 'gesteuert' (oder 'gelenkt') eingebürgert - die Bezeichnung 'künstlich gesteuert' wäre wohl noch treffender -, obgleich ihre
grundsätzliche Steuerbarkeit durch die Anwendung von Sprachlehr-
verfahren seit geraumer Zeit angezweifelt wird, wie etwa von

H. Wode (1974:18):

"Geboten wird z.B. keine Erklärung der Frage, was Sprachlehrprozesse eigentlich leisten. Beschleunigen sie einen Prozeß, der ohnehin abläuft? Oder läßt sich mit Hilfe von Lehrverfahren die Struktur des Spracherwerbsprozesses, wie er ohne den Einsatz von Lehrverfahren ablaufen würde, vorteilhaft verändern, indem etwa Entwicklungsstufen übersprungen oder ausgeschaltet werden? Oder leisten Lehrverfahren gar nichts?"

Wir behandeln im folgenden den künstlich gesteuerten Erwerb und stellen einige Ergebnisse der FS-Erwerbs- und -Lehrforschung sowie einige der dort entwickelten Überlegungen und Konzepte dar. Unser besonderes Interesse gilt dabei der Frage, inwieweit sich dieser Forschungsbereich mit dem Problem des fremdkulturellen Bedeutungserwerbs beschäftigt.

Dazu fassen wir den Forschungsbereich in drei Großbereiche zusammen:

- die Identitätshypothese;
- das Interferenz- und das Interlanguage-Konzept;
- das Konzept der Sprachtätigkeit.

Die Vorstellung von der Identität des Erst- und Zweitsprachenerwerbs beruht auf einer unangemessenen Lern- und Sprachauffassung, bei der die in Kap. 1 d.A. herausgearbeiteten Charakteristika im wesentlichen unberücksichtigt bleiben. Es wurde versucht, die Identitätshypothese vor allem im Rahmen von Untersuchen zum natürlichen Zweitsprachenerwerb in der frühen Ontogenese zu bestätigen, und der 'Nachweis' wurde meist an Vergleichen morpho-syntaktischer Oberflächenstrukturen geführt. Die Gültigkeit der Identitätshypothese für den künstlich gesteuerten Spracherwerb muß jedoch schon im Hinblick auf ihre Revision für den natürlichen Spracherwerb ausgeschlossen werden.

So weist S.W. Felix in einer vergleichenden Studie zum natürlichen Erwerb nach, daß bereits in den frühen Lernphasen beim Lerner Unterschiede in der lexikalischen und strukturellen Vielfalt sowie der Wortstellung vorliegen. Kennzeichnend für den Zweitsprachenerwerb ist das Überspringen der sog. präsyntaktischen Phase, das in der Erstsprachen-Erfahrung (jede sprachliche Äußerung ist an eine bestimmte syntaktische Form gebunden) des Lerners begründet liegt. Im Erstsprachenerwerb dagegen ist das

erste Entwicklungsstadium durch kognitive und semantische Strukturen bestimmt (vgl. auch Kap. 1.3.2 und 1.3.3).
"Es ist daher anzunehmen, daß der L2 Erwerber mit bestimmten Er-
wartungen und Hypothesen über die mögliche syntaktische Struktur
von L2 an den Erwerbsprozeß herantritt." (Felix 1978:223)
Aufgrund seiner Gesamtentwicklung empfindet der FS-Lerner die
kommunikative Notwendigkeit z.B. differenzierter Fragetypen zu
einem früheren Zeitpunkt als der Erstsprachenlerner, jedoch
steht diesem Kommunikationsbedürfnis "die Unfähigkeit gegenüber,
die kommunikative Intention auf sprachlicher Ebene adäquat und
modellkonform zu kodieren" (Felix 1978:169): Wir bezeichnen diesen Umstand als eine besondere Form des 'kommunikativen Stress'
(vgl. S. 65 und S. 130 d.A.).
Im Anschluß an seine Untersuchungen zum Fragetypenerwerb (bei
den beobachteten Lernern handelt es sich um Kinder im Alter von
3;3 bis 7;6 Jahren) kommt S.W. Felix zu dem Ergebnis, daß Modellabweichungen der Erstsprachenerwerber auf der Ebene der sekundären, hierarchisch geordneten, semantischen Merkmale der Interrogativpronomina produziert werden (das betrifft solche Unterscheidungen wie 'wo', 'wohin', 'woher' des primären Merkmals
LOKATIV); dagegen werden Modellabweichungen der Zweitsprachenerwerber auf der Ebene der primären, nicht hierarchisch geordneten, semantischen Merkmale der Interrogativpronomina (das betrifft die Unterscheidungen zwischen LOKATIV, TEMPORAL, MODAL
etc.) gebildet.
Der Zweitsprachenerwerber ist aufgrund seiner Erstsprachenkennt-
nisse mit den primären Merkmalen vertraut; damit können Modellabweichungen nicht auf den Mangel des Merkmalerwerbs zurückge-
führt werden: "Die Merkmale kennt das Kind ((der Zweitsprachenerwerber; B.H/R.M.)), aber es weiß nicht, durch welche Morpheme
die einzelnen Merkmale sprachlich zu kodieren sind." (Felix
1978:223) Im Gegensatz dazu muß der Erstsprachenerwerber sowohl
die primären als auch die sekundären Merkmale lernen.
Das Problem, vorhandene Unterschiede in diesem Sinn nicht negieren zu können, gleichzeitig aber die Vorstellung von der Identi-
tätsbeziehung - transformiert zur Ähnlichkeitsbeziehung - nicht
ganz aufgeben zu müssen, verdeutlicht V. Cooks resümierende

Feststellung, Erst- und Zweitsprachenlernen seien ähnliche Prozesse, unterschieden sich jedoch in spezifischen Inhalten und in
Erwerbssequenzen (vgl. Cook 1977:1), eine Feststellung, die
V. Cook nach Abschluß von eigenen Untersuchungen zu der uns selt-
sam anmutenden Fragestellung "Are foreign adults similar to
native chilren?" und "In what ways are they different?" (Cook
1977:3) dahingehend 'differenziert', daß Erst- und Zweitsprachenerwerb einander umso unähnlicher seien, je mehr das Lernen
von allgemeinen kognitiven Prozessen beeinflußt sei (vgl. Cook
1977:17). Eine solche Feststellung ist nicht nur ungeeignet,
zur Klärung des Sachverhalts beizutragen, sondern auch unkorrekt: Jegliches Lernen ist, wie wir dargelegt haben, immer von
allgemeinen kognitiven Prozessen beeinflußt, ohne daß es ein
'umso mehr' oder 'umso weniger' gäbe; korrekterweise sollte man
nur davon sprechen, daß die Lernformen oder -organisationen vom
jeweiligen kognitiven Entwicklungsstand abhängig sind. In dieser
Richtung sind dann auch V. Cooks Einzelergebnisse zu interpretieren (Unterschiede in (Wort-)Behaltenskapazitäten und Organi-
sations des Langzeitgedächtnisses; 1977:7,12).
Die Frage, inwieweit der FS-Lerner auf sein konzeptuelles
(Welt-)Wissen und sein sprachliches (strukturelles) Wissen zu-
rückgreift/zurückgreifen muß, und in welcher Weise er dabei eher
aktiv tätig ist oder sich eher den Tatbeständen 'ausgeliefert'
sieht, versucht die FS-Erwerbs- und -Lehrforschung über die Konzepte der Interferenz bzw. des Transfers und der Interimsprache
zu klären. Transfer/Interferenz wird als Produkt/Prozeß der
Übertragung von Strukturen einer (oder mehrerer) Sprache(n) auf
eine zu lernende Zielsprache aufgefaßt. Damit ist prinzipiell
noch nichts darüber ausgesagt, ob solche Übertragungen zu Abweichungen vom Zielsprachenmodell führen oder nicht. Bei der
Verwendung und Definition der Begriffe Transfer und Interferenz
stößt man in der Literatur auf eine verwirrende Vielfalt, die
wir hier nicht zu entflechten versuchen wollen (vgl. Rattunde
1977). Wir beschränken uns daher auf die exemplarische Darstellung zweier Ansätze, in denen der Transferbegriff
(1) nicht nur verwendet wird, um Abweichungen auf der phonologi-

schen und morphologischen Ebene zu beschreiben und zu erklären und
(2) produktiv für die Entwicklung des Konzepts der Interimsprache genutzt wird.

In einer Untersuchung zur Funktionsbestimmung des Transferbe-
griffs im Rahmen der Theorie der Sprachtätigkeit kritisiert
I.I. Kitrosskaja ((1971) 1980:107) an den gängigen Transferauf-
fassungen
- die fehlende psychologische Fundierung;
- die Vermischung von Prozeß und Resultat des Transfers: dadurch
  werden Transfer und Interferenz undeutliche βegriffe;
- die statische Betrachtungsweise (normativ-hochsprachliche
  Textvergleiche);
- das Ziehen unzulässiger Schlüsse aus der Theorie für die
  Praxis.

I.I. Kitrosskaja definiert Transfer als "eine komplexe Erschei-
nung der menschlichen Psyche, dessen verborgener Mechanismus es
dem Menschen erlaubt, in seiner psychischen und motorischen Tätigkeit ihm Bekanntes unter gänzlich oder teilweise neuen Um-
ständen einzusetzen". Sie unterscheidet innere und äußere Faktoren des Transfers.

Die inneren Faktoren sind
(a) Ähnlichkeit des sprachlichen Materials/der sprachlichen
    Systeme;
(b) Erlernungsgrad und zeitlicher Abstand von Handlungen.

Die äußeren Faktoren sind
(a) bewußte Aneignung des sprachlichen Materials;
(b) Verbalisierung der Kenntnisse;
(c) Einstellung auf die Erkenntnisanwendung als motivationales
    Element des Erwerbs.

In Zusammenhang mit den inneren Faktoren betont I.P. Slesareva
((1974) 1980:219), daß es sich beim Kontakt zwischen Sprachen
nicht um einen "Austausch des Inventars", sondern um eine Reorganisation der Sprachstruktur handelt, wodurch die Beschreibung
und Erklärung von Interferenzen zu einem Problem der Sprachtypo-
logie wird, deren Aufgabe wiederum in der Beschreibung des lexi-

kalisch-semantischen Systems besteht.

Nach I.I. Kitrosskaja ermöglicht die Identität von ausgangs- und
zielsprachlicher Redeintention den Transfer. Dabei tritt als
Problem auf, daß der Transfer zu einer 'Mischsprache' führt, einem 'dritten System' infolge einer ungenügenden Korrektur bei
der Überführung einer sprachlichen Form aus der Erstsprache in
die Zweitsprache.

Vergleichen wir dazu die Überlegungen, die in der westlichen
Welt zur Entwicklung des Konzepts 'drittes System' geführt haben. L. Selinker (1972) postuliert folgende universale Sprachlernstrategien:

- strategies of second-language learning und
- strategies of second-language communication
  (z.B. Vereinfachungsstrategien, bei denen die Zielsprache reduziert wird, ohne die Verständlichkeit einer Äußerung zu ge-
  fährden) und
- overgeneralization of target language linguistic material
  (z.B. Regelüberdehnungen).

Diese Strategien werden durch zwei Arten des Transfers ergänzt:

- transfer of language
  (die fehlerhaften Äußerungen des Lerners sind auf die Erstsprache zurückzuführen) und
- transfer of training
  (die fehlerhaften Äußerungen sind auf Faktoren des formalen
  Lehrprozesses zurückzuführen, wie z.B. Methode, Materialien,
  Lehrer).

Diese fünf zentralen psycholinguistischen Prozesse sind die
Grundlage für Lernversuche (attempted learning), die in der
überwiegenden Mehrheit der Fälle zur Ausbildung einer lerner-,
zwischen- oder interimsprachlichen Kompetenz (interlanguage
competence) führen, d.h. einer Kompetenz, die nicht mit dem Regelwissen muttersprachlicher Sprecher der Zweitsprache identisch
ist. Neben den o.g. Prozessen konstatiert L. Selinker einen weiteren Mechanismus, durch den bestimmte norm- bzw. modellabweichende
Formen in der Interlanguage festgeschrieben werden, das sog.
'Einfrieren', das in gewisser Hinsicht einen Abbruch des Lern-

prozesses darstellt. Im günstigsten Fall dagegen - so die Annahme - führt der Lernprozeß zu einer immer engeren Annäherung der
Interlanguage an die Zielsprache. Zwischensprachliche Kompeten-
zen können als individuelle, sich verändernde Fähigkeiten angesehen werden; sie sind in diesem Sinne lernersprachlich und dynamisch (vgl. die Zusammenschau unterschiedlicher Positionen bei
F.G. Königs 1980:38-40).

Die Feststellung, daß der Erwerb einer Fremdsprache in der Ausbildung von Kompetenz besteht, differenziert S.W. Felix aufgrund
der allgemeinen Beobachtung, daß Fremdsprachenlerner abhängig
von der Lernsituation - unter Unterrichts- oder natürlichen Bedingungen - unterschiedliches "verbales Verhalten" (1977:27)
zeigen. Im ersten Fall zeigt sich eine auffallende Diskrepanz
zwischen spontaner und elizitierter Sprachverwendung. Seine Hypothese ist, daß im FSU und im natürlichen Zweitsprachenerwerb
Sprachkompetenzen erworben werden, die grundsätzlich unterschiedlicher Natur sind. Dabei wird im FSU ein anderer Typ von
Fähigkeiten aktiviert bzw. angesprochen als im natürlichen
Zweitsprachenerwerb:

Der FSU bildet primär eine "reproduktive Kompetenz" aus. Diese
ist definiert als eine "Gruppe von Fähigkeiten, die sich auf die
geistige Verarbeitung von Informationen im Sinne einer bewußten
Ausführung von Operationen bezieht" (Felix 1977:30). Diese
"problem-solving-ability" unterscheidet sich grundsätzlich
nicht von den in anderen Fächern zu entwickelnden, ist also
nicht speziell auf Sprache bezogen..

Der natürliche Zweitsprachenerwerb bildet primär eine "kreative
Kompetenz" aus. S.W. Felix definiert sie als "all diejenigen
sprachlichen Fähigkeiten, die im Sinne Chomskys 1965 den 'ideal
speaker-hearer' charakterisieren". Sie besteht in der intuitiven,
nicht bewußten Fähigkeit, neue Sätze spontan zu bilden und zu
verstehen, Mehrdeutigkeiten zu erkennen usw.; sie bezieht sich
speziell auf Sprache und liegt auch in Form von Teilkompetenzen
vor (wenn die Sprache nicht vollständig erworben ist). Reproduktive Kompetenz muß nicht notwendigerweise zu kreativer Kompetenz
führen, wie "die fehlende Korrespondenz zwischen nachweislich

Erlerntem und der Anwendung des Erlernten bei vielen Fremdspra-
chenschülern" (Felix 1977:32) zeigt.
Wenn wir S.W. Felix' obige Feststellung dahingehend korrigieren
und vervollständigen, daß jeglicher Unterricht, der praktisch
allein auf die Ausbildung einer problem-solving-ability und die
Vermittlung formalistischen Wissens konzentriert, abgelehnt werden muß, trifft die Kritik nicht nur den FSU, sondern auch und
gerade die naturwissenschaftlichen Fächer, denn auch hier eignen
sich die Lerner Kenntnisse nur in einer "äußeren Form an, ohne
subjektiv die Beziehungen zu entsprechenden Aspekten der Wirklichkeit hergestellt zu haben" (Kurth/Menk 1979:7).
In diesem Sinne bleibt das Kreativitätsproblem nicht auf den
FSU beschränkt. Wir werden auf die Frage, welche kognitiven und
sprachlichen Fähigkeiten ausgebildet und welches sprachliche und
soziale Wissen vermittelt werden soll, gleich im Detail eingehen
und uns nun ansehen, in welcher Weise das Transfer-/Interferenz-
und Interimkonzept auf den Erwerb fremdkultureller Bedeutungen
angewendet wird.
G. Lauerbach (1977:214) schlägt vor, die Transferstrategien
L. Selinkers zu ergänzen um einen "transfer of culture oder
Transfer von soziokulturell determinierten Bewußtseinsinhalten",
der sich in der "affektiven Bedeutung der Wörter" niederschlägt.
In ähnlicher Weise versucht B. Kielhöfer Eigendynamik und Stabi-
lität von Interimlexika nachzuweisen:
"Semantisierung erfolgt nicht unbedingt auf einem direkten Zwei-
sprachigkeitskontinuum. Sie kann 'auf Umwegen' vor sich gehen.
Das Interimlexikon ist nicht gleich der Summe zweier Schnittmen-
gen (Schnittmenge mit L1 + Schnittmenge mit L2), sondern es erscheint eine dritte Menge, die z.T. unabhängig von L1 und L2
ist. Das Interimsystem kann zu einem festen System werden."
(Kielhöfer 1978:391; Hv. B.K.)
Um diesen Nachweis zu führen, wird über das Testen der Wort-Asso-
ziationsfähigkeit, die als Indikator für lexikalische Kompetenz
in der FS betrachtet wird, die Struktur des Assoziationsnetzes,
das der Lerner gebildet hat, konstruiert. Dabei wird die Stellung, die ein Wort im Assoziationsnetz des Lerners einnimmt,
durch drei semantische Faktoren beeinflußt: die linguistische
Bedeutung, d.h. die Stellung des Wortes in seinem Wortfeld (etwa

frz. 'rapide' zu dt. 'schnell'); die affektive Bedeutung (Konno-
tation; etwa 'mou' zu dt. 'weich') und die soziokulturelle Bedeutung. Als Beispiel für den Einfluß soziokultureller Bedeutungsaspekte führt B. Kielhöfer die unterschiedlichen Wortasso-
ziationen zwischen 'bière', 'vin' und 'vin rouge' an. Hier hat
die, im Französischen nicht so stark vorhandene, lernersprachliche Bindung von 'bière' zu 'vin' ihren Ursprung in der muttersprachlichen Assoziation, andererseits in Klischeevorstellungen
deutscher Lerner über die Franzosen. Die lernersprachliche star-
ke Bindung von 'vin' zu 'vin rouge' ist im Vergleich zur französischen Assoziation überzogen. B. Kielhöfer kommt zu dem Schluß,
"daß typisch muttersprachliche Reaktionen relativ leicht abgebaut werden, daß aber der Erwerb fremdsprachlicher Reaktionen
erschwert wird durch Clichévorstellungen, die sich entweder in
pseudofranzösischen Reaktionen oder in Übergeneralisierungen
französischer Reaktionen manifestieren. In den Clichévorstellungen scheint mir die Hauptbarriere bei der Semantisierung von
Wörtern mit soziokulturellen Inhalten zu liegen." (1978:398)

Die Studie B. Kielhöfers ist - ebenso wie der Ansatz bei
G. Lauerbach - dahingehend zu kritisieren, daß das Austesten von
Assoziationen auf der Wortebene sowohl in der Muttersprache als
auch in der Fremdsprache auf einem statischen Bedeutungsbegriff
basiert, der dann erneut reproduziert wird. B. Kielhöfer spricht
bezeichnenderweise von "Assoziationsnormen" und fordert das Aufstellen von Listen, in denen diese für Erst- und Zweitsprache
aufgeführt werden sollen (vgl. Kielhöfer/Schmidt 1981:162). Der
dynamische Aspekt von Bedeutungen in Abhängigkeit von Situation
und Kontext kann so nicht eingeholt werden. Durch die oben skizzierte Versuchsanlage wird die Tatsache verschüttet, daß der
FS-Lerner als Wissen nicht nur feste semantische Einheiten, sondern auch deren situative Beziehungen zueinandern speichern muß
(vgl. Müller 1981:124). Wichtig erscheint jedoch B. Kielhöfers
Vermutung, daß Lehrbuchtexte und Vokabellisten - und hier sind
die Semantisierungsverfahren des Lehrers selbst bei der Vermittlung fremdkultureller Bedeutung als weiterer wichtiger Faktor
hinzuzufügen - bestimmte Assoziationen fördern. Nicht thematisiert wird der Stellenwert, der dem Aufbau des Interimlexikons
beim Erwerb der Fremdsprache zuzumessen ist; es scheint sich je-

doch im vorliegenden Fall eher um eine Komponentenauffassung zu handeln, in der dem Erwerb und der Vermittlung fremdkultureller Bedeutung nicht die von uns postulierte zentrale Stellung zukommt.

Dies kann als symptomatisch gelten für eine Misere, die B.-D. Müller (1981:122) so beschreibt:

"Generell muß festgehalten werden, daß der Bedeutungserwerb in der Fremdsprache bisher kaum oder einseitig unter dem Aspekt des Vokabellernens systematisch erarbeitet wurde. Dies ist begründet in der Schwäche der linguistischen Semantik, der damit einhergehenden bisherigen Konfusion im Bereich des fremdsprachlichen Bedeutungserwerbs und in dem (...) vorherrschenden Glauben der Fremdsprachendidaktiker, daß die Wortschatzvermittlung solange zurückgestellt werden kann, bis ein substantielles grammatisches System gelehrt wurde."

Diesem kritisierten FS-Lehrkonzept steht jedoch die Verflechtung von 'grammatischer' und 'Wort'-Bedeutung - wie wir sie in ihrer historischen Entstehung und individuellen Aneignung beschrieben haben - gegenüber, die dann auch W.M. Rivers im Titel ihres Aufsatzes als das zentrale Moment bezeichnet, "where the real problems lie":

"(...) no word or group of words has a discrete meaning which can be attached like a lable that one can learn to use. Neither do specific grammatical forma always convey one identifiable meaning. Words and grammatical structures all acquire meaning within networks of conceptual relations which have been built up through the experience of life, including linguistic experience, and these constitute our long-term memory. (...) the problem of learning to operate within the system of a new language is one of developing new networks, all extensions or modifications of existing networks, to express the interrelationships represented by the grammar and lexicon of the new language. These interrelationships will not at first be independent of the conceptual networks already established." (Rivers 1980:55; vgl. auch Cornu 1981:103; Schneider 1979; Strick 1980)

Eine solche konzeptualistische Fundierung des FSU ermöglicht es u.E., die zur Ausbildung der Lernersprache postulierten Prozesse - wie etwa bei L. Selinker - in einem neuen Licht zu betrachten:

"The insecurity and uncertainty about the extent of applicability of new rules, because of a lack of knowledge of how they fit into the meaning system of the new language, is a dictictly different psychological phenomen from that of over-generalization (...)." (Rivers 1980:54)

Und mit W.M. Rivers' Forderung (1980:53):

"To my mind, much more attention should be paid in classroom teaching to the comprehension and thorough assimilation of (...) fundamental conceptual differences between languages (...)."
sind wir bei der Frage angelangt, was der Gegenstand fremdsprachenunterrichtlicher Vermittlungsbemühungen sein sollte bzw. welche Fähigkeiten FS-Lerner ausbilden sollten.

Innerhalb der sowjetischen und osteuropäischen Sprachlehrforschung wird diese Frage im unmittelbaren Zusammenhang mit den allgemeinen Gesetzmäßigkeiten der menschlichen Sprachtätigkeit beantwortet, der Sprachtätigkeitstheorie, die von A.A. Leontjew auf den Grundlagen der Sowjetischen Psychologie und der Kulturhistorischen Schule entwickelt wurde.

Wir folgen im weiteren unserem bisherigen Sprachgebrauch und verwenden die Bezeichnung 'Sprachtätigkeit' (und nicht 'Sprechtätigkeit'). Wird in deutschen Übersetzungen der Arbeiten A.A. Leontjews und der Moskauer Schule die Bezeichnung 'Sprechtätigkeit' verwendet, so ist dies insofern unkorrekt, als der entsprechende Begriff im Russischen alle sprachlichen Modalitäten (Rede- und Schriftebene, En- und Dekodiervorgänge) umfaßt: ein Umstand, auf den R.S. Baur ausdrücklich hinweist (1980:XXX).

Wir behandeln im folgenden speziell die Prozesse, die für die mündliche Rede im Rahmen der Sprachtätigkeitstheorie angenommen werden.

Nach A.A. Leontjew (1981:insb.104ff) weist jeder typische intellektuelle Akt eine (a) Orientierungs- und Planungs-, (b) Realisierungs- und (c) Vergleichs- oder Kontrollphase auf. Sprachliche Akte bestehen aus folgenden Prozeßkomponenten:

(aa) Eine Sprechintention wird herausgebildet: Sie ist der unmittelbare Handlungsantrieb für das Sprechen und über ein Motiv bedingt. Auslösende Momente können innere oder äußere Anlässe sein.

"Jeder menschlichen Rede liegt eine bestimmte Motivstruktur und Zielstruktur zugrunde, die eingebettet ist in die Zielstruktur einer übergeordneten Tätigkeit." (Esser/Hellmich 1973:331)

Die Sprechintention ist durch das Ziel und den Zweck der Äußerung bestimmt, d.h. der Sprecher strebt mit der Äußerung ein gedanklich antizipiertes Ziel an.

"Diese Vorstellung, die sich der Sprecher vom Ziel und Zweck seiner Äußerung macht, setzt einerseits das Verständ-

nis der kommunikativen Aufgabe sowie andererseits die Be-
rücksichtigung der Bedingungen, unter denen die betreffende
Aufgabe realisiert werden soll, voraus." (Desselmann 1979:
139)

Der Sprecher analysiert die Faktoren der Kommunikationssituation und verschafft sich eine Orientierungsgrundlage.

(ab) Die Äußerung wird gedanklich konzipiert, d.h. ein 'inneres
Programm' wird aufgebaut.

A.A. Leontjew ((1972) 1980:132) spricht von "innerer Pro-
grammierung" dann, wenn die Realisierungsphase (b) sprachlicher Art ist; ist sie nichtsprachlicher Art, verwendet
er die Bezeichnung "innere Rede".

Die in (aa) begonnene Analyse der Kommunikationssituation
wird weitergeführt. Die inhaltliche Planung der Äußerung
kann z.B. dadurch erschwert werden, daß erforderliches Wissen über Gegenstände und Sachverhalte oder aber über den
Gesprächspartner nicht vorhanden ist.

H.W. Schäfer hat in einem (bundesrepublikanischen) Vor-
schlag zur Phasierung von Sprechvorgängen das Konzept der
Sprechhaltung entwickelt: Ein Sprecher erhält aus der Umwelt einen 'Impuls', der in ihm eine Sprechabsicht auslöst.

"Noch ehe die Sprechabsicht zur Einnahme einer bestimmten
Sprechhaltung führt, erfolgt eine Konditionierung der
Sprechhaltung durch die Umwelt." (Schäfer 1978:11)

In dieser Anpassungsphase stellt sich das Individuum auf
seine Umwelt und deren Normen ein. Dabei werden nichtgegen-
stands- und nichtpartnerbezogene Umwelteinflüsse (z.B. Re-
genguß, lärmerfüllte Werkshalle) als stark variabel betrachtet. Weitere 'Konditionierungsfaktoren' sind Gesprächspartner und -gegenstand, die als normal variable angesehen werden. Die Sprache, die im Normalfall relativ konstant ist, stellt im FS-Erwerbsprozeß nicht nur eine Variable dar, sondern soll gerade verändert werden.

Sprechhaltungen sind bestimmt von der Distanz, die ein
Sprecher zu einem Gesprächsgegenstand oder -sachverhalt und
zu einem Gesprächspartner hat (vgl. Abb. 21).

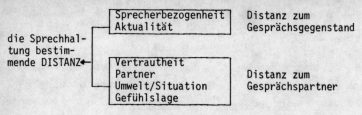

Abb. 21   Distanzfaktoren
(nach: Schäfer 1978:13)

Nach dem Kriterium der Distanz ergeben sich vier Grundvarianten:
- große Distanz zu Gegenstand und Partner;
- große Distanz zum Gegenstand und geringe Distanz zum Partner;
- geringe Distanz zum Gegenstand und große Distanz zum Partner;
- geringe Distanz zu Gegenstand und Partner.

Maximale Distanz liegt vor in einer sachlich-unbeteiligten Darstellung; hierbei sind die an den Sprecher gestellten sprachlichen Anforderungen hoch. Extrem geringe Distanz bewirkt gefühlsbetonte Interaktion; die sprachlichen Anforderungen sind gering; teil- und außersprachliche Mittel werden eingesetzt.

"Große Nähe des Sprechers zum Gesprächspartner oder zum Gegenstand ergibt Entfernung von der Sprache. Distanz zu Partner und Gegenstand bringt zwangsläufig Annäherung an die Sprache mit sich." (Schäfer 1978:14)

Die unterschiedlichen Abstufungen illustriert folgende Abbildung.

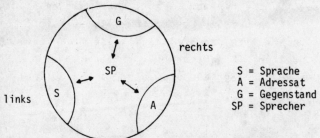

(Nullposition rechts: Kommunikationsmittel wären etwa Faustschlag oder Kuß; Nullposition links: etwa die Lehrerstimme vom Tonband, die Beispielsätze spricht)

Abb. 22   Distanzmodell
(nach: Schäfer 1978:14)

Auf die unterrichtsmethodischen Forderungen, die aus der
Sprechhaltungskonzeption ableitbar sind, wollen wir nicht
weiter eingehen. Wir haben die Schäfer'sche Konzeption deshalb in die sprachtätigkeitstheoretische Betrachtung einge-
schoben, weil dadurch u.E. deutlich wird, wie ein aus der
ersten Überlegung her brauchbares Konzept dann schließlich
doch Gefahr läuft, unbrauchbar zu werden, wenn Distanzkri-
terien nur einseitig an einer Sprache (der Muttersprache)
oder gar als sprachübergreifend und kulturübergreifend gültig herausgearbeitet werden, wie dies hier den Anschein
hat.
Wir kehren zurück zu unserer Darstellung der Phasierung
sprachlicher Äußerungsakte.
Auf die Phase der Orientierung und Planung folgt die der
Realisierung:

(ba) Die gedankliche Konzipierung der Äußerung wird nun inner-
sprachlich semantisch-grammtisch entwickelt (semantisch-
grammatische Konstituierung der geplanten Äußerung).

(bb) Die innersprachliche Realisierung wird sprechmotorisch umgesetzt, lautlich realisiert.

(c) In der Kontroll- oder Vergleichsphase überpüft der Sprecher, ob die hervorgebrachte Äußerung mit dem Inhalts- und
Ausdrucksplan übereinstimmt.

"Der Sprecher kontrolliert, vergleicht, ob er seine kommunikative Absicht beim Partner verwirklichen konnte und ob
seine Äußerung eventuell einer Ergänzung oder einer sprachlichen Korrektur bedarf." (Desselmann 1979:143)

Sie skizzierte Generierung und Phasierung einer Äußerung darf
nicht als sukzessiv-linear ablaufender Vorgang verstanden werden, bei dem die Planung, Realisierung und Kontrolle einer Äußerung der abgeschlossenen Planung, Realisierung und Kontrolle einer vorangegangenen Äußerung folgen. In der aktuellen Kommunikation wird natürlich ständig geplant und gleichzeitig realisiert
und gleichzeitig kontrolliert.
Dies gilt auch für die rezeptive Seite. Bei der Erzeugung eines
Hörbildes (vgl. Wotschke 1980:199) dient der situative Kontext
mit allen dem Hörer zugänglichen Merkmalen als Orientierungsba-

sis. Zum einen können nun parallel zur Dekodierung der ständig
eintreffenden akustisch-lautlichen Informationen Hypothesen über
Art und Inhalt der weiteren Sequenzen aufgestellt werden. Zum
anderen kann auch das Ende eines Redeabschnittes abgewartet und
so der gesamte grammatisch-semantische Kontext der Bedeutungszu-
ordnung zugrunde gelegt werden.

Bei der Generierung einer fremdsprachlichen Äußerung treffen wir
auf folgende veränderte Bedingungen: Der FS-Lerner muß seine in
der Orientierungsphase herausgebildete Intention und die gedankliche Konzipierung der Äußerung in der folgenden Realisierungsphase 'fremd'versprachlichen, indem er sie zunächst innersprach-
lich semantisch-grammatisch realisiert und anschließend sprechmotorisch umsetzt.

"Jeder Lernende 'erdenkt' erst einmal mit muttersprachlichen
Mitteln, was er in der Fremdsprache ausdrücken will." (Wotschke
1980:199)

Diesem 'Mangel' begegnet der FS-Lerner dadurch, daß er in (b)
eine zusätzliche Umkodierungsphase durchläuft (vgl. Desselmann
1979:141ff): Er vergleicht das vorgeplante muttersprachliche
Äußerungskonzept mit den ihm in der FS zur Verfügung stehenden
Mitteln und versucht, es möglichst adäquat umzusetzen. Der Um-
setzungsvorgang gestaltet sich für ihn vor allem deshalb schwie-
rig, weil 'muttersprachliche' Gedankengänge bekanntermaßen komplex
sein können.

Die Fähigkeiten, die der FS-Lerner zunehmend ausbilden sollte,
werden hier im Bereich der inneren Umkodierungsstrategien gesehen und beziehen sich auf

(1) die Um-Ordnung der gedanklichen Konzipierung der Äußerung
    und

(2) die Inventarisierung der zur Verfügung stehenden fremd-
    sprachlichen Möglichkeiten
    mit dem langfristigen Ziel

(3) der schrittweisen Einbeziehung der Fremdsprache nicht nur
    bei der innersprachlichen semantisch-grammatischen Realisie-
    rung, sondern bereits der gedanklichen Konzipierung der Äus-
    serung.

Daß sich dahinter mehr verbirgt als die globale Maxime, mit
minimalen Mitteln ein Optimum an fremdsprachlicher Ausdrucksfä-
higkeit zu erzielen, wird deutlich, wenn wir uns vor Augen führen, unter welchen Voraussetzungen allein (1), also die Reorganisation der gedanklichen Konzipierung einer Äußerung, erst möglich wird.

Dieser Vorgang verlangt eine hinreichende Aufklärung der FS-Lerner darüber, nach welchen Kriterien er durchgeführt werden soll.
Dem Lerner muß sich die Frage stellen, in welche Richtung die
Reorganisation verlaufen soll. Vor dem Hintergrund der von uns
in Kap. 1.2 und 1.3 dargestellten Sprachkonzeption wird deutlich, daß diese Kriterien aus den fremdkulturellen Bedeutungen
abgeleitet werden müssen.

Die vorgenommene Explikation des Bedeutungsbegriffs zeigt, daß
bereits die Forderung, elementare Umkodierungsstrategien zu erwerben, bis in den Bereich der Herausbildung der Sprechintention
hineinreicht: So ist z.B. auch die beste Reorganisation der gedanklichen Konzipierung einer Äußerung, die sich aus einer
Sprechintention des 'Sich-Bedanken-Wollens' entwickelt hat,
schon in dem Moment sinnlos, wenn aufgrund von Interaktions-
und Kommunikationsregularitäten der Zielsprachenkultur ein
'Sich-Bedanken' - in welcher sprachlichen Form auch immer -
nicht erwartet, als unangemessen betrachtet oder gar als schwerer Regelverstoß aufgefaßt wird.

"Ein Schüler, der eine Fremdsprache lernt, hat eine bestimmte
Form sozialen Verhaltens, eine bestimmte Form des sozialen Verkehrs zwischen Menschen zu lernen. Er lernt eine Sprache in Aktion, eine Sprache in Handlung. Er muß lernen, die Sprache als
ein Instrument, ein Mittel der sozialen Kommunikation zu ge-
brauchen (...)." (Esser/Hellmich 1973:331)

Wir könnten es nicht besser sagen!

... huuuu das ist kein gutes Deutsch, aber es <u>wird</u>

(Deutschlehrerin im Unterricht)

2.2 Fallstudie: Deutscherwerb an einer deutschen Schule im Ausland am Beispiel Kairo

In diesem Kapitel wollen wir das Problem des Bedeutungserwerbs und der -vermittlung darstellen, wie es in der alltäglichen Unterrichtspraxis zu beobachten ist.

Die 'praktischen' Erfahrungen, auf denen die folgenden Ausführungen beruhen, konnten während eines sechsmonatigen Studienaufenthaltes in Kairo gesammelt werden.

2.2.1 Erkenntnisinteresse und Untersuchungsansatz

Für den FSU sind Untersuchungen notwendig, in denen nicht nur 'fehlerhafte' Schüleräußerungen quantifiziert, Fehlerpotentiale prognostiziert oder interimsprachliche Systeme als morpho-syntaktisches Regelwissen beschrieben werden, sondern in denen die sprachlichen und außersprachlichen Bedingungen der Erwerbssituation hinreichend berücksichtigt werden. Aus der Analyse der die Erwerbssituation bestimmenden Faktoren kann möglicherweise eine genauere Bestimmung dessen, was <u>tatsächlich</u> gelernt wird, erfolgen (wenn die Schüler Infragestell-Muster etwa nur in Übungssätzen verwenden oder ihnen idiosynkratisch getönte Bedeutungen von Wörtern vermittelt werden).

Jede ernst zu nehmende Untersuchung, die den Anspruch erheben will, Aussagen über den Fremdsprachenerwerbsprozeß unter Unterrichtsbedingungen zu machen, muß notwendigerweise auch Prozeßcharakter haben, d.h. Langzeitstudie sein. Von den Methoden, die im Langzeitansatz zur Verfügung stehen, präferieren wir jene des interpretativen Paradigmas der kommunikativ orientierten Sozialforschung. Sie können u.E. die interaktiven und kommunikativen Abläufe in Unterrichtssituationen besser erfassen als rein interaktionistische Ansätze und unterrichtstechnologische Analyse-

verfahren, denen andere erkenntnistheoretische Prämissen zugrunde liegen.
Aufschluß über die Faktoren, die Bedeutungserwerb und -vermittlung im FSU beeinflussen, kann mithilfe der interpretativen Methoden der Datenerhebung und -analyse deshalb gewonnen werden, weil über die Verfahren der teilnehmenden oder nichtteilnehmenden Beobachtung und verdeckten oder offenen Aufzeichnung durch technische Hilfsmittel (Tonband, Videorekorder) nicht nur das aktuelle Unterrichtsgeschehen zum Teil rekonstruierbar wird, sondern auch über die Anwendung mikroanalytischer Verfahren der Gesprächs-/Konversationsanalyse die Funktionen von Redebeiträgen im Prozeß der Verständigung und Verständnissicherung aufgedeckt werden können.

2.2.2 Darstellung des Erhebungsverfahrens

Das Erhebungsverfahren bestand in der Beobachtung und Protokollierung von Unterrichtsgeschehen im 'normalen' Schulalltag. Die Beobachtung erfolgte nichtteilnehmend, direkt (=nicht verdeckt). Der Unterricht wurde mithilfe eines Kassettenrekorders aufgezeichnet.
Eine Beobachtungseinheit umfaßt in der Regel nur eine Unterrichtsstunde, d.h. 35 - 40 Minuten. Die Beobachtung konnte meist nur unmittelbar vor bzw. gleichzeitig mit dem Eintritt der Lehrperson in den Klassenraum erfolgen - die Schule setzt ausdrücklich auf das (wohl überholte) pädagogische Theorem vom stündlichen Fächerwechsel, der zwar möglicherweise keine 'Langeweile', aber damit auch kein kohärentes Arbeiten aufkommen läßt -.
Beobachtet wurde jeweils vom vorderen Teil des Klassenraumes aus. Die am Unterricht Beteiligten wurden in groben Zügen über den Zweck der Beobachtungsreihen informiert. Über einen Zeitraum von ca. sechs Monaten wurden die Beobachtungen nach einem Plan durchgeführt. Wöchentlich wurde jeweils eine Stunde - zum gleichen Zeitpunkt - der Fächer Deutsch, Mathematik, Biologie und Physik beobachtet. Damit sollte für alle Beobachteten ein Ge-

wöhnungseffekt eintreten. Die Lehrer wurden gebeten, 'normalen'
Unterricht zu machen; in den Beobachtungsplan wurden jedoch vorzugsweise solche Stunden aufgenommen, in denen nicht mit stillem
Üben und Arbeiten zu rechnen war.
Die Tonbandaufzeichnungen wurden nach einem relativ einfachen
Verfahren transkribiert (orthographisch konventionelle Um-
schrift). Eine genaue Erläuterung der in die Transkripte aufgenommenen Daten sowie ein Verzeichnis der verwendeten Symbole
findet sich vor dem ersten transkribierten Text (S.185 d.A.).

2.2.3 Institutionelle und soziokulturelle Faktoren

Die Untersuchung wurde an der Deutschen Evangelischen Oberschule
Kairo, Ägypten, durchgeführt. Bei dieser Institution handelt es
sich um eine sog. deutsche Auslandsschule, im vorliegenden Fall
eine bilingual erziehende Privatschule unter kirchlicher Träger-
schaft (Deutsche Ev. Gemeinde Kairo). Die Schule finanziert sich
aus den von ihr erhobenen Schulgeldern (Schulgeldermäßigung bzw.
-befreiung wird unter bestimmten Voraussetzungen gewährt); weitere finanzielle und personelle Förderung erhält sie durch die
BRD über die Zentralstelle für das Auslandsschulwesen Köln.
ntgegen der Bezeichnung 'Oberschule' umfaßt die Deutsche Ev.
berschule (DEO) nicht nur die gymnasialen Bereiche der Sekundarstufen I und II, sondern auch einen Grundschulzweig und einen
Kindergarten (einschließlich Vorschule). Es werden jedoch - wie
übrigens an fast allen deutschen Auslandsschulen - Überlegungen
angestellt, die kostenintensiven Bereiche Kindergarten/Vorschule
und Primarstufe langsam abzubauen (die vorgeschobenen psychologischen und kulturellen Argumente versucht Ch. Toll (1977) als
sachlich falsch zurückzuweisen).
In diesem Zusammenhang muß der 'Modellversuch Neue Sekundarstufe I' gesehen werden, der in der DEO im Jahre 1977 angelaufen
ist, und zu dem die in unserem Fall beobachteten Klassen gehören. Neu an dieser Schulstufe ist, daß hier ägyptische Schüler,
und nur ägyptische Schüler, gemeinsam lernen, die vorher nicht

Kindergarten/Vorschule und Primarstufe an der DEO durchlaufen
haben, d.h. mit dem Eintritt in die 5. Klasse keine Deutsch-
kenntnisse besitzen. Die Einrichtung solcher Sekundarstufen ist
eine Entwicklung, die rein finanzielle Gründe hat und nicht, wie
häufig trotz besseren Wissens von administrativer Seite behauptet, eine soziale Angelegenheit. Das Scheinargument der 'sozialen Öffnung' wird schließlich auch durch das Verfahren entlarvt,
durch das die DEO jährlich aus ca. 300 Bewerbern für die Neue
Sekundarstufe (NSI) 30 herausfiltert. Bewerben kann sich für die
NSI nur, wer von einer der Regierungs- oder Privatschulen der
Bezirke Giza und Kairo vorgeschlagen wird. Das Vorschlagskrite-
rium soll dabei allein die schulische Leistung sein; Deutsch-
kenntnisse werden nicht vorausgesetzt. Das schulinterne Testver-
fahren der DEO besteht aus

(a) dem Grundintelligenztest CFT 2 von Cattel-Weiß;

(b) einer schriftlichen Prüfung in den Fächern Arabisch und
    Mathematik;

(c) einem 14tägigen Probeunterricht in den Fächern Deutsch, Ara-
    bisch und Mathematik (seit 1978).

Die DEO ist der Überzeugung, durch dieses kombinierte Testver-
fahren eine Benachteiligung der Kinder aus sozial schwächeren
Schichten, womit in der Regel die Bewerber auf den Vorschlags-
listen der Regierungsschulen - im Gegensatz zu den Privatschulen - gemeint sind, weitgehend ausgeschaltet werden kann. Insbesondere durch die Einbeziehung des Grundintelligenztests
glaubt man, ein Verfahren gefunden zu haben, "das nahezu unbe-
einflußt von sozialen, kulturellen, schulischen und milieuspe-
zifischen Komponenten ist" (DEO 1979:93), mithin "die objektive
Intelligenzmessung an einer Schülergruppe mit deutlichem Niveau-
gefälle" (DEO 1979:94) ermöglicht. So sind es denn auch nicht
die prinzipiellen Fragen der Testanwendung und seiner Ergebnisse als der Umstand, daß mittlerweile das Testdesign und die Lösungen in kopierter Form in Kairo kursieren und somit die erhoff-
te objektivierende Wirkung des Tests zunichte machen, die die
Schulleitung beunruhigen.

Bei der Konzipierung der NSI erscheint uns wichtig, daß die DEO

- zumindest formal - den Anspruch erhebt, auch den Schülern dieser Schulstufe prinzipiell den deutschen Reifeprüfungsabschluß
zu ermöglichen; eine Zusammenführung des NSI-Zweiges mit den Re-
gelklassen der Sekundarstufe II, in denen sich auch deutsche
Schüler befinden, ist in Kl. 10 geplant (vgl. Lipkow/Griesel/
Domsch 1981 zum Modell an der deutschen Schule in Helsinki).
Entsprechend dem Abkommen mit der ägyptischen Kultusadministra-
tion bereitet die DEO die ägyptischen Schüler auf die dem ägyptischen Schulsystem eigenen Schulstufenprüfungen vor. Das ägyptische Schulsystem ist im Gegensatz zum deutschen nicht drei-
gliedrig sondern linear, wobei folgende Schultypen unterschieden werden:
(1) Grundschule (ibtida'iyya: sechs Jahre; sie erfüllt die all-
        gemeine Schulpflicht);
(2) Mittelschule (ᶜadadiyya: drei Jahre; baut auf (1) auf);
(3) Oberschule (sanawiyya: drei Jahre; baut auf (2) und ermög-
        licht den Hochschulzugang).
In jeder Schulstufe werden punktuelle zentrale Prüfungen abge-
legt, die zum Besuch der jeweils nächsten Schulstufe berechti-
gen. Darüber hinaus finden in allen Schulstufen jährlich
schriftliche Versetzungsprüfungen statt. Das bilinguale Unterrichtsprogramm folgt den curricularen Richtlinien des ägyptischen Erziehungsministeriums und wurde in Anlehnung an die Lehr-
pläne der deutschen Bundesländer konzipiert und von der
deutschen Kultusministerkonferenz genehmigt.
Wir sollten erwähnen, daß die Bezeichnung 'bilingual' nur auf
das Unterrichtsprogramm für ägyptische Schüler bezogen werden
darf. Für die deutschsprachigen Schüler trifft diese Forderung
nicht zu - ganz im Gegenteil wehren sich Schüler und Eltern
selbst gegen das geringe Stundenkontingent, das in den Klassen
drei bis sieben für den Erwerb arabischer Sprachkenntnisse zur
Verfügung steht.
Das bilinguale Lehrprogramm in der NSI ist nach Fächern und
Stunden in den Klassen fünf bis acht wie folgt gegliedert:

Fach	Wochenstunden nach Klassen			
	5	6	7	8
Deutsch	20	18	10	8
Arabisch	8 (a)	8 (a)	7 (a)	7 (a)
Englisch	-	-	6	6
Civics	3 (a)	3 (a)	3 (a)	3 (a)
Religion (islamisch)	2 (a)	2 (a)	2 (a)	2 (a)
Mathematik	6 (a)	6 (a)	5	4
Naturw. Fächer	-	4 (a)	-	-
Biologie	-	-	2	3
Chemie	-	-	-	2
Physik	-	-	-	3
Musik	-	-	1	2
Kunst	-	-	2	-
Textilgestaltung/Werken	-	-	2	-
Sport	2	2	2	2
insgesamt:	19 (a) 41	23 (a) 43	12 (a) 42	12 (a) 42

(Anm.: (a) = in arabischer Sprache erteilter Unterricht)

Die Kriterien, nach denen die Stunden- und Fächerverteilung im einzelnen vorgenommen wird, werden im allgemeinen als 'pragmatisch' oder 'sich aus den Sachzwängen ableitend' bezeichnet. Die Überlegungen, die dann zu einer Entscheidung führen, sind etwa folgende:

(a) Wieviel Wochenstunden stehen nach Abzug des Nationalunterrichts noch als Unterrichtsszeit zur Verfügung?

(b) Welche Fächer sind neben denen des Nationalunterrichts (Arabisch, Civics, Religion) Gegenstand der Schulstufenprüfungen?

(c) Welcher Stoffumfang ist in diesen Fächern zu bewältigen?

(d) Wieviel Wochenstunden müssen zur Bewältigung dieses Stoffes veranschlagt werden?

(e) In welcher Sprache kann der Stoff vermittelt werden?

(f) Auf welche 'relevanten' Fächer des deutschen Fächerkanons kann das verbleibende Stundenkontingent verteilt werden?

Der Leistungsdruck, der durch die Reglementierungen des ägyptischen Erziehungsministeriums mit den vielfältigen Prüfungen auf die ägyptischen Schüler ausgeübt wird, kann auch durch die

'demokratische' Bildungs- und Erziehungsauffassung, die der
deutschen Pädagogik im Vergleich zur ägyptischen so gern nachge-
sagt wird, nicht aufgefangen werden, was seine Ursache nicht zuletzt im Selbstverständnis der deutschen Auslandsschule - und
das bedeutet in den meisten Fällen: im Selbstverständnis derer,
die dort pädagogisch tätig sind - hat. Zur Illustration einer
Form dieses Selbstverständnisses geben wir im folgenden die
"nicht gehaltene Abiturrede" des ehemaligen Leiters der DEO,
K. Alban (1979) wieder.

Eine nicht gehaltene Abiturrede

Meine Damen und Herren,
Liebe Abiturienten !

Zu den Worten des Schülervertreters möchte ich mit
einem Wort Churchills aus einer seiner berühmten Unter-
hausreden antworten : «I totally disagree with all you said,
but for the right to say it I will fight to the end.»

Jede Schule braucht Kritik, eine gute Schule verträgt
Kritik. An zwei Begriffen setzt diese an, ablehnend und for-
dernd : Leistungszwang und Chancengleichheit.

Lassen Sie mich am Beispiel des Sportes meine Meinung
zu der Ablehnung des Leistungszwanges und der Forderung
nach absoluter Chancengleichheit veranschaulichen.

Ist es mit dem Selbstverständnis einer modernen De-
mokratie zu vereinbaren, dass nur eine privilegierte Minder-
heit Leistungssport betreibt und zu Siegerehren gelangt ?
Die Frage stellen heisst, sie verneinen : Leistungssport im
Sinne überholter bürgerlicher Vorstellung ist undemokratisch
und deshalb gesellschaftspolitisch schädlich.

Die Tatsache, dass Läufer unterschiedlicher körperlicher
Verfassung, verschiedener sozialer Herkunft, die gleiche
Strecke zurücklegen müssen, ist in zweifacher Hinsicht unde-
mokratisch.

1. Den Läufern wird trotz ungleicher Voraussetzungen die
   Zurücklegung der gleichen Strecke in vergleichbaren
   Zeiten zugemutet. Das ist eine flagrante Verletzung des
   Rechtsgrundsatzes : Wer Ungleiche gleich behandelt,
   schafft Ungleichheit.

2. Das Laufen als Einzelkämpfer gegeneinander, statt kooperativ miteinander, steht im Widerspruch zum Postulat
egalitärer Vernunft, denn «die Bewertung der Einzellei-
stung als Grundlage einer Auszeichnung entspricht nicht
mehr unserer pluralististchen Industriegesellschaft, in der
weitgehend alle Arbeitsergebnisse Gruppenleistungen
sind.»

So wird also der Leistungssport entlarvt als ausgeklügelte
Repression sportlich unterprivilegierter Schichten in einer auf
die Produktion angepasster Sportsklaven ausgerichteten
Leistungs - und Wettbewerbsgesellschaft.

Künftig wird man also die Gleichheit der Chancen dadurch herstellen müssen, dass man den körperlich stärkeren
Läufer mit Ausgleichsgewichten belastet oder dem schnelleren
Läufer eine längere Strecke, dem langsameren eine kürzere in
numerischer Grösse zuteilt.

Als Krönung eines wahrhaft sozialen Sportbetriebs sollte
man diese Startchancen-Gleichheit noch erweitern durch ein
harmonisiertes Verbundsystem umfassender Längsschnitt-
Gleichheit und permanenter Durchlässigkeit.

1. Der Lauf muss nach dem Start gemäss dem Prinzip frei-
heitlich demokratischer Entscheidungsmöglichkeit jederzeit abgebrochen werden können. Ueber die zurückgelegte
Strecke und die benötigte Zeit wird ein Diplom im Sinne
differenzierter Abschlüsse ausgestellt.
2. Im Einklang mit den gesellschaftspolitischen Notwendigkeiten laufen die Sportler im Kollektiv und gehen gemeinsam durchs Ziel.
3. Um das Niveau zu heben, müssen die Ansprüche gesenkt
werden.

Meine Damen und Herren, die Absurdität solcher
Gedanken ist im Bereich des Sportes unmittelbar einsichtig,
im Bereich der Bildung aber glaubt man, sie ungestraft — das
heisst ohne negative Folgen — verwirklichen zu können.

Diesen Utopien von Leistung und Chancengleichheit
möchte ich einige Thesen entgegenstellen, von deren Richtig-
keit im Individualbereich und im Bereich der Gesellschaft ich
überzeugt bin.

1. Leistung ist an sich nicht inhuman, vor allem dann nicht,
wenn sie aus freier Entscheidung erbracht wird.
2. Leistung ist nötig für das Glück des einzelnen, sie ist
nicht repressiv, sondern eine Quelle der Lust.

3. Die Ideologie der Gleichheit entspringt aus Neid und Ressentiment, aus einer Allergie gegen Qualität, ihre Realisierung führt zur Mittelmässigkeit.

4 Die Wissenschaft ist nur insofern egalitär, als sie keine privilegierten Wahrheiten kennt.

5. Der Fortschritt der Erkenntnis und der wissenschaftliche Rang einer Institution oder eines Landes hängen von einer verhältnismässig geringen Anzahl produktiver Köpfe ab, die in der Lage sind, neue Ideen zu entwickeln und zur fachlichen Diskussion zu stellen.

6. Wissenschaft und Kunst tragen unbestreitbar elitäre Züge. Wer das verhindern will, beeinträchtigt den Fortschritt und begünstigt die Nivellierung.

7. Teamarbeit im Bereich der Wissenschaft ist erst dann sinnvoll, wenn jedes Mitglied seine Qualifikation durch individuelle Leistung nachgewiesen hat.

Elitäre Bildung und die Forderung nach hohen Leistungen im Bereich der Wissenschaft sind also nicht gesellschaftsfeindlich, sie sind vielmehr die Voraussetzungen für die Entwicklung der Gesellschaft überhaupt.

Für ein Land, dessen Anbaufläche begrenzt ist, in dem täglich 3600 Kinder geboren werden, ist sie nicht nur eine Frage der Entwicklung, sondern des Ueberlebens.

Deshalb sollten wir den Mut haben, uns als Schule zu dem Ziel zu bekennen, eine Leistungselite heranzubilden, die in alle Bereichen des öffentlichen Lebens, in Wissenschaft und Kunst, in Wirtschaft und Politik, dem Fortschritt der Nation zu dienen in der Lage sein wird.

2.2.4 Texte und Interpretationen

Wir greifen aus jedem der folgenden Transkriptionstexte verschiedener Unterrichtsstunden exemplarisch einige Episoden heraus, die u.E. gut die Problematik der Vermittlung und des Erwerbs von Bedeutungen illustrieren.
(Die eingeklammerten Ziffern () verweisen auf die Zeilennumerierung der Transkripte.)

2.2.4.1 Text 1

In dieser Deutschstunde werden schriftlich angefertigte Hausaufgaben zum Thema 'Wahrzeichen und Sehenswürdigkeiten der österreichischen Hauptstadt Wien: Heurigenschänke, Kaffeehaus, Prater' besprochen.

... ich war noch nicht in Wien

Das Problem dieser Episode besteht in der Herausarbeitung des Unterschieds zwischen den Wörtern "Heurigenlokal" und "Heurigenschänke" (6-8). Die Schwierigkeiten liegen dabei darin, daß
- die Lehrerin in Anlehnung an die Frageformulierung im Lehrbuchtext einen Unterschied unterstellt (11f) und später selbst konstatiert (30,32), wodurch sie bei den Schülern ein entsprechendes Suchverhalten auslöst, sowie darin, daß
- sie diesen Unterschied über eine Auflösung der Nominalkomposita und deren Reduktion auf die Grundwörter "Lokal" und "Schänke" zu verdeutlichen sucht (11,15ff,28ff).
Mit ihrem Verweis auf die Ähnlichkeit von Lokal und "Restaurant" (28) und die unkritische Übernahme der Schülerbeiträge "Bar" (41), "Kneipe" (46) zur Erklärung von Schänke unterstellt die Lehrerin eine interkulturelle Gültigkeit der zwischen den Begriffen herrschenden Beziehungen. Darüber hinaus versucht sie, Unterschiede zwischen den Begriffen an Unterschieden zwischen den Objekten festzumachen, ohne zu berücksichtigen, daß sich

in diesen Begriffen <u>unterschiedliche Aspekte</u> des gleichen Objekts manifestieren. Auch die Möglichkeit, daß es sich bei den
Bezeichnungen Lokal und Schänke um geographisch bedingte Sprachvarianten handelt, wird offensichtlich nicht in Betracht gezogen. Gänzlich mißlungen ist der Exkurs in die Etymologie des
Begriffs 'Schänke' (47-53), den sie so in Zusammenhang mit den
für eine Schänke gerade nicht charakteristischen Formen der Wa-
renzirkulation des Weggebens/Schenkens - im Gegensatz zu der des
Kaufens - stellt. Dabei fällt auf, daß eine ähnlich enge idiosynkratische Bindung wie zwischen 'Schänke' und 'schenken' für
'Lokal' und 'Ort' offenbar nicht vorliegt. Wie ist es sonst zu
erklären, daß die Lehrerin, die mit phonologischen Abweichungen
von FS-Lernern vertraut sein und daher auch bei phonologischen
Verzerrungen Sinnzuschreibungen vornehmen können sollte, "Art"
(80ff) erst über die Intervention eines anderen Schülers durch
"Platz" (85) in "Ort" (87) überführen kann.
Das Eingeständnis der Lehrerin, nur über mangelhaftes Situa-
tions- und Kontextwissen hinsichtlich der Unterscheidung zwischen "Heurigenschänke" und "Heurigenlokal" zu verfügen (69-73),
macht letztlich auch deutlich, warum die Lehrerin bei ihrem
Versuch, den Unterschied zwischen beiden zu erklären, auf die
Grundformen 'Lokal' und 'Schänke' ausweicht: Für eine solche
Erklärung hält sie ihr Alltagswissen, das notwendigerweise
stereotyp und idiosynkratisch getönt ist, bereit.

... ganz allgemein ein normaler Garten

Die Episode behandelt das Problem der Normalität und Typikali-
tät.
Die Lehrerin unterstellt, daß die Schüler wissen, "wasn Garten
ist" (186f) und gleichzeitig, daß es - wiederum interkulturell -
allgemeine Merkmale gibt, die einen Garten als "normal" (193f)
ausweisen. Diese allgemeinen Merkmale definiert die Lehrerin
z.T. durch idiosynkratische Gegenstandsrelationen wie "Obst und
Gemüse" (207), die selbst von der 'Normalität' in der Zielsprachenkultur entfernt sind, z.T. durch die kulturneutralen Ober-

begriffe des 'Pflanzens' und 'Wachsens' (207f) und im speziellen
Fall des "Weingartens" durch "Stück Land" (231).

> F: Ganz richtig, okay. Was ist mit dem Garten?
> K: Okay, das sollte wirklich
> F: Blumen oder Gemüse
> K: Wir müssen uns mit dem Zeug beschäftigen, um das es bei diesen Höfen
>   geht, weil das bei Leuten englischer Abkunft ein semantisches Problem
>   ist; besonders hier in Kanada zum Beispiel den Staaten gegenüber. Es
>   ist Tatsache, daß sich die Leute häufig auf ihre Höfe als ihre Gärten
>   beziehen.
> F: Hm, richtig.
> K: Das war eine wirkliche Zweideutigkeit bei allen Interviews. Natürlich
>   nicht bei jedem einzelnen, aber es gab eine Menge Fälle, bei denen
>   nicht klar war, wo sie angegeben haben, was sie meinten.
> F: Ob sie einen Blumengarten oder einen Gemüsegarten meinten oder eben
>   eine allgemeine Kategorie, die sich auf das Ganze bezieht.
> K: Richtig
> F: Hof- oder Rasenprobleme!
> K: weil man auf Leute stößt, die angeben, daß sie einen Garten haben,
>   und die dann sagen, daß sie ah ihre Kinder in ihm spielen und sie
>   abends in ihm sitzen. Jetzt konnte ich ermitteln, daß das kein Ge-
>   müsegarten war.
> F: Hm
> K: Aber so recht oft gab es da keine solchen Hinweise, auch wenn ich
>   eine Ahnung hatte. In solchem Fall habe ich es so kodiert, wie es
>   angegeben wurde, eben als Garten.

> Beispiel für die Behandlung des gleichen Gegenstandes in
> einer anderen Situation: Forscher und Kodierer in einer
> Diskussion über Kodierungsprobleme

> (aus: Katz/Sharrok 1979:259f,262f)

                              ... Trommeln auch nicht

Auch diese Episode handelt von der Festlegung des 'Normalen',
diesmal in seiner Eigenschaft als 'Richtiges': In einem Heurigenlokal kann man "eigentlich" Musik erwarten, nämlich "Schram-
melmusik" (274ff), und diese ist "ganz richtig", wenn die In-
strumentierung stimmt.
Eine neue Variante fremdkultureller Bedeutungsvermittlung zeigt
sich in Form der Stereotypisierung "die Österreicher" und Pau-
schalierung dieses Stereotyps "die Europäer" (293f). Gleichzeitig wird der Eindruck erweckt, die Referenz von "Trommel"
sei fraglos in Ausgangs- und Zielsprachenkultur identisch. Dadurch, daß Unterschiede in den Sinnzuschreibungen nicht thematisiert werden, besteht die Möglichkeit, daß die Schüler in den

Begriff 'Trommel' ihre kulturspezifischen Vorstellungen und Bedeutungen aufnehmen.

Which bird is the most typical?

(aus: Clark/Clark 1977:465)

185

Transkriptionserläuterungen

L	Lehrperson
abgek. Name	Schüler/in (identifiziert)
S (SS)	ein (mehrere) Schüler (nicht identifiziert)
[..]	Textauslassung; ggf. Skizzierung des Inhalts
( )	Übersetzung ägyptisch-arabischer Äußerungen
(( ))	Erläuterungen und Nonverbalia, bezogen auf ein Wort;
((( )))	Erläuterungen und Nonverbalia, bezogen auf eine Äußerungssequenz
(? ?)	nicht eindeutig identifizierbare Äußerung
yyy(y)	- " -: Phonem/Morphemebene
yyy/y	- " -: mögliche Alternative
yyy	starke Betonung
y̲y̲y̲	starke Dehnung/morphemakzentuierende Artikulation
(.)	kurze Sprechpause
(..)	mittlere Sprechpause
(...)	lange Sprechpause
↗ ↘	auffälliges Heben/Senken der Stimme
(?)	Frageintonation
yyy-	Wortabbruch
yyy yyy	Unterbrechung durch anderen Sprecher oder unmittelbarer Anschluß
[yyy yyy yyy	gleichzeitiges Sprechen
ddd	unverständliche Äußerung in deutscher Sprache
äää	ägyptisch-arabischer Sprache
dädäd/ädädä	beiden Sprachen mit jeweiliger Dominanz
xxx/XXX	'kommunikative Unruhe' unterschiedlicher Intensität mit unterschiedlichen Sprachanteilen
yyy-eh	Verzögerungssignal, unmittelbar ohne Stimmabsatz angeschlossen
yyy eh	- " - mit Stimmabsatz angeschlossen

Sprechsprachliche Charakteristika sind durch Abweichungen von der Standardorthographie verzeichnet, z.B.

schreibn statt schreiben,
maln statt mal ein,
mach ichn statt mache ich denn,
kannich statt kann ich etc.

Übersicht über die Abkürzungen der Schülernamen

Die Namen der beobachteten Schüler/innen wurden verändert; für die Namen der Lehrpersonen wird NN verwendet. Die nachfolgende Übersicht stellt gleichzeitig die Sitzanordnung im Deutschunterricht dar.

Muhga Mg ♀	Amira Am ♀	Manal Mn ♀		Ranya R ♀	May M ♀
Nuhād Nh ♀	ᶜAlya A ♀	ᶜAbd el-Ruṣāṣ AR ♂	Walīd W	Hassan el-Dīb HD ♂	Ādam Ad ♂
ᶜAbla Ab ♀	Randa Rd ♀	ᶜEmād E ♂	Ibrahīm I	Yūsif Y ♂	Hassan H. HH ♂
Ahmed A. AA ♂	Mahmud Ma ♂	Munīb Mb ♂	Wāli Wl	Nāgi N ♂	Salāh Sa ♂

L

Transkription 1

Fach: Deutsch
Thema: Wahrzeichen und Sehenswürdigkeiten der österreichischen
      Hauptstadt Wien: Heurigenschänke, Kaffeehaus, Prater
      (Besprechung der schriftlich angefertigten Hausaufgaben;
      vorausgegangen ist in der gleichen Stunde eine kurze Dis-
      kussion darüber, wann und wo ein vom österreichischen
      Kulturinstitut ausgeliehener Film in der Schule gezeigt
      werden kann).
Lerner: 9 weibl., 14 männl.; 8. Klasse (Alter $\pm$ 14 Jahre); seit
      vier Jahren Deutschunterricht
Lehrperson: weiblich
Zeit: 2. Schulstunde, 8.20 - 9.05 h

1 L /.../ also (.) Frage heißt⁷ (.) damit (.) Frau Herlemann Bescheid

2   weiß

3 S Frau NN

4 L Frau NN heißt die Frage

5 ⌈S nein ddd

6 ⌊AA   eh ist der Heurigenlokal (.) eh der

7 ⌊L   das Lokal

8 AA eh das Heurigenlokal (.) der Heurigen eh schänken (?) (...)

9 L ja ((zögend)) (.) (((öffnet Tafel))) ⁷schreibn wir gleich maln paar

10   Wörter an die ihr euch am besten gleich mitaufschreibt (...) da gibt

11   es also ⁷das Heurigen (.) (((schreibt an Tafel))) lokal das Lokal

12   (.) und dann gibt es ⁷die (.) Heurigen (.) schänke (.) und jetzt ist

13   deine Frage Ahmed (.) wie war das (?) ⁷ist

14 AA i- eh sind die eh zwei gleischen oder was (?)

15 L ist ein Heurigenlokal eine Heurigenschänke (...) was ist ein Lokal

16   (?) (.) (((schnell))) das ist wahrscheinlich neu für euch (.) man

17   sacht auf Deutsch ich gehe mal in ein Lokal (.) was mach ichn da (?)

18 AA ich kaufe etwas

19 L bitte (?)

20 AA ich kaufe etwas

21 L ich kaufe etwas und (?nun?) was kaufe ich mir da (?) (.) ist das ein

22   Supermarkt (?)

23 AA Wein

24 SS ddd

25 L in einem Lokal kann ich Wein kaufen (((imitiert Trinkbewegung))) zum

```
26  L    Trinken da kannich/
27  SS   ddd
28  L    das ist so ähnlich wie ein Restaurant (.) ein Lokal (.) das Lokal (.)
29       (((schreibt an Tafel))) das Restaurant (..) und /jetzt (..) was ist
30       (..) /die Schänke
31  S    ddd
32  L    dasn bißchen was anderes (...)
33  HD   (((meldet sich)))
34  L    /bitte
35  HD   ich glaub daßs nur ein Platz für eh Wein trinken
36  L    /für
37  HD   Wein trinken
38  L    ja/
39  S    (?und?) verkaufen
40 ⌐L    bitte/
41 ⌐W    wie ein Bar
42 ⌐L    wie eine Bar die Bar
43 ⌐W              eine Bar
44  L    ja /bitte
45  Ad   ich glaube da kann man Wein und Alkohol und Whiskey und Bier trinken
46       sowas ähnliches wie eine Kneipe
47  L    ja (.) da steckt ein Verb drin und das heißt ausschenken (..) dies
48       ausschenken hängt natürlich mit schenken ich gebe dir ein Geschenk
49       usw. zusammen da wird also etwas weggegeben (((Gebegeste mit beiden
50       Händen))) (.) und in einer Schänke ihr habt ganz recht (.) da wird
51       Wein ausgeschenkt (.) aber es gibt es gibt eine Weinschänke es gibt
52       aber z.B. in München auch Bierschränken (.) (((Gießgeste))) wo Bier
53       ausgeschenkt weggegeben wird (.) ja (..) also jetzt Achmets Frage
54       (.) Heurigenlokal und Heurigenschänke ist das dasselbe (?) (...)
55       was sagt ihr (?) Achmet was sagst du denn (?) (...)
56  AA   ich sage die zwei sind gleich (..)
57  HH   isch glaube in einn Lokal man-eh man kauft eine Flasche eine ganze
58 ⌐     Flasche (((unterstreichende Geste))) aber in einem Schänkel man-eh
59 |L                                                                     in
60 |     einer Schänke
61 ⌐HH      man in einem Schänkel man nur e-ein Glas-eh Wein oder
```

```
62  Sa  vielleicht in einem Lokal kan man auch etwas Kaltes bestellen oder
63      e-essen (?) (?beim Trinken?) (((Husten)))
64  L   jaha (..)
65  Ad  ich glaube in einem Lokal es ist dort ähnlich wie ein Restaurant (.)
66      man man ißt bestimmt etwas man bekommt etwas zu essen und natürlich
67      trinkt man Wein dazu (.) aber in einer Schänke bestellt man viel-
68      leicht nur Wein ddd
69  L   mh nun bin ich noch nicht dagewesen (.) ich war noch nicht in Wien
70      (.) ich /glaube also daß man in einem Heurigenlokal oder Heurigen-
71      schänke das ist hier (.) dasselbe (.) sonst habt ihr recht Schänke
72      ist mehr auf (.) /Alkoholausschank (..) eh ab- abgestellt da gibt es
73      mehr zu trinken als zu essen aber hier ist es dasselbe (..) o.k. so
74      nu mal los (.) die Aufgabe war was solltet ihr nun
75  AA                                           eins zwei drei
76  L                                                          (?an-
77      gegeben?) (((nimmt Buch zur Hand))) eins zwei drei (.) /was ihr soll-
78      tet erklären was ein Heurigenlokal ist was man da so machen kann (..)
79      Achmet/
80  AA  (((liest aus Heft vor))) das Heurigenlokal ist ein Art manchmal sehr
81 ┌    klein (.) wo die
82 └L        ist ein was (?)
83  AA  Art
84  L   Art
85  AA  Platz
86  L   ist ein Platz ein
87  S                    Ort
88  L                    Loka- Ort ja oder ist ein Lokal (.) ist ein Lo-
89      kal manchmal sehr kleines das Lokal
90  AA  (((liest aus Heft vor))) ist ein Lokal manchmal sehr kleines wo die
91      eh wo eh vielen Weinba- bauern die neuen Wein verkaufen/ (.) man
92      kann dort Wein trinken oder manchmal etwas Kaltes z.B./ (.) Fleisch-
93      wurst und Käse/
94  L   da fehlt was (((Zeigegeste auf AA))) (.) Fleischwurst und Käse/ (..)
95      was kann man denn damit an die Decke werfen oder
96  S                                                   essen
97  L                                                   Fußballspielen
```

```
 98  L    damit oder was (?)
 99  Sa   bestellen
100  L    bestellen oder↗
101 ┌HD   ddd essen
102 └L        essen (.) ja
103  HD              bestellen
104  L                    das macht ihr öfter daß ihr dann (.) das
105       Verb vergeßt (.) ja↗
106  AA   (((liest aus Heft vor, schaut dann zu L))) und einige Leute haben
107       ihr Essen mitgebracht
108  L    ↗gut (.) ↗nochmal ddd Abla
109  Ab   (((liest aus Heft vor))) ddd es gibt auch (?Hecke?) Busche wenn man
110 ┌     sie sieht weiß
111 └L    es gibt auch ↗was
112  Ab   (?Hecke?)
113  L    ja↗
114  Ab   von grünen Buschen↙ (.) wenn man sie sehen
115  L                                  ↗sieht (.) wenn man sie
116       ↗sieht
117  Ab   wenn man sie ↗sieht (.) weiß man daß das Haus ein (.) Heurige- Heu-
118       rigenschänke ist↙
119  L    eine Heurigenschänke die Schänke (.) ja↗
120 ┌Ab   (((leise))) eine Schänke
121 └L    ja wie ↗ist denn das jetzt mit den Buschen (?) (..) das war etwas
122       merkwürdig ausgedrückt ich ↗glaube sie meint das ganz (?gut?) Abla
123       wie ist das mit den Buschen (?)
124  Ab   das ist ein (.) Baum oder
125  L                       (((schreibt an Tafel))) der Buschen (...)
126       was ist das (?) (...) da ist ein ↗Bild in eurem Buch (.) kann man
127       hinkuckn was ist ein Buschen
128  S₁   ein ein Baum ein kleiner Baum
129 ┌?L   ein Baum
130 │SS   (((Lachen)))
131 └S₂   la' (nein) (?mis/nischt?) (nicht) Baum (..)
132  S₃   viele kleine Bäume (.) eh die innen-eh Häusern liegen
133  L    Häusern liegen
```

134 S$_3$ (((mit Händen Kreis andeutend))) nein ddd Häusern liegen (?vorn?)

135 Büschen

136 L aha du meinst also hier habe ich meine Schänke (((zeichnet an Ta-

137 fel))) und rundrum

138 S$_3$ ja

139 L   ist ein Garten und da sind viele (.) Büsche und

140 Bäume (..) ↗das ↗Ganze ist die Schänke (.) aber jetzt was ist der

141 Buschen (?)

142 S ein-eh Kr- eh ein Kranz-eh aus grünen-eh Zweigen

143 L ein was (?) ein↗

144 ⌈S eine(n) Kranz aus

145 ⌊L   ein Kranz es ist ein Kranz der Kranz aus (.) ↗grünen

146 Zweigen (.) ja↗ ((räuspert sich)) und wenman hört ein der Kranz↗

147 (.) ich meine wie sieht ein Kranz aus (?) (.) ist er sooo spitz

148 (((führt Arme und Hände zu einer Spitze über den Kopf zusammen)))

149 (?) (.) oder ist ein Kranz ich weiß gar nicht wie er sonst noch

150 ⌈ sein kann (.) Adam

151 ⌊Ad   (d)er ist rund

152 L ja (.) er ist rund (.) ein ↗Kranz ist immer rund ↗jetzt könnter in

153 den ddd ich weiß nicht in Maadi (Stadtteil Kairos) oder woanders

154 auch in Blumengeschäften etwas sehn die machen etwas für Ausländer

155 was machen die jetzt (?) (...) einen↗ Adventskranz (.) ja↗ (.) das

156 ist auch ein Kranz (.) und die ↗Christen (..) die europäischen die

157 also evangelisch oder katholisch oder irgendwas anderes sind (.)

158 die ↗feiern die (.) bereiten sich jetzt vor auf Weihnachten

159 HH   wi-

160 L   und

161 bitte↗

162 HH wir haben einen Kranz hier in der Schule de-eh

163 SS   ddd

164 L ja und der hängt (..) und zwar hängt der so an der Wand (.) meistens

165 hängt der also sooo waagerecht ⌊...⌋

 ⌊Nach einem Exkurs über Friedhofskränze stellt L fest, daß der Buschen am Eingang das Erkennungszeichen für eine Heurigenschänke
 ist.⌋

166 L ⌊...⌋ wer Bescheid weiß (.) der weiß jetzt der sieht den Buschen und

167 dann kanner sagn↗ (.) Alya↗

```
168  A    (((leise, senkt nach Blickkontakt den Kopf))) eh daß dieses Haus eh
169       ehn eine Schänke (?eine?) Heurigenschänke
170  L    Heurigenschänke (.) ist /...7
          /L beschreibt Lage und Ausstattung einer Heurigenschänke.7
171  L    /...7 und wenn man also jetzt hier hineingeht (?) (.) was ist dann
172       los was kanman dann machen (?) (...)
173  SS   (((Gemurmel)))
174  L    diese Gruppe (((auf eine Schülerreihe deutend))) was kann man machen
175       (?) (...) mh⁊
176  AA   eh in der (.) der Heurigenlokal⁊
177  L    ⁊mh
178  AA   können wir eh könn man-eh viel essen und-eh Kaltes eh Kaltes trin-
179       ken⁊ und-eh (.)
180  L    ⁊mh
181  AA   man kan dort-eh Wein trinken ein-eh ein guten ⁊Wein
182  L                                              einen guten
183       ⁊Wein
184  AA   einen guten ⁊Wein (.) und-eh man kann auch-eh ⁊Fleisch und ⁊Wurst
185       essen⁊ /...7
          /L. erklärt nochmals die Funktion des Buschen. Danach liest eine
          Schülerin ihren Hausaufgabentext vor; sie hat das Wort 'Weingar-
          ten' verwendet. L möchte dieses Wort erklären.7
186  L    /...7 wer kann mir mal sagn was ein (((hält den Kopf schräg))) ihr
187       ⁊wißt wasn Garten ist⁊ (.)
188  SS   ja
189  L    was eh wenn ihr in einen ⁊Garten geht was findet ihr dort (?) (...)
190       Nuhad⁊
191  Nh   (((aufzählende Geste))) Bäume und vielleicht auch noch eh Kinder-
192       spiele und eh Tische und-eh
193  L                                nein aber ⁊ganz allgemein ein normaler
194       Garten jetzt nicht
195  Nh                        mit viele Bäume
196  L    wenn ddd dir was sagt ich habe einen ⁊schönen Garten da gehst du
197       rein was siehst du dort
198 ⌐Nh   eh es ddd daß es eh viele viele Bäume drin und eh Blumen
199 ⌐W                                                    Blumen
```

```
200  L    ja
201  Nh   eh (.) wo Gras (.)
202  L    ja und ⁊bitte
203 ⌐ Nh  alles grün Weingarten ist (?wenn?)
204 ∟ L                    Augnblick mal (.) und da gibts also viel-
205       leicht auch noch
206  HH               Opst
207  L    Obst und Gemüse (.) ein Garten ist wo also (.) etwas wo die Menschen
208       etwas gepflanzt haben und wos dann wächst (.) so (.) (?jetzn?) biß-
209       chen was zum Weingarten (...) bitte⁊
210  S    dort-eh wächst-eh (.) Wein
211  SS   (((Lachen)))
212  S    ⁊nein-eh
213  L    ja (.) bitte⁊
214 ⌐ W               im Weingarten
215 ∟ L                    das ist sogar richtiges Deutsch (.) so sagen die
216       obwohl es nicht ganz (.) eh nicht ganz richtig klingt (.) bitte
217  Sa   da-eh da wächst-eh eh Frechte die werden-eh ausge- diese Frechte
218       Wein (..)
219  L    aus und aus den Früchten macht man Wein (.) bitte⁊
220  HH   dort-eh dort ißt man-eh Kir- Kirschen und-eh (..)
221 ⌐ SS  Erdbeern
222 │              Weintraubn
223 │                    Trauben
224 │                       Wein
225 ∟ HH                    Wein-eh Wein-eh Weintrauben
226  L    gut also in der Weingar-
227  HH                    und und aus Kirschen macht man das Wein (.)
228  L    den Wein
229  HH   den Wein
230  L    und aus den ⁊Weintrauben (.) gut (.) ein Weingarten ⁊ist ja ⁊ist al-
231       so ein Garten d.h. also ist ein Stück ⁊Land wolln wir mal sagen (.)
232       in ⁊dem (.) so (.) ja Weintrauben an (.) so Büschen ihr wißt wie das
233       aussieht (.) wachsen (.)
234 ⌐ S   wachsen
235 ∟ SS      ddd
```

236 L   und wie ↗macht man dann Wein (?) habt ihr schon mal was gehört da-

237   von (?) (...)

238 W   Wein zum Trinken oder Wein

239 L   Wein zum Trinken (..)

240 S   (((Husten)))

241 HD   ddd Weintrauben

242 L   da hängen Weintrauben ihr wißt so so viele kleine ↗Trauben (.) in

243   som Dings was so ne Dreiecksform hat mehr oder weniger (.) bitte↗

244 ⌈ W man nimmt den Wein eh die Wein eh körnchen und
    ⌊
245 ⌊ L   die Weintrauben und

246 W   Trauben-eh man-eh man macht eh sie w- wie Saft.

247 L   ja

248 W   und dann-eh nimmt sie vielleicht in-eh (..)

249 L   zusammen

250 W   in ein in ein(e) Temperatur (..)

251 L   und dann dann muß da etwas passieren (?denn?) der Saft muß (.) muß

252   Alkohol bekommen ⌊..⌉

         ⌊L erläutert den Unterschied zwischen Wein als Pflanze und als Ge-
         tränk. Danach geht es um die Innenausstattung des Heurigenlokals.⌉

253 L   ⌊...⌉ was sieht man (?)

254 SS   xdxdx

255 L   da stand eben (((deutet auf Tafel))) Amira hat das ja schon gesagt

256   (.) bitte↗

257 S   Tische und Stühle

258 L   ja (.) oder vielleicht auch Bänke ich weiß nicht genau ⌊..⌉ und

259   was kann man dort (.) genießen genießen heißt essen und trinken

260   (((Trinkgeste))) (...)

261 S   man kann Wein eh und Bier trinken und eh

262 L   wer wird da Bier trinken (?)

263   (..)

264 SS   Wein

265   Bier

266 ⌈   Wein
    ⌊
267 ⌊ L   in einer (..) in einem Heurigen (.) lokal╱ (.) ↗was trinkt

268   man da

269 S   ↗Wein

```
270  L   ja (.) bitte
271  S   eh und man kann auch etwas-eh Kaltes-eh ⁊essen eh Fleisch ehm oder
272      Käse oder Wurst
273  L   ⁊ja (..) ⁊und wenn man also nacher reinkommt was sieht man da so (?)
274      (...) dann ist (?noch/doch?) die Musik da hat Amira gesagt⁊ die ge-
275      hört eigentlich dazu (.) die macht⁊ bitte
276  S   man hört eh (.) Schrammelmusik
277  L   ja (.) ⁊und Schrammelmusik wenn die ganz ⁊richtig ist (.) ⁊welche
278      Instrumente gehören dazu↙
279  S   (((leise))) ddd
280  L   welche Musikinstrumente (..)
281 ┌S   (((leise))) ddd
282 └L   (((mimt Flötenspiel))) nimmt man eine Flöte und sagt ich mache
283      jetzt mal Schrammelmusik (.) (...) Abla
284  Ab  nein man kann Radio hören
285  S   Trommel(n)
286  SS  (((Lachen)))
287  L   nein (.) man nimmt kein Radio (.) (?furchtbar?) Amira
288  Am  Trommel(n) ein Trommel ddd
289  L                              bitte⁊
290  Am  eine(n) Trommel
291  L   Trommeln auch nicht
292 ┌S   Ziehharmonika
293 └L        die die Österreicher die Europäer mögen Trommeln nicht sooo
294      gern (.) bitte
295  S   ⁊Geige
296  L   Geige (.) wieviel Geigen sind da (?) wer weiß denn das (?)
297  SS  ddd
298          zwei↙
299 ┌       äää
300 └L          ⁊Schrammeln (.)
301  HD  ddd
302  L   bitte⁊
303  HD  eh Ziehharmonika
304  L   eine (.) und⁊ (...) bitte
305  S   ddd
```

306 L   eine Gitarre (((mimt Gitarrenspiel))) (.) also zwei Geigen ddd

307   (((lacht))) eine Gitarre ⁊und Ziehharmonika ⁊keine Trommel ⁊keine

308   Flöte ⌐..⌐

        ⌐L erläutert, daß bei Musikbegleitung mit Preisaufschlägen zu
        rechnen ist, ggf. wird Schrammelmusik von nur einem Musiker ge-
        spielt, und zwar dem Gitarristen.⌐

309 L   ⌐..⌐ was muß der dann noch ⁊tun (...) bitte

310 S   eh

311 ⌐SS (((Husten, Gemurmel)))

312 ⌐S   singen

313 L   ja (.) bitte⁊

314 S   (((murmelnd))) (?ich glaube er?) ddd

315 L   ja (.) er singt (.) er singt Weinlieder ⌐..⌐

        ⌐L verbreitet sich zum Thema Alkoholkonsum.⌐

316 L   ⌐..⌐ wenn man dumm ist liegt man unter dem Tisch wenn man ⁊klug

317   ist

318 SS (((Lachen))) auf dem Tisch

319 L   oder auf der Bank ⌐..⌐

        ⌐L über die Folgen von übermäßigem Alkoholgenuß und darüber, wie
        sich diese Folgen vermeiden lassen.⌐

320 L   ⌐..⌐ was muß man essen damit man etwas Wein und nicht zu wenig

321   trinken kann (?) (...) ich weiß nicht ob ihr das mal gehört habt

322   (?) bitte⁊

323 HD (((schnell))) vielleicht etwas mit viel Salz (..)

324 L   so die Idee isschon richtig ess nich Salz aber mit viel(m) Fett⌐..⌐

        ⌐L zählt fetthaltige Nahrungsmittel auf.⌐

325 Ad aber manchmal auch Kaffee

326 L   bitte⁊

327 Ad Kaffee

328 L   ja

329 Ad wenn man betrunken ist

330 ⌐SS XXX

331 ⌐L   ja (.) dann wird man wieder klarer (.) aber (.) ⁊wichtig ist (..)

332   das Richtige essen (.) und essen wo Fett ist (.) dann (.) dann kann

333   der Wein gar nicht so stark wirken (.) und der (.) jetzt ist aber

334 ⌐   in eurem Buch steht⁊ (.) pssscht steht etwas von dem Wein dieser (.)

335   Heinz Baumann oder wie er heißt (.) er ⁊trinkt und was sagt denn er

336 L   (?) (...) er trinkt den Wein (.) er schmeckt ihn (..) (?und?) was

337   /sagt er (?) (..)

338 SS xdxdx

339 S   er sagt daß der Wein nicht so stark wäre

340 L   ja das sagt er und das sagt <u>jeder</u> /..7

     /L über die Gefahren des Heurigen; man muß vorher das Richtige
     essen.7

341 L   /...7 dann passiert nicht viel (.) bitte

342 W   wenn wenn der Wein alt ist e- ist eh glaub ich-eh (?zu?) eh st-

343   /stark (.)

344 ⌐L   ja (.) wenn und dann schmeckt

345 | S   der neue Wein

346 | L   schmeckt er auch anders

347 | aber der Heurige ist /stark (.) und er ist <u>gefährlich</u>

348 ⌐S   (?ist er neu?)

349 L   weil man nicht schmeckt dasser Alkohol drin hat ddd nicht wieviel

350   Alkohol er hat (.) ja/ (.) bitte/

351 S   neue Wein

352 L   das ist neuer Wein ja (.) und zwar/ (.) /von wann (.) ich gehe also

353   (.) fahre jetzt (.) oh ich fliege mal nach Wien (.) da jetzt hin

354   (..) wie alt ist der Wein (?) bitte/

355 Ad er ist mindestens ein Jahr als

356 ⌐L   ja

357 ⌐S   höchstens ein Jahr

358 L   höchstens ja (.) wenn er älter ist ist er wohl kein Heuriger mehr

359   (.) /..7

     /L erklärt, daß Weinkenner alte Weine bevorzugen. Schließlich wird
     das Thema 'Kaffeehaus' besprochen; ein Schüler ist dabei, seinen
     Hausaufgabentext vorzulesen.7

360 W1 /..7 du sitzt disch auf ein Stuhl

361 L   du <u>setzt</u> dich

362 W1 du setzt disch auf ein Stuhl

363 L   ei<u>nen</u> (.) Stuhl

364 W1 auf einen Stuhl auf einen Arm /stuhl (...) und an Ti- und an Ti-

365   sche(n) aus Mar /mor (..) setzen/ (..) und das Gute ist

366 L   ein Tisch

367   mit Marmor sitzt (?) ach man sitzt aufm Tisch (?)

368	W1	<u>aus</u> Marmor
369	SS	Tisch
370		Stuhl
371	W1	<u>an</u> Tischen
372	L	(?an Tischen ja?)
373	HH	an einem Tisch
374	W1	an Ti-
375		schen aus Marmor sitzen (.)
376	L	ach so (.) das das Verb (?kam mir so anders vor?) /.../

/Andere Schüler lesen ihre Texte vor; L beschreibt die Besonderheiten des Kaffeehauses in Wien, u.a. daß die Kellner Fräcke tragen./

377 L /.../ wer hat ne Ahnung was das ist (.) Adam weißt du wasn Frack
378 ist (?) (..) das ist ein besonderer Anzug für Herren für Männer (.)
379 bitte

380 W vielleicht-eh ein-eh e-e-e w-w-w-wenn ein A-A-Arb-Arbeiter ein-eh
381 in einm Kaufhaus oder so↗ (.) e-tra- eh (.) hat hat er ein-eh (.)
382 e-einen Frack oder so (..)

383 Ad ich glaube z.B. wie es im Flugzeug ist im Flugzeug bedienn die Ste-
384 warts and Stewardessen in e-einem A-eh bestimmten Anzug

385 L ja (.) gut (.) es ist ein bestimmter Anzug aber es ist ein sehr eh
386 feiner Anzug /.../

/L beschreibt einen Frack und seine Verwendungsmöglichkeiten./

387	L	/.../ und sonst gibt es also das ganz selten
388	HD	auch beim Tanzen

389 L bitte↗
390 HD beim Tanzen
391 L ja (.) is richtig /.../

/Hausaufgabentexte zum Thema 'Prater' werden vorgelesen./

392 Ad /.../ was mir am besten gefallen hat (.) im Prater (.) ist die eh
393 Liliputanerba- Liliput- (.) Liliputbahn

394 L Liliputanerbahn

395 Ad eh ja↙ wie ihr wißt daß Liliput aus Liliputaner stammt die Menschen
396 die im Nordpol leben (.) also die Liliputbahn ist eine kleine Bahn
397 und die Rundfahrt um den Prater dauert ungefähr eine halbe Stunde
398 (.) /.../

/Ad schließt das Vorlesen der Hausaufgaben ab./

```
399  L    ja (.) w- das mit den Liliputanern arme Leute (((mitleidig))) die
400       am Nordpol wohnen und da is ja nur Wasser und Eis
401  Ad   nein ich meine nur die Menschen die heißen Liliputaner und daher
402       kommt die Liliputbahn
403 ┌L    ja (.) aber die
404 └SS                   ddd
405  L              Liliputaner habt ihr ne Ahnung wo die überhaupt
406       ⁊herkommen (..) die kommen nicht
407  HD                        ich glaub ich glaub (.) von Afrika
408       Mittelafrika ddd
409 ┌L    die gibt⁊
410 └HD         viele ddd gibt
411  L                    die gibt es in einem Buch (.) in einem ⁊Buch
412       das ein Engländer geschrieben hat
413  HD   ((meldet sich)) bitte
414  L    wer kennt das Buch bitte
415  HD   Gelliver
416  L    ja (.) Gulliver ((gʌlivə))
417  S    ahh (ja)
418  L    Gulliver ((gʌlivə)) oder auf Deutsch heißt es dann Gullivers ((guli-
419       wers)) Reisen (.) Gulliver's Travels ⌊..⌋
          ⌊L beschließt die Stunde mit einem kurzen Abriß Gullivers Abenteuer
           im Liliputanerland.⌋
```

2.2.4.2 Text 2

Es handelt sich um eine Biologiestunde, in der es um die 'Entwicklungsstadien der Insekten: Beispiel Stubenfliege' geht.

... wenn die Fliege sich verkümmert

Das Problem dieser Episode besteht darin, daß der Lehrer aufgrund einer anscheinend positiven Rückmeldung "ja" (23) glaubt,
sein Versuch der Bedeutungsvermittlung eines neuen Begriffs sei
geglückt. Damit unterstellt er allen weiteren Äußerungen der
Schüler eine gemeinsame Sinnzuschreibung. Die offenkundigen
Schwierigkeiten, die die Schüler bei der Verwendung des neuen
Wortes "verkümmern" haben, sind daher aus der Sicht des Lehrers
auf morpho-syntaktische Probleme reduziert. Wie sich jedoch
zeigt, scheint für die Schüler ein Bedeutungsaspekt von "verkümmern" 'aktive Tätigkeit' zu sein, eben: "sich verkümmern"
(23f,30f,54,77f,81f).

... welches Wort gibt es dafür

Die Episode illustriert, daß die Schüler offenbar schon einen
Begriff von 'durchsichtig' erworben haben, ihnen jedoch noch
das passende zielsprachliche Lexem fehlt. Die paraphrasierende
Beschreibung der getrockneten Flügel als "sie haben keine Farbe" (414) wird vom Schüler selbst als nicht hinreichende Versprachlichung des Konzepts 'durchsichtig' erkannt. Dieser Tatsache trägt der Lehrer in keiner Weise Rechnung: Anstatt den
begonnenen Satz (415) auszuformulieren und damit die fehlende
sprachliche Benennung anzubieten, bricht er sogar mitten im
Wort ab, besinnt sich auf einen falsch verstandenen und hier
völlig deplazierten pädagogischen Impetus und leitet ein Rate-
spiel ein, bei dem die Schüler jedoch durch Kreativität bei
der Wortbildung in der Zielsprache glänzen (417-427). Der Lehrer nimmt den Schülerbeitrag "sie haben keine Farbe" auf
(415f) und versucht, daraus das Wort "durchsichtig" ableiten zu
lassen. Eine Operation, die für ihn als Muttersprachler unpro-

blematisch ist, für die Schüler jedoch auf dieser Stufe nicht
möglich ist, da formal - auf der Ebene der Morpho-Syntax - keine
logischen Ableitungsbeziehungen zwischen diesen Wörtern bestehen: Sie bestehen zwischen 'keine Farbe haben' und 'durchsichtig'
nur auf der semantischen Ebene.

... was ist denn falsch an diesem Satz

Ein charakteristisches Merkmal des gesamtes 2. Textes sind die
inhaltlichen und formalen Korrekturen des Lehrers, die er vor-
nimmt, ohne zu explizieren, wann er auf welcher Ebene korrigiert. Erstaunlicherweise scheinen die Schüler keine größeren
Schwierigkeiten bei der Interpretation zu haben: ein Beleg für
die Ausbildung interaktiver und kommunikativer Routinen sowie
die Möglichkeit stabiler Sinnzuschreibungen.

... ich kann dir nicht sagen warum

Ein recht gutes Beispiel für die Verschleierung mangelnden Sach-
wissens findet sich in (54-76) (vgl. auch die Episode '... ich
war noch nicht in Wien' in Text 1).
Die Frage "warum haben die Schwingkolben sich verkümmert (?)
warum braucht die Fliege nur zwei Flügel" (54f) kann der Lehrer
nicht ad hoc beantworten. Um dies nicht zugeben zu müssen, bedient er sich zweiter Strategien:
- Warum-Fragen werden als im Bereich der Biologie unzulässig
  zurückgewiesen.
- Es wird zu einem längeren Exkurs über die Unterschiede der
  Interrogativpronomina 'warum' und 'wozu' ausgeholt, der selbst für
  Muttersprachler ohne philosophisch-philologisch Ausbildung
  nur schwer zugänglich sein dürfte.
Bemerkenswert ist hier jedoch die sich von diesem Redeschwall
unbeeindruckt zeigende Schülerin Mn, die auf ihrem Fragerecht
beharrt und dem Lehrer das Zugeständnis "ich kann dir nicht sagen warum" abringt.
Daß der Lehrer seine Erklärung des Unterschieds zwischen den
beiden Interrogativpronomina selbst nicht internalisiert hat,

zeigt sich in (252-260), als er auf die Frage "warum hat die
Puppe festen Mantel" mit "gute Frage" reagiert, sie selbst zwei-
mal wiederholt und zu ihrer Wiederholung durch die Schüler auf-
fordert. Darüber hinaus formuliert er "warum haben die Beine
viele Haare" und reformuliert im unmittelbaren Anschluß daran
mit "wozu" (482-484).

Transkription 2
Fach: Biologie
Thema: Entwicklungsstadien der Insekten am Beispiel Stubenflie-
ge (L schreibt zu Beginn der Stunde folgende Wörter an
die Tafel, die von einem Schüler laut vorgelesen werden):
Wortfeld

die Stubenfliege	die Speicheldrüse
das Ei (80-100)	der Speichel
die Larve	der Saugrüssel
die Puppe	der Fühler
die Tonne	sich entwickeln
der Saugrüssel	sich verpuppen
2 Flügel	saugen
2 Schwingkolben	verkümmern (bei (20) hinzugefügt)
6 Beine	
das Netzauge (bei (1f) hinzugefügt)	

Lerner: 9 weibl., 14 männl.; 8. Klasse (Alter $\pm$ 14 Jahre); seit
vier Jahren Deutschunterricht
Lehrperson: männlich
Zeit: 6. Schulstunde, 11.50 - 12.30 h

1 L ⌐..⌐ ich hab noch ein wichtiges Wort vergessen⌐ (((schreibt an Ta-
2   fel))) (...) du kennst die Namen⌐ (?bis auf?) Schwingkolben (.)
3   Schwingkolben (.) das Netzauge kennst du (.) der Schwingkolben⌐ (.)
4   eh du kannst es erklären⌐ wieviele Flügel haben (.) alle Insekten (?)
5 S   vier Flügel
6 L   die Fliege hat ⌐zwei Flügel (.) du kannst erklären (.) zwei Schwing-
7   kolben⌐
8 Sa sie-eh die Flüge-eh die Fliege hat zwei Flügel und zwei Schwingkölb-
9   chen die eh die diese zwei Schwingkölbchen waren früh-eh früher eh
10   zwei Flügel
11 L   (((setzt sich auf Fensterbank))) schön (.) kannstu no'einmal sagen⌐
12   (.) was sind Schwingkolben⌐ (.) Alya⌐ (...) (?schade?) (.) hast du
13   zugehört (?) ddd alle Insekten haben vier Flügel (.) bei der Fliege
14   (((langsam))) sehen wir zwei Flügel (..) was sind (.) ⌐Schwingkolben
15   (...) Nagi
16 N   die Schwingkolben waren-eh früh- waren früher eh auch zwei Flügel
17 L   mmh
18 N   (((deutet zur Tafel))) also die Flügel wenn sie eh (..) wenn sie-eh
19   zu dem-eh (...)

```
20  L   (?ich will dir noch ma'n Wort dazugebn?) (((schreibt an Tafel)))
21      (...) verkümmern (.) kleiner werden (..) verkümmern (..) kleiner
22      werden (.) bitte↗ (.) kannstus jetz sagen (?)
23  N   ja (..) (((räuspert sich))) wenn die Fliege ver- wenn die Fliege-eh
24      sich verkümmert↗ (.) ha- (((zögert)))
25  L   die Fliege (?) dann wird sie selbst klein
26  N   wenn die Fliege-eh klein↗ (((zögert)))
27  L   wenn die Fliege (?)
28  N   wenn die Fliege verkümmert↗
29  L                       falsch (.) denn issie tot (...)
30  HD  die Fliegen haben vorher vier Flügel (.) zwei von diesen Flügeln ha-
31      ben sich verkümmert (.) haben verkümmer- eh
32  L   verkümmern
33  HD  ver- eh verkümmern sie eh jetzt werden sie eh zwei eh Sch- eh Schwing-
34      kol- kolben ddd zwei Flügel
35  L   richtig (.) kannstu nochmal sagen (?) (...) was sind Schwingkolben
36 ┌ HH  Schwingkölbschen wan früher
37 │ L                        Kolben
38 └ S                              Kolben
39  HH                                  zwei (.) Kolben wan früher zwei
40  L   im Buch steht Kölbchen bitte↗
41  HH  wa- wan früher zwei eh Flügel (.) sie sie sind-eh verkümm- verkümmert
42      zu
43  L     sie sind↗ (.) bitte↗
44  HH  verkümmet
45  S   verkümmert zu
46  L   war richtig sachs noch einmal Hassan↗
47  HH  sie sind verkümmelt
48  L   verkümmert (.) isn te ja↗
49  HH  verkümmert-eh zu zwei-eh Kölbschen Kölbschen
50  L   sach ruhig Kolben (.) dieses Wort Kölbchen (.) das heißt eigentlich
51      Kolben und warum heißt das hier wohl Kölbchen (?)
52  S   weil es so klein ist
53  L   richtig (.) aber ich find das Wort Schwingkolben besser
54  Mn  warum haben die Schwingkolben sich verkümmert (?) warum braucht die
55      Fliege nur zwei Flügel (?)
```

```
56  L    die Frage warum (.) ist sehr schwer zu beantworten in der Biologie
57       (.) wir könn nur sagen sie sind verkümmert das sehen wir (.) warum
58       das passiert ist warum das geschehn ist ist schwer zu sagen (.) wir
59       wissen auch⁊ (.) das kann man nicht beantworten da gibt es keine Ant-
60       wort (.) du kannst (?mich/nich?) auch fragn warum hast du zwei Ohren
61       (..) ich kann sagen wozu ich sie habe
62  Mn                                            ab-
63  L                                      Hören is schwierig (.) wozu
64       (?) (.) zu welchem Zweck (?) ich höre damit
65  Mn                                          aber die Menschen
66  L                                                      aber wa-
67 ⌈     rum⁊ du kannst sagen
68 ⌊Mn          die Menschen haben immer zwei Ohren aber die Fliege hat vor-
69       her vier Flügel und dann jetzt zwei (..) das haben
70  L                                        gut es gab früher
71       auch auch Menschen ganz ganz früher auch Menschen die hatten am gan-
72       zen Körper Haare (.) die hatten eine Stirn die war so (((deutet flie-
73       hende Stirn an))) (.) kannstu mich fragen warum ich jetzt nicht mehr
74       am ganzen Körper Haare (?) 'ch kanns nicht sagen (.) ich weiß nur
75       wie es passiert ist das kann ich dir sagen (.) ich kann dir nicht sa-
76       gen warum ⟨wiederholt seine Erläuterung⟩ ja⁊
77  Ad   eine andere Sache (.) weil die Fliegen sich mit der Zeit verkümmert
78       haben⁊ haben
79  L              Augnblick (.) stimmt das (?) (.) die Fliegen haben sich
80       verkümmert (?) (.) nicht sich verkümmert verkümmert
81  Ad   (((faßt sich an die Stirn))) weil die Fliegen (.) sich mit der (.)
82       weil die Fliegen mit der Zeit eh verkümmert sind⁊
83  L                                    gut (.) ⁊sind stop
84       der Satz is aber noch falsch (..) machn noch einmal (..) die Fliegen
85       sind⁊ (..) sach den Satz ruhig noch einmal es macht ddd
86  Ad   weil die Fliegen mit der Zeit verkümmern⁊ (.) eh haben
87  L                                            was ist denn
88       falsch an diesem Satz (?) (.) die Fliegen verkümmern (?)
89  SS   ddd
90  L    du meinst die Flügel
91  Ad   weil weil die Flügel eh eh mit der Zeit verkümmern⁊ ham sie hat die
```

92	Ad	Fliege nur zwei Flügel und zwei eh Schwingkolben

92 Ad Fliege nur zwei Flügel und zwei eh Schwingkolben

93 L gut du hast also ein' weil-Satz benutzt↗ 's war deine Antwort auf das

94 Warum (.) so kann man sagen ja so isses nicht <u>falsch</u> ⌐..⌐

⌐L leitet zur Vorführung von Dias (Entwicklungsstadien der Stubenfliege) über.⌐

95 L ⌐..⌐ ich möchte mal zu den ersten zu den ersten Bildern hören was

96 <u>Amira</u> (..) weiß↗

97 Am ddd sie sind Eier (?von die Fliege?) (((sehr leise)))

98 L ich kann dich zu schlecht hören

99 Amira du hast so eine zarte Stimme kannst du (..) 'n bißchen lauter

100 sprechen (?)

101 Am sie sind Eier von der-eh Stubenfliege↗

102 L war der Satz richtig ich glaube

103 da warn Fehler (...) sachs noch einmal den Satz↗

104 Am sie sind Eier↗

105 L sie is schlecht (.) eh (.) sie wissen wir nicht (.) aber du kannst

106 sagen↗

107 S es

108 L <u>das</u> oder <u>es</u> ja↗

109 Am es sind Eier↗ (.) von-eh vo<u>n</u> der Stuben- eh ↗fliege

110 L gut (.) wo sind diese Eier (?) wo finden wir Eier von der Stubenflie-

111 ge (?) das kannst du hier jetzt in dem Bild nicht sehen (..) Amira↗

112 (..) kannst du ein <u>Beispiel</u> sagen

113 Am vielleicht im ↗Fleisch im ddd ↗Fleisch

114 L ja z.B. in schlechtem Fleisch richtig (.) <u>oder</u> (.) wer ist das ↗Yus-

115 sif

116 N ↗ich

117 L ja (?inte?) (du) (.) ne <u>Nagi</u> ist das Nagi

118 N eh oder auch im Kot

119 S oder im Essen

120 L in Na- ja im (...) ich verstehs nich richtig

121 SS ddd

122 L in (.) in den eh ddd Nahrungsmitteln ja↗

123 Sa sie sehen wie-eh wie ein Reiskör- eh korn

124 L ja das wollte Amira jetzt weitersagen das war richtig also in solchen

125 (..) eh Dingen finden wir (.) Fliegeneier (.) z.B. auch in Käse Amira

```
126  L    (.) kannst du ma weitersagen wie sehen sie aus (?)
127  Am   eh (..) wie wie eh ein Reis- eh (...)
128  S    ((soufflierend)) (?Körbchen?)
129  Am   ↗Körbchen
130  L    na wie heißt das Wort (?) (.) ↗Reis
131  S    Körnchen
132  L    Körrrnchen das (?Korn Reiskörnchen?) (.) gut ⌐..⌐
          ⌐Schwierigkeiten mit dem Dia-Transporteur lösen allgemeine Heiter-
          keit und Gelächter in der Klasse aus. Das Ganze wiederholt sich
          bei jedem neuen Dia, das eingelegt wird.⌐
133  L    (((2. Dia))) Amira bitte↗
134  Am   es sind auch Maden
135  L    falsch
136  Am   (((L zugewandt))) ah eh sie sind eh
137  L                               nicht zu mir
138  Am                                         Maden
139  L                                                bitte nach vor-
140       ne sprechen
141  Am   ehm sie sind Maden↗ aus die eh die Larven↗ (.) ehm
142  L    woher kommen die Larven (?)
143  S₁   ((leise)) Maden
144  S₂   ((sehr leise)) (?Larven?)
145  L    benutze das Wort sich entwickeln (.) die Larven↗
146  Am   die Larven entwickeln sisch zu Maden eh zu-eh (...)
147  L    das das seh ich hier noch nich (.) aber die Eier und die Larven
148       kannst du da bitte das (?Bild?) (.) Munib↗
149  Mb   eh die Eier eh entwickeln sich eh zu Larven
150  L    ja (.) eh oder ↗aus den Eiern wer kann das (?vielleicht?) bitte so
151       sagen (?)
152  HD   (((schnell))) aus dem Eiern schlüpfen Larven
153  L    sehr schön schlüpfen (..) das Wort hatten wir auch gehabt aus den
154       Eiern ddd kannste noch einmal sagen Alya↗ (.) aus den↗
155  A    aus den ddd aus den Eiern schlüpfen-eh die eh die Maden
156  L    Maden oder Larven (?is richtig?) oder mit entwickeln noch einmal
157       aus den Eiern↗ (.) eh Abdel
158  SS   xäxdx
```

```
159  L    Abdel

160  AR   (?die?) Eier entwickelt sich zu eh Maden

161  L    ich möchte gerne den Satz mit ↗aus aus den Eiern

162  AR   aus den Eiern e-eh schlüpfen die Maden

163  L    hm (.) o.k. is beiden richtig

164  S    ddd sie sieht nicht den Unterschied zwischen (((sehr leise))) eh

165       Eiern und Maden

166  L    sieht sie nicht den Unterschied zwischen Eiern und Larven (.) ich

167       zeig nochmal die Eier (((zeigt 1. Dia))) (...) schau dir die Eier

168       genau an und jetzt dazu die Maden (((zeigt 2. Dia))) (...) wer sieht

169       einen Unterschied zwischen Eiern und Larven (?Nagi?)↗

170  N    eh Eier eh die Maden haben-eh so wie ein (.) ↗wie Glieder (.) eh

171  L                                                                  ja

172 ⌈N    aber die

173 │L           sie sind gegliedert (.) gut

174 ⌊N                        aber die Eier

175  L                                   sie haben Glieder

176       (.) oder wie können wir diese Glieder noch nennen wer kann dafür ein

177       kennt kann dafür ein deutsches Wort finden (?)

178  S    ((leise)) (?zack?)↗

179  L    bitte↗

180  S    zackig

181  L    zackig↗

182  SS   nein

183          nein

184            nicht zackig

185                  (?vielleicht wie?) Ringe

186  L    ↗Ringe sehr schön (..) die Ringe prima (.) kannst du noch ↗einmal

187       sagen Nagi (?) ja↗

188 ⌈S    Salāh  äääddd

189 │N                eh

190 │L            (?hastus ?) gesehn (?)

191 ⌊N                          die Mauten hab-eh (.) eh haben

192       G- eh Ringe eh aber die-eh Eier haben-eh (.) (((schnell))) so etwas

193       nicht

194  L    gut (((zeigt 1., danach 2. Dia))) (..) bei den Eiern sehn wirs
```

```
195  L    ↗nicht (..) diese ↗Ringe (..) bei den Larven (.) tauchen sie auf
196       (...) eh (.) Walid
197  W    eh (?kommen?) von eh von die eh von die von die Maden↗ (.) eh
198  L                                                          da's
199       ein Wort jetzt schon falsch welches Wort ist falsch (?)
200  SS   von
201          von die
202             von der Maden
203  L    falsch
204  W    von die Maden
205  L    von ist falsch
206  W    a-a-a
207 ⌐HH         aus den Maden
208 ⌊L                      aus den Dankeschön
209  HH   en- entwickeln sich
210  L                        stopstopstopstop Walid↗
211  SS   (((Lachen)))
212  W    aus den Maden (.) ↗schlüpfen (.) Puppen↙
213  L    falsch
214  SS   (((Lachen)))
215  L    bitte nicht schlüpfen (...) Walid
216  W    eh Pu- Puppen entwick-
217  L                    ↗aus
218  W              eh (.) Ma- Maden entwick- e-e-entwickeln
219       sich zu Puppen
220  L    prima so's richtig jawohl↗ kanns auch sagen ↗aus den (.) Maden ent-
221       wickeln sich Puppen (.) wär auch gut oder↗ Maden entwickeln sich (.)
222       zu Puppen (.) beide  Sätze sind richtig Nagi↗
223  N    können wir sagen a- eh aus eh aus die eh aus die Maden wird eh Pup-
224       pen eh
225  L        werden (..) bitte↗ werden↗
226  N    Puppen entwickelt
227  L    better besser aktiv (.) entwickeln sich (.) ja↗ (...) (((hantiert am
228       Transporteur, zeigt 3. Dia))) ↗Augenblick ↙so Entschuldigung (..)
229       wie können wir die Puppen beschreiben↗ (.) vergleiche einmal die
```

230 L   ↗Puppen (?und?) die Larven (.) wie sehen die Puppen der Fliege aus↘
231   das ist (.) Nuhad
232 Nh   die Puppen der Fliege haben z.B. einen festen Mantel
233 L   gut (.) wie können wir sie auch <u>nennen</u> (?weißt du es?) (.) Nuhad↗
234   (..) miš balach (nicht Datteln) wer hat da balach (Datteln) gesagt
235   (?)
236 SS   ddd
237 L   ((rufend)) ja
238 Nh   ddd so wie ein
239 L   ich versteh nich Nuhad ich versteh kein Wort (.) du
240   kanns so schön laut reden (.) nur'n bißchen lauter
241 Nh   ddd
242 L   das' sicher richtig (.) womit (.) womit können wir die Puppen ver-
243   gleichen (?)
244 HD   es sieht-eh es sieht aus wie eine kleine-eh feste Tonne
245 L   schön (.) (?es sieht aus?) wie eine kleine feste Tonne (..) was ist
246   eine Tonne auf arabisch (?)
247 SS   barmĭl
248 L   welche Farbe haben die (.) (((langsam))) Puppen von Fliegen (?)
249 S   schwarz
250 L   richtig↗ (.) sind die Puppen gegliedert↗ können wir dort ↗Ringe se-
251   hen (?)
252 M   (?ich habe?) (((sehr leise))) eine Frage warum hat die Pup- festen
253   Mantel (?)
254 L   ich versteh nicht↗ (.) ↗warum
255 M   warum hat die Puppe festen Mantel (?)
256 L   gute Frage wer kann die Frage beantworten von May (?) (.) kannst du
257   nochmal (.) sagen einige haben es nicht verstanden↗ (..) warum↗
258 M   warum hat die Puppe↗ (.) festen Mantel (?)
259 L   warum hat die Puppe einen fe- einen (.) festen Mantel oder warum
260   haben Puppen↗ feste <u>Mäntel</u> (?) (...)
261 S   (?was ist?) Mantel
262 ⌐L   ein Mantel↗ (.) ist eine
263 |S   Mäntel
264 ⌐L   Hülle Mäntel ist die Mehrzahl (...)
265   (?NN?)↗ Emad↗

266	SS	dddäää
267	L	was (.) welche Aufgabe hat der Mantel z.B. (?)
268	SS	schützt
269		schützt
270		er schützt
271	L	ein Wort dazu
272	SS	er schützt
273		er schützt
274	L	gut der Mantel↗ (.) ein Satz↗
275	E	der Mantel schützt eh die eh die Larve
276	L	die eh ↗ja die (.) Puppe (.) ja oder die Larve in der Puppe richtig
277		(.) was (.) eh noch mehr (?)
278	AR	e-eh eh die Larve entwickelt sich allein von diese(r) Puppe
279	L	(?sehr gut?) wohin (.) was wird daraus (.)
280	AR	e-eh es wird eine Fliege
281	L	in der Puppe in der Hülle wird aus der Larve eine Fliege (...)
282		(((zeigt 4. Dia)))
283	Mn	die die Puppen eh
284	L	Manal bitte (((lautes Hantieren am Transporteur)))
285	Mn	die die Puppen eh leben auf eh eh auf die eh auf diese eh
286	L	ich habe
287		dich jetz nich verstanden M na noch einmal bitte↗
288	Mn	die Puppen leben auch eh a-auf die Schmützlichkeiten↗
289	L	nein die auf d- auf Schmutz nein die Puppe liegt↗ (.) ja sie liegt
290		auch auf Nahrungsmitteln da wo die Larve gelebt hat da wo die Larve
291		lebt lebt auch die Puppe (.) wer kann dazu ein' Satz sagn (?) (..)
292		Manal ja↗
293	Mb	eh (.) der Deckel der eh der Puppe eh öffnet sich
294	L	schön (..) was können wir sehen (?) (..) Manal ja↗ weiter
295	Mb	eh eh wir könn' eh den Kopf sehen der Fliegen
296	L	wir können den Kopf↗
297	Mb	des Fliege sehen
298	S	der Fliege
299	Mb	der Fliege
300	L	der Fliege sehen richtig (...) ach bitte bleib doch mal da stehn
301		Manal und mach immer so (((schlägt auf Transporteur))) (...) danke

302 S   bitte

303 L   Manal was können wir sehen (?)

304 Mn eh wir sehen die Fliege

305 L   nee ddd was sehen wir von der Fliege (?)

306 S   der Kopf

307 L   wir sehen⁊ sagst du das in einem Satz ddd (?)

308 Mn wir sehen den den Kopf

309 L   richtig (.) was können wir (.) genau an diesem Kopf erkennen (?)

310 Mn die Netzaugen

311 L   kannstu den Satz bitte sagen (?)

312 Mn wir er- können Au- eh die eh Netzaugen sehen

313 ⌐ L   schön (.) (...) Salach

314 ⌊ Sa   wir können die beiden Augen sehen⌄ zwei beiden

315   sehen⌄

316 ⌐ L   prima jawoll (.) Hassan

317 ⌊ HH   auch ddd den Fühler

318 L   wir könn'⌿ bitte sag den Satz

319 HH wir können den Fühler eh an dem Kopf sehen

320 L   den Fühler⌿ (.) joaa (.) kamman da ddd (.) das Kleine dort (...) da

321   vor den Augen vor den Netzaugen ist der ⌿Fühler (.) richtig kannst

322   du noch mehr sehen Muhga (?)

323 Mg wir können den Saugrüssel auch sehen

324 L   wir können auch den Saugrüssel sehen (..) ja da unten (.) könn' wir

325   gleich ma auf dem nächsten Bild (((zeigt 5. Dia))) May⌿

326 M   wir können den

327 L   ddd May⌿ (...) was ist das (?)

328 M   ich weiß nicht

329 L   ja (.) Adam

330 Ad hier sehen wir wie die Fliege (.) a-aus der aus aus einem Tönnchen

331   kommt sie ist ganz verklebt

332 L   richtig (.) was sehen wir außer dem Kopf (?) jetzt (...) sie ist

333   ganz verklebt (.) Walid

334 W   die Vorderbeine und eh der Brust

335 L   ⌿und Augenblick da war was falsch (.) ⌿und (.) wir sehen die⌿ (.)

336   die Brust ne

337 W   die Brust

```
338  L    die Brust (.) richtig (.) Kopf (.) und die Brust (.) du siehst zwi-
339       Kopf und Brust ist nur eine ganz schmale Verbindung (..) der Hals
340       (.) ja May↗
341  M    warum sieht-eh hier die Kopf etwas anders als der
342  L                                                    der Kopf
343  M    der Kopf ganz anders als der
344  SS                               ddd
345  L                          als aufm andern Bild (?) (.) wer kann
346       das beantworten (?) warum sieht der Kopf hier auf diesem Bild anders
347       aus als auf (((zeigt 4. Dia))) dem Bild (?) (...) Walid↗
348  W    eh eh eh die Fliege ver- eh versucht nicht eh aus aus aus eh die
349       Puppe
350  L        aus der Puppe
351  W    aus der Puppe heraus eh (.) herauszu(?nehm/legn?)
352 ┌ L   herauszukommen
353 │ W             ((leise)) herauszukommen
354 └ L                          was macht sie da dabei (?)
355  W    eh (.) eh (.) sie legt sie legt sich auf auf den Rücken
356  L    also was tut sie
357  Y    sie dreht sich (.) dreht sich
358  L    richtig (.) sag den Satz nochmal↗ (.) die↗ Fliege↗ war richtig
359       sollst den ganzen Satz sa- Yussif die Fliege↗
360  Y    die Fliege dreht sich damit sie-eh heraus von der Puppe kommt
361  L    damit↗ ↗kannst nochmal laut sagen damit↗
362  Y    die Fliege dreht sich damit sie (.) heraus (.) von von die Puppe
363  L                                                                  aus
364       der Puppe↗
365  Y    aus der Puppe
366  L              herauskannt↙ schön ja Abdel
367  AR   sie sie schlüpf(t) sie schlüpf(t) sich
368  L    sie↗
369  S    (?schlüpft?)
370  AR   schlüpft
371  L    sie schlüpft d.h. alles nennen wir sie schlüpft (?jawohl?)
372  SS   miš fahma (versteh ich nicht)
373              Herr NN
```

```
374  L    na ͨam (wie bitte)
375  SS   (((Lachen)))
376  Mn   ddd klebt die Puppe in die eh in die
377  L    Feuchtigkeit (.) Wasser (.) (?is in der?) Puppe
378  Mn   warum klebt die Puppe (.)
379  L    sie war vorher in der in der Puppenhülle in einer (.) Flüssigkeit
380       ⌊..⌋
381  S    weil-eh wenn die Fliege in der Puppe ist sie ist klein wenn sie
382       herauskommt sie wird (.) bißchen größer
383  L    richtig (..) was könn' wir hier noch sehen (?) Alya↗ der Kopf und↗
384  A    hier sehen wir daß-eh die eh die Stubenfliege ist-eh (.) eh gesch-
385       geschlüpft
386  L    ↗nein ist noch gar nicht ↗was (.) ↗fehlt no' etwas (.) was ist bis-
387       her da (?)
388  A    der eh der Hinter leib ist noch nischt eh geschlüpft
389  L    gut (.) jawoll der Hinterleib (((zeigt 6. Dia))) (...) Alya
390  A    hier ist die Fliege-eh sehr naß und eh ddd (((Stühlerücken)))
391  L    richtig ne bißchen lauter Alya richtig
392  A    und ihre Flügel sind noch ddd viele Haare
393  L    schön gut
394  AR   ddd
395  L    ddd
396  Mn   weil in die Puppe eine Flüssigkeit gibt
397  L    weil in der Puppe eine Flüsselkeit ist (.) die Nährflüssigkeit (.)
398       bitte↗
399  E    eh wir können (.) wir können die Netz- die eh Netzaugen sehen↗ (.)
400       und
401  L        gut
402  E          und und die-eh
403  L                  ↗und
404  E    und die-eh sechs Beine↗ wir können auch die-eh Antennen sehen
405  L    schön (((zeigt 7. Dia)))
406  SS   ddd
407  L    die Aufnahme ist von oben oder von (.) ist die Aufnahme von oben
408       oder von unten (?) (.) May↗
409  M    (?von?) oben
```

```
410  L    richtig (..) 's das (.) welche Teile (.) sind jetzt noch nicht ent-
411       wickelt (?) (.) welche Teile sind noch verklebt (?) (...) ddd
412       Yussif↗
413  Y    eh wir sehen den eh Flügeln sind schon getrocknet und-eh (.) sie
414       sind (.) sie haben keine Farbe sie sind-eh losfarben/ig
415  L    sie sind durchsicht- (((sehr schnell))) wie heißt das dann sie haben
416       keine Farbe schön wie heißt welches Wort gibt es dafür
417  S    losfarben
418             losfarbig
419  L    nee (.) wer weiß ein Wort (?) (.) keine Farbe sie haben keine Farbe
420  S    (?sie sind?) nichtfarbig
421  L    nein (.) auch nich (.) wie ↗Glas (.) was kann' wir bei m- Glas ma-
422       chen
423  S    durchsehen
424             durchsehen
425  L    wir können hindurchsehen also (.) wer kann dafür ein Adjektiv sagen
426  SS   (?durchfarben
427             durchfarbig?)
428  L    durchsichtig (.) kennt ihr noch nicht oder (?) die Flügel sind
429       durchsichtig (..) das Wort braucht ihr jetz nicht aufzuschreiben
430       (.) sie sind wie Glas kannst du meinetwegen auch sagen
431       Abdel↗
432  AR   wir können auch die Kapillaren eh von die Flügel sehen
433  L    richtig (.) wir sehn dünne Adern sie heißen nicht Kapillaren (?wer-
434       den wir noch?) (.) so dankeschön (((hantiert am Transporteur)))
435       (...) ddd eh Nagi
436  N    hier sehen wir de- eh den Kopf und-eh (.) und viele Haare sind-eh
437       ihre Körper↗ (..)
438  L    ((leise)) schön
439  N    und und die Beine haben-eh viele Haare unten (.)
440  L    richtig danke
441 ⌈N    damit sie ddd
442 |L            (((hantiert am Transporteur))) ddd was wollstu noch Nagi
443 ⌊      ja↗
444  N    damit sie-eh richtig eh a-auf dem-eh Wand klebt oder ddd
445  L                                                        richtig
```

446 Sa   wo sind die-eh eh die-eh Kölbchen (?)

447 L   (?gut is?) die Frage *[...]*

         *[L erklärt, auf diesem wie auf dem folgenden Dia könne man die
         Schwingkolben nicht gut sehen.]*

448 L   *[...]* (((8. Dia ist eingelegt))) aber der Saugrüssel ist gut zu se-

449   hen (..) was macht die Fliege (?) (.) Zucker (...)

450 N   Zimmerfliege (?)

451 L   Manal

452 Mn   eh sie eh sie saugt-eh eh mit ihrem Speichel (.) ein Stück von-eh

453   (.) Zucker

454 L   wie macht sie das (.)

455 S   spuckt

456 L   ja

457 E   sie spuckt (.) sie spuckt an den Zucker↗

458 L   richtig

459 E   und saugt eh und eh

460   macht es flüssig und saugt-eh

461 L   macht den Zucker flüssig

462 E   flüssig und eh

463 ┌   ddd und sie macht so damit sie-eh weil sie keine

464 │ L   sie macht es

465 └ E   Zähne

466   hat sie macht es so (.) weil sie keine Zähne hat

467 L   gut

468 SS   (?sie kann nicht?)

469   ddd

470 E   sie kann nischt eh

471 SS   ddd

472 L   sie kann nicht was noch ja↗

473 E   sie kann nischt

474 S   kauen

475 E   kauen

476 L   kauen (.) *[...]*

         *[L versucht, den Saugvorgang zu erklären; legt dann nächstes Dia
         ein.]*

477 W   (((9. Dia ist eingelegt))) die Ba- die Beine sind eh h-hab- eh eh

478 ┌   hat viel viele Haare

```
479 │ L                          haben↙ bitte↗
480 └ W                                    habn (.) habn viele eh viele Haa-
481 ┌    re (.) und-eh (...) ddd
482 └ L                      warum haben die Beine viele Haare (?) wozu↗
483      (((stößt beim Hantieren an S))) Entschuldigung wozu haben die (.)
484      Haare viele Ba- (.) Beine viele Haare (?) (.) Salach↗
485 Sa   um-eh (.) weil-eh nischt rut- rutschen eh eh an (?die?) Wand (?)
486 L    ddd damit sie nicht von der Wand rutscht (.) oder Adam↗
487 Ad   damit der Schmutz auf sie da an (.) zieht
488 S    zieht
489 L    des- nee deswegen hat sie aber keine
490 ┌ Ad nein ich mein nur manchmal hängt die Fliege
491 │ L                              es hängt auch an den Haa-
492 │    ren ddd Schmutz richtig
493 └ Ad                   sich auch an den Haaren ddd ⌐...⌐
         ⌐Ende der Dia-Vorführung.⌐
```

2.2.4.3 Text 3

Eine weitere Biologiestunde, die inhaltlich an Text 2 anschließt; speziell wird nun das Thema 'Außenskelett der Insekten' behandelt.

                    ... was hat die Schlange denn hier außen

Das Problem dieser Episode wird die durch Frage des Lehrers ausgelöst "woraus besteht die Haut bei Fliegen" (53). Dadurch legt
der Lehrer ein Konzept von 'Haut' nahe, das sich darauf reduziert, 'Haut' als 'äußere Hülle eines Organismus' aufzufassen.
Über den Vergleich von 'Haut' mit "Außenskelett" stellt sich
für die Schüler eine Bedeutung von Außenskelett als besondere
Form der äußeren Umhüllung dar, die nicht in ihrer spezifischen
Funktion als 'zur Stabilisierung des Körpers dienend', sondern
als unterschiedliche Ausprägungsform von 'Haut' erkannt wird:
Kriteriales Merkmal scheint dabei die Härte der äußeren Hülle
zu sein.
Die Schüler verwenden bei ihrer Suche nach Beispielen für andere Tiere, die ein Außenskelett besitzen, eine Strategie, die
auf das Auffinden von perzeptuellen Ähnlichkeiten zu harten,
panzerähnlichen Umhüllungen (vgl. dazu (56)) hinweist, im einzelnen "Schildkröten" (82), "Schlange" (90), "Igel" (108),
"Krokodil" (124). Dabei werden gerade nicht die funktionalen
Aspekte der Bedeutung von 'Außenskelett' berücksichtigt.
Die Erläuterungen des Lehrers, mit denen er die Schülerbeiträge
richtigzustellen versucht, sind aufgrund ihres relativierenden
und wenig eindeutigen Charakters - "eigentlich kein Außenskelett" (84), "eigentlich auch kein Außenskelett" (95) - nicht
geeignet, die Schüler zu einer Modifizierung ihrer Suchstrategie zu bewegen. Der funktionale Aspekt wird vom Lehrer erst relativ spät über die Zuschreibung "keine Knochen haben" (119f)
explizit hervorgehoben, erst nach der individualisierenden
Feststellung "die zuᶜlifa hat (.) i-im Körper (.) Knochn" (88).
In (136-149) verwenden die Schüler eine neue Suchstrategie. Der

Bedeutungsaspekt 'harte Hülle' verschiebt sich ins fast genaue
Gegenteil zugunsten des Verhaltensmerkmals 'hohe Beweglichkeit',
von dem auf das Fehlen eines Innenskeletts geschlossen wird.

>   ... wann wächst der Schmetterling
>   er muß ja einmal wachsen
> oder: ... als er eine Larve war wuchs der Käfer

In dieser Episode sieht sich der Lehrer vor das Problem gestellt, die Konzepte des Wachstums und der Metamorphose vermitteln zu wollen, ohne dabei die bedeutungsdifferenzierenden Begriffe einzuführen. Dieses Problem wird 'gelöst', indem der Lehrer sich zwei verschiedener Konzepte von 'wachsen' bedient. Zum
einen wird auf die Lehrerfrage "wie groß wird der Käfer" (192)
von den Schülern die Beziehung zwischen 'wachsen' und 'größer
werden' hergestellt: "das bleibt er wächst nicht mehr" (193)
und die Unmöglichkeit des Wachsens für Käfer und Fliege betont.
Zum anderen verwendet der Lehrer den Begriff 'wachsen', wenn er
korrekterweise 'sich entwickeln' verwenden sollte und auch könnte, da die Schüler diesen Begriff bereits kennen (vgl. Text 2,
(145ff)). Durch diese Unterlassung verwischt er die qualitativen
Unterschiede zwischen 'wachsen' und 'sich entwickeln', was dann
zu einer falschen Verwendung der Begriffe 'Käfer', 'Schmetter-
ling' und 'Fliege' führen muß: Denn eine Larve ist und bleibt
eine Larve und entwickelt sich zum Käfer! Auch so läßt sich ein
komplexer Zusammenhang relativ schlicht sprachlich darstellen.
Der Lehrer entscheidet sich jedoch für eine - hier völlig unnö-
tige - Reduktion von Komplexität und muß in (223) die Früchte
dieser Verkürzung ernten. Wenn die Schülerin M behauptet "die
Heuschrecken können wachsen", ist er gezwungen, diese Behauptung, die von der Schülerin durchaus korrekt und logisch aus
der Art der Behandlung des Gegenstandes abgeleitet werden konnte, als richtig zu akzeptieren. Sein biologisches Hintergrundwissen zwingt ihn jedoch zu einem längeren Exkurs über 'eigentliche' Larven, die so ähnlich wie erwachsene Heuschrecken aussehen, welche wiederum Larven haben (230-234).
In ähnlicher Weise stellt die vom Lehrer auch noch bestätigte

Schülerbeschreibung der Verhaltensweise der Fliege beim Auflö-
sen von Zucker zur Nahrungsaufnahme als 'spucken' nicht nur eine oberflächliche Unsauberkeit dar, sondern fördert eine falsche Begriffsbildung (Text 2 (555-558), Text 3 (32)).

Transkription 3

__Fach__: Biologie
__Thema__: Entwicklungsstadium der Insekten am Beispiel Stubenfliege:
      das Außenskelett (die Stunde beginnt mit der Verteilung
      von Mikroskopen, mit denen später gearbeitet werden soll).
__Lerner__: 9 weibl., 14 männl.; 8. Klasse (Alter - 14 Jahre); seit
      vier Jahren Deutschunterricht
__Lehrperson__: männlich
__Zeit__: 6. Schulstunde, 11.50 - 12.30 h

```
 1  L   /...7 welche Teile des Körpers (.) kenn' wir beim Insekt
 2  E   beim Insekten wir kennen die ↗Fliege (.) es-eh (..) ddd es besteht
 3      aus ↗drei Deilen↗
 4  L              sie besteht
 5  E                  besteht aus ↗drei Deilen↗
 6  L                              aus drei↗
 7  E                                      ((ru-
 8      fend)) Teilen
 9  L          ja
10  E          eh Kopf Brust und-eh
11  SS                  ((soufflierend)) Hinterleib
12                                          Hinter-
13      leib
14          Hinterlab
15  SS          ((soufflierend)) Leib
16                          Leib
17  E                          Hinterleib (.) der Kopf-eh be-
18      steht aus-eh ↗zwei Netzaugen↗
19  L                  hat is besser↗
20  E                      hat zwei Netzaugen↗ und
21      zwei-eh Antennen↗ oder Flühers eh und es-eh (.) es hat-eh ein-eh
22      Saugrüsel↗ (.) eh-u-
23  L              bei der Fliege richtig↗
24  E                          ((leise)) ja (.) eh und-eh
25      (.) ((laut)) neben sei- (.) und es hat ein eh Saug- eh saugen eh eh
26      (.)
27  SS  Rüssel
28  ⌈       Rüssel
```

```
29 | E          Rüssel Speicheldrüse (.) es-eh
30 └ SS                              nein ddd
31 | L                                richtig
32 | E     es spuckt Speichel↗ an-eh (.) eh an der Zucker↗ und-eh macht es
33 |       flüssig↗ und-eh d-d-
34 | L                        ddd
35 | E     ddd undann sie kann das eh eh Zucker wenn es flüssig ist
36 | L                                                  den Zucker
37 | E                                                           den
38 ┌     Zucker wenn es flüssig ist kauen↗
39 | L                              wenn
40 | E                                 weil
41 | L                            er
42 | SS                                ddd
43 | L                                flüssig ist
44 | E                                       wenn er
45 |       flüssig ist kauen↗
46 └ L              der Zucker
47 | E                  weil-eh weil sie keine Zähne hat↗ und-eh
48 |       kannischt (?kauen?)↙
49 | L     und↗
50 | E     kannischt eh
51 | L          und sie kann nich↗
52 | E                      kauen eh kauen
53 | L     richtig ⌊..⌋ woraus besteht die Haut bei Fliegen und bei Käfern
54 |       ⌊..⌋
55 | Y     es besteht aus-eh Panzer ((räuspert sich)) aus Chitin↙
56 | L     ein Panzer aus Chitin↗ (.) womit können wir das vergleichen (?) ⌊..⌋
57 | Y     wenn a-
58 | Nh        ein Außenskelett↗
59 | L     richtig das't ein Außenskelett
60 | S                        Außenskelett ddd
61 | L     im Gegensatz zu einem ↗anderen Skelett was hast du für ein Skelett
62 ┌     Nuhad↗
63 | Nh  ein Innenskelett↙
64 | L                 richtig (.) kennstu
```

```
65 | Nh                                              ein Innenskelett⌡
66 └ L                                                     noch andere
67      Tiere die ein Außenskelett haben (?)
68 ┌ Nh eh alle Insekten glaube ich eh alle Insekten
69 │ L                                      richtig
70 └ Nh                                          haben ein Außen-
71      skelett (...)
72 SS   xäxdx
73          Floh
74 ┌ L   richtig z.B. der Floh ddd
75 │ SS                    xäxdx
76 └ S                          z.B. eh
77 L                                ssst
78 S                                    Biene und eh eh Laus und Laus
79      und eh Schmetterling eh und eh Mücke ((Niesen)) Mücke
80 L    jawoll sind alles Insekten kennstu andere Tiere (.) die nicht Insek-
81      ten sind (.) und ein Außenskelett haben (?)
82 HD   Schildkröten
83 L    ja (.) bei der Schildkröte kann man denken es sei ein Außenskelett
84      (.) es ist eigentlich kein Außenskelett es ist eine harte Haut ⌊...⌋
85      (((schnell))) wie heißt Schildkröte noch auf arabisch (?)
86 SS   zuᶜlifa
87 ┌        zuᶜlifa
88 └ L       zuᶜlifa die zuᶜlifa hat (.) i-im Körper (.) Knochn ⌊...⌋ aber
89      es gibt noch andere Tiere
90 Sa   Schlange aber-eh
91 L               die
92 Sa               die Schlange hat ein Außenskelett aber sie kommt-
93      eh aus-eh dem Ske- eh Skelett (.) und-eh wechseln dann-eh eh dann hat
94      sie (?ein Mantel?)
95 L    ja die Schlange hat eigentlich auch kein Außenskelett ⌊...⌋ was hat
96      die Schlange hier denn außen wie heißt das (?)
97 S    ddd Schlange (?)
98 ┌ L  Schlange⌐ taᶜbēn
99 └ SS         taᶜbān
100              taᶜbān
```

```
101  L                    taᶜbēēn
102  SS                       taᶜbān
103                            taᶜbān
104                                xäxäx
105  L    wer kennt noch ein Tier daß ein Außenskelett hat (?) wenn du's nicht
106       auf deutsch weißt darfstu's auf arabisch sagen
107  SS   xäxdx
108           der Igel
109  L    ja das ist kein Skelett es ist eine Haut (.) beim Igel (((schnell)))
110       wie heißt das nochma auf arabisch (?)
111  SS   unfid
112           unfid
113 ⌐ L   umfid
114 |  SS      (((Lachen)))
115 ⌐ L              ja der umfid hat also keinen
116  S                              ((leise)) unfid
117  L                                          der un-
118       fid der Igel hat keine (.) keine Haare wie du die weich sind son-
119       dern hat harte Haare ⌐..⌐ gibt es Tiere die keine Knochen haben die
120       nur ein Außenskelett haben (?)
121  S    vielleischt den-eh
122  L                der
123  S₁                 der (.) tumsah
124  SS                       Krokodil
125                                Krokodil
126                                    das
127  L    nein ⌐erklärt: Reptilien haben kein Außenskelett⌐
128  S    Herr NN (...) (?er hat eh Knochen wie ein Fisch aber es hat eh?)
129  S₁                                                   nein
130  L    hat ein Fisch Knochen innen (?)
131  SS   nein
132           ja
133  L    hastu schon mal einen Fisch gegessen (?)
134  SS   (((Lachen))) xdxäx
135  L    ja sicher das ist ein Innenskelett ⌐..⌐
136  S    ein Tier eh eh hat-eh nur Muskeln (..) Muskeln
```

```
137  L   welches Tier ist das (?)
138  SS  äää
139           die Maus
140                     (?nicht Maus?) aber so lang (.) wie ein Maus
141                                                                länger
142  L   hat die Maus↗ (..) hat die Maus ein Innenskelett (?)
143  SS  wie ein Maus
144             ja
145                aber aber sehr lang
146                               länger
147  L   wie heißt es auf arabisch (?)
148  SS  ꜥirsa (Wiesel)
149            ꜥirsa
150 ┌           xdxäx
151 │ L               kenn ich nich
152 └ SS                          xdxäx
153  L                               hat hat die eine Wirbelsäule oder
154      nich (?)
155  SS        nein
156              ja die hat eine xäxdx
157  E                                Herr NN
158  S                                  Herr NN
159  E                                        der Tier der'm Meer
160      lebt
161  L   bitte↗
162 ┌ E  der der Tier der'm Meer lebt
163 │ SS                        xäxdx
164 └ E                              mit-eh acht acht Beine
165  L   richtig Tiere die im Meer leben mit acht Beine(n) ich zeige euch
166      (...) ⌞..⌟
         ⌞L holt aus dem angrenzenden Materialraum einige Tierskelette
         (Schlange, Krebs, Schnecke, Seeigel), hebt die einzelnen Skelette
         hoch und wiederholt seine Erläuterungen, erinnert dabei an eine
         zurückliegende Klassenfahrt zum Roten Meer.⌟
167  L   ⌞..⌟ (((hebt Seeigel hoch))) auch dieses Tier (.) lebt im (.) Ro-
168      ten Meer
169  SS  ēhda (was ist das)
```

170	SS	xäxäx

```
170  SS      xäxäx
171  L               es heißt auf (...) es heißt auf deutsch Seeigel (...) du
172        hast am Roten Meer↗ da waren
173  SS                        wir haben Seeigel ddd
174  L                                       da waren Seeigel da
175        waren viele Seeigel nicht dieser ein anderer war da mit spitzen
176        Stacheln
177  S          bißchen kleiner
178  SS                    xäxdx
179  Sa                       und Muscheln↗ (..) Muscheln
180  L    richtig die Muschel was heißt noch Muschel auf.arabisch (?)
181  SS   (((schauen im Lexikon nach))) aw'aᶜ
182                          aw'aᶜ
183  L    außen auch ein Skelett ⎡erläutert: Außenskelette bestehen aus Chi-
184       tin, aus Kalk⎤ Kalk kennt ihr (?) (.) Kalk↗
185  S    Kalk
186  L    (((schreibt 'Kalk' an die Tafel))) Kalk (.) wie Stein↗ ⎡erneuter Er-
187       läuterungsversuch⎤ wenn ich die Wände meine Wand weiß streiche (.)
188       dann nehme ich weißes Pulver Kalkpulver mit Wasser ⎣..⎦
189  S    Gips
190  L    nee ⎡erläutert: kein Gips, sondern Kalk⎤ wenn ich diesen Käfer den
191       wir letztes Mal hatten gut füttere (.) ich gebe ihm viel zu fressen
192       (.) ⎣..⎦ wie groß wird der Käfer (?) (.)
193  Y    das bleibt er wächst nicht mehr
194  L    warum wächst er nicht
195  Y    weil sie hat ein Außense- skelett 's is hart es eh es wächst nicht
196  L    ddd es kann nicht wachsen (.) eh kann eine Fliege wachsen (?)
197  M    Heuschrecke
198  L    ↗kann ↙gleich ↗kann eine Fliege wachsen (?)
199  SS   was↗
200            was↗
201              nein
202  L    ↗wann wächst der Schmetterling er muß ja einmal wachsen (.) wann
203       wächst die Fliege wann wächst der Käfer (?) (...)
204  Sa   als es eh einen Larve ist
205  L    als es sachs den Satz ma richtig als es
```

```
206  Sa   einen Larve ist (.) einen↗
207  L                       Larve
208  Sa                          ist wird
208  L                                  Vergangenheit (.)
209  Sa   wird
210  L    war als es ein als er eine Larve war wuchs der Käfer (..) er wuchs
211       also als er (.) ganz anders aussah (.) wann wuchs die (.) wann ist
212       die ↗Fliege gewachsen (?) (..)
213 ┌ Ad  als sie in die in in einer
214 │ S                    Puppe
215 │ Ad                       aus einer
216 │ S                                Puppe
217 └ Ad                                     Tonne aus einer Puppe
218       ge- ddd
219  L    richtig da und vorher wie hieß sie da (?)
220  Ad   eine Made
221  L    eine Made richtig (.) bcim Käfer genauso ⌊..⌋ eh eben sachte May
222       ganz richtig (...) ein anderes Beispiel ja↗
223  M    die Heuschrecken können wachsen
224  L    richtig die Heuschrecken (.) wie heißen Heuschrecken noch auf ara-
225       bisch (?)
226  SS   garāda ·
227            garāda
228  L    sachs nochmal
229  S    garāda
230  L    ja↙ die können wachsen ⌊..⌋ die Larven der Heuschrecken (.) auch
231       Heuschrecken haben Larven (.) sehen so ähnlich aus wie die erwachse-
232       nen Heuschrecken (.) es sind aber eigentlich Larven (.) was müssen
233       sie denn immer machen↗ jedesmal wenn sie größer werden (?) (...) im-
234       mer wenn sie wachsen was müssen sie tun (?) (..)
235  HD   wie wechseln die ddd und (?ihr/die?) Außenskelett
236  L    richtig (.) sie müssen das Außenskelett abwerfen ⌊..⌋
             ⌊L leitet über zur Arbeit mit den Mikroskopen.⌋
```

2.2.4.4 Text 4

Es handelt sich um eine Deutschstunde, in der über einen Dialog-
text aus der Lektionseinheit 'Schülerzeitung' gesprochen wird.

> ... man läßt etwas und macht etwas
> oder: ... du machst jetzt noch auf Inhalt

Das Problem dieser Episode besteht in der inhaltlichen und formalen Vermittlung der Konjunktion 'anstatt'. Dabei ist zunächst
- wie in Text 2 beim Biologielehrer - zu beobachten, daß die
Lehrerin formale und inhaltliche Erklärungsebenen häufig nicht
unterscheidet und die Schüler auch hier interaktive und kommunikative Routinen entwickelt haben, die einen weitgehend reibungs-
losen Unterrichtsablauf ermöglichen, allerdings auch eine Quelle
interpretativer Mißverständnisse darstellen. Diese sind be-
kanntlich nur schwer aufzulösen, da sich Alltagshandlung durch
eine Tendenz zur Krisenvermeidung und -verneinung auszeichnen.
Explizit thematisiert wird 'anstatt' durch "und jetzt sagt er
anstatt" (129). Auf die betont offen gehaltene Aufforderung "wer
kann da mal was sagen" (130) folgt ein inhaltlicher Erklärungs-
versuch der Schülerin Nh (132f), den die Lehrerin auch voll ak-
zeptiert (134). In dieser Zustimmung liegt eine mögliche Ursache dafür, daß die Schüler bei der später wieder aufgegriffenen
inhaltlichen Frage "was drückt anstatt aus" (256) auf der formalen Ebene antworten (257-261). Der Versuch einer erneuten inhaltlichen Antwort (264) führt durch die Art der Lehrerreaktion
zu einem interpretativen Mißverständnis: Der Schüler kann sich
fragen, ob das zögernde "joa" auf den nicht ganz korrekten Inhalt seiner inhaltlichen Bestimmung zu beziehen ist oder darauf,
daß er überhaupt inhaltlich antwortet, denn schließlich hat die
Lehrerin zu den o.a. formalen Definitionsversuchen noch nicht
Stellung genommen. Der Schüler entschließt sich, das Verhalten
der Lehrerin in letzterem Sinne zu interpretieren und versucht
dann selbst eine formale Definition (267-272). Die Feststellung
der Lehrerin "aber meine Frage ist noch nicht beantwortet" (275-

278) scheint die Schüler in der Annahme zu bestärken, daß eine
formale Erklärung erwartet wird, wie die Sequenz (279-295) belegt. Die Diskrepanz zwischen der Intention der Lehrerin und den
sprachlichen Mitteln, die zu ihrem Ausdruck angewendet werden -
"was drückt anstatt aus" (256) - zeigt sich in (298f), wenn sie
einen Schülerbeitrag zurückweist mit "du machst jetzt noch auf
Inhalt (.) wir wolln jetzt gern wissen wie so'n Satz gebaut
ist". Die Gleichsetzung der Begriffe 'Ausdruck' ("drückt aus")
und 'Satzbau' ("Satz gebaut ist") ist nicht nur selbst für Muttersprachler verwirrend, sondern auch eine mögliche Quelle un-
korrekter Konzeptualisierungen.

Transkriprion 4

Fach: Deutsch
Thema: Besprechung eines Dialogtextes aus der Lektionseinheit
'Schülerzeitung' (vorangegangen ist in dieser Stunde ei-
ne Diskussion über den Inhalt der nächsten Klassenarbeit).
Lerner: 9 weibl., 14 männl.; 8. Klasse (Alter - 14 Jahre); seit
vier Jahren Deutschunterricht
Lehrperson: weiblich
Zeit: 2. Schulstunde, 8.20 - 9.05 h

1 L   /../ schlagt ma bitte auf Seite sechs

2 SS /sechs

3   sechs/

4   Seite sechs

5 L   paßt gut auf

6 S   la' (nein)

7 L   da ist also jetzt (.) wer spricht in dieser Unterhaltung/ (?) (..)

8 Mn Vater und Hans und Fred

9 L   jawoll/ und jetzt /was sagt der Vater ironisch (?) /../

10 ┌HD er kongra- eh (.) eh eh kongratuliert

11 │L   nein da kom- das kon-

12 │HD   kongra-

13 │L   geht

14 └L   weg

15 Ad (((soufflierend))) er gratuliert

16 ┌HD er gratuliert die eh die z-

17 │L   den

18 └HD   zwei (.) die zwei Söhne (.) diese Zei-

19   tung zu machen aber s- er sagt daß es etwas Schlechtes ist (.) einen

20   Lehrer zu kritisi- kritisieren

21 L   ja

22 HD   und er findet es nicht gut/

23 L   ja er sagt ja da sehr ironisch ihr habt also vor wie geht der Satz

24   dann weiter (?)

25 HH dasunddasunddasunddas
       /S liest die entsprechende Stelle aus dem Lehrbuch vor./

26 L   wieso ist das ironisch (?) wenn ich sage ich gratuliere dir zum Ge-

27 L   burtstag ist das ironisch↗ (..) bitte↗

28 S   nein aber-eh aber er meint etwas anderes↙ nicht daß er sie gratulie-

29   ren

30 L   ihnen gratuliert↙ was meint er denn eigentlich (?)

31 Ad (((sehr leise))) laßt die Finger von der Sache

32 L   bitte

33 Sa er meint-eh das-eh dies-eh ist-eh falsch und schlecht

34 L   ja

35 Mn er meint daß die-eh seine Söhne nur di- den Lehrer eh krat- eh

36   krat-

37 S   kritisieren

38 ⌐Mn   kritisie- und meckern wollen

39 ⌐L   wollen ja und das ist (.)

40   schlecht

41 Mn schlecht

42 L   ⌐..⌐ was erklären sie ihrem Vater↙ (?) (.) was wollen sie versuchen↙

43   (?) (...)

44 AR sie wollen sagen daß sie eh das nur ein bißchen kritisier-

45 S   Kritik

46 AR Kritik eh mach- eh

47 L   machen wollen oder üben wollen↙ gut↙ oder ↗was wol-

48   len sie versuchen↙ (?) ↗könnt ihr mal mit versuchn sagn↙ (?) (...)

49   bitte

50 Ab sie versuchen ob die-eh Schüler eh Probleme zu-eh lösen

51 L   das ist nicht ganz richtig der Inhalt ist gut (.) aber jetzt muß man

52   es noch ein bißchen anders sagen sie wollen versuchen (.)

53 AA sie wollen-eh die-eh versuchen die eh die Probleme der Schule (.)

54 ⌐   eh

55 │L   der Schüler ja

56 ⌐AA   der Schule eh der Schüler eh lösen↙

57 SS zu

58   zu lösen

59 AA zu lösen

60 L   bitte↗

61 AA zu lösen

62 W   eh zu eh lö- (.) nein ich möchte eine andere Satz

```
63  L    ja (((schreibt an die Tafel 'versuchen zu')))
64  W    sie soll- e-e-s- eh sie eh sie möchten versuchen eh (.) eh (.) ihnen
65       (..) die die Mitschüler die Mitschüler
66  L                                      den Mitschül-
67  W                                               den Mitschüler (.)
68       eh (..)
69  S    zu helfen
70  W    (((leise))) zu helfen
71  L    ja↗
72  W    zu eh zu helfen und-eh
73  L                     versuchen
74  W                           Probleme zu lösen↘
75  L    ja (.) aber hier (((zeigt auf Tafelanschrieb))) versuchen (.) zu
76       (((unterstreicht 'zu'))) helfen versuchen (.) zu (.) lösen immer mit
77       zu ↗könn- ↗könntihr noch irgendwas anders sagen was sie versuchen
78       wollen (..) irgendwas mit Lehrer und kritisieren (.) mh (((lacht un-
79       terdrückt))) kann man auch sagen was wolln sie versuchn (.) ob sie
80       das gut machn könn' (.) bitte
81  HH   sie versuchen die Lehr' zu kritisieren
82  Ad   oder
83  L        ja
84  Ad   sie versuchen die Lehrer sachlich zu kritisieren
85  L    ja
86  W    sie versuchen eh eh (...)
87 ⌐L    na hol ma tief Luft und dann
88 |W                            ver-
89 |L                                 kommts raus
90 ⌐W                                      Verbesserung Verbesserung-
91       vorschläge zu sagen können
92 ⌐L    zu (...) machen
93 |SS              machen
94 ⌐                  ddd
95  L    bitte
96  Mn   sie versuchen die Lehrer eh sauer zu machen
97  SS   ((Lachen)) nein
98                (((leise))) nee (.) M eb (.) sauber zu machen
```

```
 99  L   sauer oder sauber

100  S   süß

101  L   bitte

102  Nh  sie versuchen (.) sie versuchen eure Meinung Meinung zu sagen

103  L   was war das (?)

104 ┌ AA  ihre Meinung

105 └ Nh      s- eh sie versuchen ehm ihre Meinung zu sagg- zu sagen

106  L   jawohl sehr schön /..7 gut wir könn' uns also jetzt merken nach

107 ┌   versuchen

108 │ HH      odder

109 │ L         steht

110 │ HH          odder

111 └ L             immer bitte⁊

112  HH  odder sie versuchen etwas Guttes zu eh zu der Schulle zu geben (..)

113  L   ((zögernd)) joaa

114  Ad  für die

115  L   für die Schule zu geben odder

116  Ad  (((schnell, leise))) für die Schule etwas machen

117  L   (((schaut Ad an))) der Schule etwas Gutes (.)

118  Ad  ((überzeugt)) machen

119  L   wie wie soll denn das heißen↓ ja⁊

120  Ad  sie versuchen etwas Gutes für die Schule eh zu machen

121  L   jawoll (.) nochwas

122  AA  nein ich will-eh nach versuchen komm- eh

123  L                               kommt

124  AA                              zu eh und der Infinitiv

125 ┌ L   jawoll (.) ⁊wolln wir mal weitermachen⁊ ⁊das

126 └ Nh                          sie versuchn zu verstehn

127     (..)

128  L   ja (.) gut (.) aber jetzt sagt der Vater wieder was /..7

129     (((schreibt an die Tafel 'anstatt'))) und jetzt sagt er anstatt

130     (...) wer kann mal da was sagen↓ (?) /wiederholt Lehrbuchtext7

131     bitte

132  Nh  eh anstatt eh ist eh man man läßt etwas und macht etwas (.) eh (.)

133     eh macht etwas (.) oder nimmt diesen Platz um etwas zu machen

134  L   gut (.) du sagst also bei anstatt ist immern Gegensatz drin
```

```
135  S    ddd
136  L    ja (.) wer ⁊kann das mal so son Satz mit anstatt machen↘ (?) ihr
137       könnt ihn ausm Text nehmen
138  S    ja
139  L    ihr wollt die Lehrer kritisieren anstatt (..) (((mimt 'sich hin-
140       setzen')))
141  SS   ēhda (was soll das)
142            ēhda eh
143                    (((Lachen)))
144  L    (((lacht))) wer kann sich da noch erinnern↘ (?) (..) bitte Nagi
145       weißt du es noch (?)
146 ┌ N   ja
147 │ Ad    euch auf den
148 └ N            sitzt auf dem eh euch auf dem Hinter sitzen
149  Ad                                        zu setzen
150  N    und-eh
151  L          huuu das ist kein gutes Deutsch aber es wird (.) wer kriegt
152       das hin (?)
153 ┌ S   auf dem Hinter(n) sitzen
154 │ L                      anstatt
155 │ S                           und ddd
156 └ L                               ⁊euch (.) wie geht das (?bit-
157       te?) weiter
158  SS   xdxdx
159           auf die
160               auf denen
161 ┌            XXXXX
162 │ L              ddd anstatt euch auf den Hintern zu setzen ddd
163 └    und die solln ja nich nur aufm Hintern (.) sitzen die solln ja noch-
164       was machen (.) bitte
165  Y    zu lernen↘
166  L    und (.) zu lernen (.) gut ⌐..⌐ oder anstatt⁊
167  W    a-anstatt euch unbeliebt zu machen↘ (..)
168  L    (((leise))) nee das paßt nicht ⌐..⌐ und ⁊jetzt anstatt und ⁊jetzt
169       kommt auf der anderen Seite was muß da hinkommen (?) (.) hat Nuhad
170       eben
```

171 S   ein Gegensatz

172 L   bitte

173 Nh a-a noch einmal ein Satz d-das ist ja und-eh und die andere Satz die

174   vor ist nein

175 L   ja

176 Nh   er meint nein ihr müßt das <u>nicht</u> <u>machen</u> der andere

177   Satz ist

178 L   ja

179 Nh   ihr müßt das machen

180 L   ja ⎣fordert zu weiteren Beispielsätzen au<u>f</u>⎦ <u>anstatt</u> zu lernen an-

181   <u>statt</u> (.) ihr kennt doch mehr Ausdrücke dafür (.) bitte

182 HH <u>gut</u> zu arbeiten

183 L   ja oder (.)

184 Sa ein Satz aber nicht mit zu eh du kannst eh

185 L   ddd ich möcht jetzt an-

186   <u>statt</u>

187 Sa jaaa mit anstatt aber nicht mit zu

188 L   na

189 Sa eh du kannst Tee anstatt Kaffee bringn (.)

190 L   trinkn gut es geht

191 S   (((leise))) anstatt ↗eh (was)

192 HD besser zu werden

193 L   ja ↗oder

194 W   besses- eh (.) eh gute Zensuren zu haben

195 SS zu bekommen

196 L   gute Zensuren zu bekommen oder

197 S   anstatt eusch unbeliebt zu machen

198 L   <u>ha</u> (.) ↗jetzt (.) pa- er fängt jetzt andersrum an (.) ↗jetzt (.) ihr

199   habt gesagt es istn Gegnsatz

200 S   ah (ja)

201 L   anstatt euch ↗<u>unbeliebt</u> (..) <u>zu</u> <u>machen</u>

202   wer kann das jetz andersrum sagen (?) ⎣mehrfache Wiederholung der

203   Erklärung und Aufforderung⎦ bitte

204 HD setzt euch auf dem Hintern und arbeitet

205 L   setzt euch auf <u>den</u> Hintern und arbeitet⟍ gut oder ⎣..⎦ Emad

206   kannst <u>du</u> (?) oder kannst du bloß schnattern (?) (...)

```
207  S    ddd aber er spricht immer bis Sie kommen
208  L    anstatt zu reden solltest du aufpassen
209 ┌ E    ich aufpasse immer
210 └ L               anstatt (.) zu schlafen solltest du arbeiten
211  E    anstatt zu essen (.)
212 ┌ L    solltest
213 │ E           dikken
214 └ L                 du
215  E    dikken
216  Nh   trinken
217  L    (((lacht))) solltest du trinken ja (.) bitte
218  Sa   denkt ihr an eure Notten↙
219  L    bitte↗
220  Sa   anstatt eusch unbeliebt zu machen denkt ihr an eure Notten↙
221  L    denkt an eure Noten (.) anstatt euch unbeliebt zu machen bitte
222  HD   versucht bess- versucht ihr bessere Noten zu haben
223  L    ja↗ ihr muß besser raus ⌊..⌋
224  Nh   versucht fleiß- fleißig zu lernen
225  L    ja↙ fleißig zu werden fleißig zu sein ⌊..⌋ oder↗ Adam (..)
226  Ad   eh versucht euch beliebt in der Schule zu machen
227  L    (((zögernd))) jaa (.) bei Schülern (.) und Lehrern↙ aber auch bei
228       Schülern
229  HH   versucht gute Haus- gute Hausaufgaben zu machen
230  L    jawohl
231  W    versucht euch i- in der Schule aufzupassen
232  L    versucht↗
233  W    auf-
234  L    in der Schule aufzupassen
235 ┌ W    (((schnell))) in der Schule auf(?zupassen?)
236 └ L                            und ja
237  E    versucht eusch gute Noten ddd
238  L    ja wie wie mußn der Satz nun heißn↙ (?)
239 ┌ E    versucht eusch
240 │ L            statt sich ↗unbeliebt zu machen
241 └ E                                     versucht eusch eh
242 ┌ L    euch nicht (...) versucht und jetzt gute Noten
```

243	E	versucht gute
244	L	und
245		⁊jetzt
246	E	Noten eusch zu bekommen
247	SS	XÄXDX

248 Ad oder eh man kann mit euch sagen (...) versucht euch gute Noten zu

249 leisten (((leise))) kamman sagen↙ manchmal

250 L zu erwerben ⌊mehrmalige Wiederholung des Satzes⌉ das andere paßt

251 nicht

252 S versucht gute Noten zu zu bekommen

253 L ja oder

254 Wl versucht eusch gute Noten zu bekommen

255 SS ya-bni (Menschenskinder noch mal!)

256 XDXÄX

⌊L versucht, weitere 'anstatt'-Konstruktionen zu elizitieren; Tafelanschrieb: Ihr wollt kritisieren, anstatt zu lernen; Anstatt euch unbeliebt zu machen, arbeitet doch.⌉

256 L ⌊...⌉ was drückt anstatt aus (..) May

257 M der erste Satz-eh anstatt-eh (.) eh im Nebensatz⁊ und zweite Satz-

258 eh anstatt ist im-eh Hauptsatz↙

259 W nein auch im ersten

260 AA nein auch im Nebensatz

261 W man kann auch sagen arbeitet doch anstatt euch unbeliebt zu machen

262 S Frau NN ddd

263 L man kann es umdrehen (.) das geht gewiß↙ bitte

264 HH eh isch glaube man braucht anstatt wenn man eh Tips geben möschte

265 L ((zögernd)) joaa

266 S ((leise)) ⁊Tips

267 HH man soll(te) zuerst-eh ein Satz mit-eh ein normal(er) Satz mit-eh

268 (...) mit Empfehle⁊ m-eh

269 L mit ner Empfehlung machen ja

270 HH der zweite Satz

271 auch mit Empfehl (.) aber das-eh im zweit- im zweite Satz gibt den

272 Tips (..)

273	L	d- oder de- die Tips oder den Tip ⌊...⌉
274	Sa	Frau NN
275	L	aber meine Frage ist

276	L	noch nicht
277	Sa	Frau NN
278	L	beantwortet
279	Sa	(((Alternativen gestisch hervorhebend))) im ersten Satz wenn anstatt
280		in der eh in der Mitte (.) dann ist eh die vor anstatt-eh falsch und
281		die nach anstatt richtig∠ (.) und in zweite d-eh die nach anstatt
282		(.) ist falsch un-eh d-eh die zweite Satz ist die nach (?die?) komme
283		ist rischtisch∠
204	S	((leise)) la' (nein)
285	L	ja (.) Nuhad
286	Nh	eh ich ich glaube anstatt ist hier wie (.) macht wie weil und (?das/
287		es?) ist immer Nebensatz (.) weil-Sätzen sind immer Nebensatz (.)
288		anstatt ist (.) glaube ich s- wie weil (.) wenn wenn sie in einem
289		Satz kommt dann muß sie (.) diese Satz ein <u>Nebensatz</u> ist
		/L resümiert Sa's Äußerung; hebt Infinitivgebrauch hervor./
290	L	/..../ jetz muß man denken (.) (((schnell))) is nich so ganz ein-
291		fach (...) May
292	M	es kommt immer mit anstatt zu (.) und dann Infinitiv(e)
293	Nh	um zu (.) anstatt
294	S	es endet immer mit-eh mit (?eh/der?) Infinitiv(e)
295	L	mh (.) bitte
296	Sa	<u>anstatt</u> kann die-eh rischtige Satz bringen o-oder kann mit-eh die
297		falsche Satz kommen∠
298	L	ja du machst jetz noch auf <u>Inhalt</u>∠ (.) wir wolln jetzt gern wissen
299		wie also so'n Satz gebaut ist (.) in dem anstatt drin ist∠ (..)
300		May hat es (?fast/ganz?) richtig gesagt∠ bitte
301	W	e-es gibt kein Person' (.) eh wie wie um zu
302	SS	euch
303		es ↗gibt euch
304	L	ja anstatt <u>euch</u> auf den Hintern
305	S	es <u>kann</u>
306	HD	<u>an</u>statt zu lernen <u>hat</u> kein
307		Person <u>kein Subjekt</u>
308	L	↗ja ↗das geht /Erläuterungen zum o.a. Tafelbeispiel/ wo ist das
309		Subjekt (?) (.) jemand hat gesagt <u>es</u> (..) <u>euch</u> (..) anstatt euch
310		unbeliebt zu machen arbeitet doch (..) wer kann das mit dem <u>euch</u>∠

311 L   (?) (..) <u>schwer</u> (.) aber ihr seid <u>gut</u> (.) der Kopf macht das

312 S   natürlich natürlich

313 HD   <u>euch hier</u> ist ein Reflexiv- (.) pronomen es kommt nur mit

314 L   ↗was ist

315   das

316 HD   <u>diesem</u> Verb (.) sich setzen (.) aber die-eh (e)in andres Verb

317   z.B. <u>anstatt zu lernen</u> (.) der Person ist im <u>ersten Satz</u> (.) <u>ihr</u>

318   <u>folgt</u> (.) <u>ihr</u> (.) der Person ist auch im Nebensa- eh der Person

319   der im Hauptsatz ist (.) ist auch der Person im-eh (.) der Neben-

320   satz (.)

321 L   gut (.) <u>aber</u> es heißt jetzt hier nicht <u>ihr</u> sonnern wie heißt es (?)

322 HD   euch hier ist ich hab ich gesagt nur ein-eh Reflexivverb (.) eh

323   Reflexivpronomen (.) es kommt nur mit diesem Verb (.) hier als

324   Beispiel

325 L   gut es is also dieselbe Person wie hier (.) jaa (.) ddd

326 HD   ddd euch kommt

327   nur mit e-einigen Verben <u>nicht</u> mit allen (.)

328 L   wie isses denn ↗hier (?) anstatt euch unbeliebt zu machen (.) <u>arbei</u>-

329   <u>tet</u> <u>doch</u> ⌐umfangreiche Ermahnung E's┘ bitte Nuhad ddd   ·

330 Nh   eh eu- euch eh euch ist hier (.) eh auch wie ein Subjekt sie ist

331   nicht ein ganz richtige Subjekt sie <u>kommt</u> für ein Subjekt sie <u>macht</u>

332   ein Subjekt

333 L   ddd

334 Nh   (((laut, L übertonend))) der Subjekt ist weg (.) in

335   diesem Beispielsatz

336 L   aber (.) Hassan hat ddd

337 Nh   ddd

338 L   (((laut, Nh übertonend))) Hassan El-Dib hat

339   gesagt eh das Subjekt ist dem Sinn nach ist (..) ist ein <u>ihr</u> (.)

340   und zu ihr gehört diese Form (((schreibt 'euch' an die Tafel)))

341 S   eusch

342 L   <u>euch</u> und ↗welcher (...) ddd

343 Nh   ddd kommt

344   <u>für</u> eine eh eh für für ihr sie nimmt die die (.) sie nimmt (.) eh

345   sie nimmt diesen Platz (.)

346 L   ja (.) 's richtig (.) weil ja ddd ist

347 Nh Anwar E- Anwar Es-Sadāt und-eh Hosni Mubārak↓

348 S   ummāl (was soll denn

349   das jetzt?)

350 Nh   Hosni-Mbārak

351   kommt (.) für Anwar Es-Sadāt ddd er

352 L   ja

353 Nh   ist wie Anwar Es-Sadāt (.) dann

354   ist

355 L   ja

356 Nh   euch (.) gleich wie ihr die

357 L   ja

358 Nh   kommt (.) für ihr

359 L   ja

360 SS (((Lachen))) yā salām (Klasse!)

361 L   ja Stellvertreter sozusagen↓ nimmt den Platz (.) ja ⌊..⌋ bitte

362 W   euch hier eh gehört nicht eh zu (.) zu zu machen man kann eh nicht

363   sagen sich sich machen (.) es es gehört zu (.) zu eh arbeit oder

364   zu i-ihr (..)

365 S   nee (.) ddd

366 HD (?nochmal?) (.) euch zu machen eu-euch unbeliebt zu machen das ge-

367   hört zu machen

368 W   la' (nein)

369 ⌈ S ddd
    ⌊
370 ⌊ L aber e-er fragt natürlich heißt-eh gibt es ein Verb sich machen (?)

371 S   ah (ja)

372 ⌈ Ad ja sich
    |
373 | L   sich unbeliebt
    |
374 | Ad   unbeliebt
    |
375 | L   machen
    |
376 ⌊ HD   sich ddd

377 L   ja (.) gut und insofern ist das (...) (((unterstreicht 'euch' an

378   der Tafel))) ist das reflexiv ⌊wiederholt 'anstatt'-Konstruktion⌋

379   prima (.) mh↗

380 Sa (((schnell))) oder wenn man-eh (.) eh sieht euch dann denkt man an

381   ihr dann ist ihr der Akkusativ↓ (.) aber wenn man-eh z.B.-eh

382 ?   sssch

```
383 ┌ Sa  sagt anstatt mich unbeliebt zu machen ar-bei-te ich doch
384 │ L                                                              ja
385 └ Sa  dann ha- dann ist er der-eh Akkusativ ich weil m- eh mich steht
386   L   eja (.) is richtig (.) und wie geht es denn nu mit wir (?) (..)
387   HH  uns (.)
388   L   ja uns und wir↙ wer ↗kann den Satz jetzt ma mit uns und wir machen
389       (?) (.)
390   S   ↗uns
391   HH  uns und wir (?) (.)
392   L   ↗ja (.) wir und uns gehören auch zusammen (..)
393   N   erste ↗Satz
394   L   oder↗ anstatt (.) ddd↙
395   S   Frau NN
396   L   ⎣wiederholt Aufforderung⎦ Abdel
397   AR  wir wollen kritisieren anstatt uns au- eh auf den Hintern se- eh
398 ┌     setz-
399 │ L        zu
400 │ AR          eh zu ler-
401 │ L                     setzen
402 └ AR                        setzen
403   L   gut oder wie heißt es hier (((deutet auf Tafelbeispiel))) (?)
404   S   wir wollen kritisieren
405   L   das könn' die ja sagen↙ (.) macht mir Spaß
406 ┌ AA  schwer (.) anstatt eu- eh uns unbeliebt zu machen (.) eh (.) ar-
407 │ S                                                                ar-
408 │     beiten
409 └ AA      arbeiten wir doch
410 ┌ W   neinneinneinnein
411 └ Ad      sollten wir arbeiten
412   SS  xdxdx
413   L   oder wollen wollen wir arbeiten↙ (.) geht (.) ↗bitte was (?is?)
414 ┌ HH  würden wir arbeiten
415 │ W                     nein isch
416 │ HH                             (((leise))) würden würden
417 └ W                                                      wollte ddd eh
418       eh sagen↗ ddd wir wir müssen arbeiten wir sollen arbeiten
```

419	L	anstatt oder wir <u>wollen</u> arbeiten anstatt uns unbeliebt zu machn
420	SS	xäxäx

∠Eine Schülerin weist auf einen Satz aus dem Lektionstext hin:
"Vor 30 Jahren habe ich in unserer Abiturzeitung mal einen Lehrer
kritisiert, ohne ihn beim Namen zu nennen."7

421	L	(((schreibt an die Tafel))) er hat (.) ihn (.) kritisiert↗ (...)
422	Y	(((leise))) ohne sie beim Namen zu nennen
423	L	bitte↗
424	HH	ohne beim Namen
425	Y	ohne beim Namen
426	HH	zu nennen
427	L	(((schreibt an die Tafel))) <u>ohne</u> (.) ihn (.) beim Namen (.) zu
428		nennen ↗wem fällt was auf (?) (..)
429	SS	(((Klingelzeichen))) xdxäx
430	L	o.k. (.) euch fällt auf daß es klingelt
431	SS	XÄXÄX

∠Ende7

3. Orientierungspunkte für eine FSU-Theorie und -Praxis

Damit die von uns erarbeitete Bedeutungskonzeption für eine
FSU-Theorie und für die Praxis nutzbar gemacht werden kann, ist
es notwendig, kurz auf die Rahmenbedingungen des FSU sowie auf
Fragen der Lehrmethodik einzugehen. Daraus lassen sich einige
Forderungen ableiten, die wir abschließend skizzieren.
Wir behandeln die genannten Punkte nicht erschöpfend, sondern
deuten lediglich die Richtung an, in die u.E. eine sinnvolle
FSU-Konzeption auszuarbeiten wäre.

3.1 Rahmenbedingungen und Ziele des FSU

Die Frage nach einer adäquaten Methodik des FSU setzt die Frage
nach den Zielen des FSU voraus, und diese sind wiederum durch
gesellschaftliche und ökonomische Faktoren bestimmt.
Die zunehmenden Verflechtungen internationaler Beziehungen auf
wirtschaftlichem und politischem Gebiet, die Möglichkeit, fast
jeden Punkt der Erde relativ schnell zu erreichen, politisch
und wirtschaftlich motivierte Immigration, Massentourismus und
Bildungsbewußtsein haben dazu geführt, daß Begegnungen mit Menschen anderer Kulturen fast schon alltäglich geworden sind. Dadurch ist der gesellschaftliche 'Bedarf' an Personen mit Fremd-
sprachenkenntnissen gestiegen.
FSU unterliegt als integraler Bestandteil des schulischen Fächerkanons bei der Bestimmung von Lernzielen ebenso wie alle
anderen Schulfächer politisch motivierter Planung. Diesen Aspekt behandeln J. Kramer und A. Vielau (1977) vor dem Hintergrund eines für den Deutschen Bildungsrat verfaßten Gutachtens
von K. Schröder (1975). Nach J. Kramer/A. Vielau setzt Fremdsprachenplanung einen fremdsprachenpolitischen Konsens voraus
(1977:100):

"Wer soll zu welchem Zeitpunkt seiner Ausbildung in welchem Umfang welche Fremdsprache(n) lernen? Für welche Verwertungszu-
sammenhänge soll gelernt werden? Sollen unterschiedliche Lern-
wege konzipiert werden und welches sind die Differenzierungs-

kriterien und differenziellen Lernziele? Welcher Grad der
fremdsprachlichen Kompetenz wird jeweils angestrebt und nach
welchen Kriterien überprüft?"

Dabei haben die Beteiligten, d.h. Lerner, Lehrer, politisch-
administratives System, Abnehmerorganisationen, unterschiedliche Interessen. Als Minimalkonsens betrachten J. Kramer/A. Vielau (1977:101):

"1. Die Betonung der prinzipiellen Gleichwertigkeit und Gleich-
berechtigung der Nationalsprachen (...) mit dem Korrelat
mittelfristig multilingualer Spracherziehung in den Schulen.
2. Pragmatische Lernziele haben Vorrang vor den Bildungszie-
len (Landeskunde, Literatur etc.).
3. Die Fremdsprachenausbildung ist auf alle Schüler bei möglichst frühem Beginn des FU zu erweitern." (Hv. J.K./A.V.)

Die anhaltende Tendenz, Ausbildungsaufwendungen zur Deckung des

Qualifikationsbedarfs so gering wie möglich zu halten, drückt

sich aus in der Forderung nach 'realistischen' Lernzielen, 'Ef-

fektivierung' des Fremdsprachenunterrichts, 'Vereinheitlichung'

von Leistungs- und Prüfkriterien' etc.:

"Jener Fremdsprachenunterricht ist der effektivste, der ein
Höchstmaß an fremdsprachlichem Können auf Wegen erreicht, die
möglichst viele und intensive nicht fachgebundene Lernprozesse
ermöglichen (...). Jedes Fach muß im Rahmen seiner spezifischen
Zielsetzung das Gesamtziel von Schule mitverfolgen." (Schröder
1975:20)

Unter 'fremdsprachlichem Können' wird dabei offensichtlich eine

von gesellschaftlichen Bezügen isolierbare Beherrschung gramma-

tikalischen Regelwissens verstanden. Denn nur ein solches Ver-

ständnis erklärt K. Schröders Auffassung, Fremdsprachenunter-

richt könne nur wenig dazu beitragen, das 'Gesamtziel von Schu-

le' zu erreichen, das in der "Erziehung zum autonomen Menschen"

(Schröder 1975:21) bestehe. Diese beinhalte die Befähigung zur

eigenen Meinungsbildung, Kooperation etc. Lernziele und Inhalte

des Fremdsprachenunterrichts dagegen seien durch die Eigenarten

der jeweils zu lernenden Sprachen bereits vorgegeben. Die u.E.

zentrale Aufgabe der Vermittlung fremdkultureller Bedeutung im

jeweiligen gesellschaftlichen Bezugssystem wird als "Akzentver-

schiebung im FU zugunsten eines Pseudo-Sozialkundeunterrichts"

(Schröder 1975:21) interpretiert und abgelehnt; landeskundliche

245

Elemente seien lediglich als Semantisierungshilfen anzusehen.
Die Möglichkeit, eigene soziale und sprachliche Erfahrungen aus
der Sicht einer fremden Kultur erneut zu überdenken und zu relativieren, wird durch ein solch rigides FSU-Konzept ausgeschaltet (vgl. Kramer/Vielau 1977:104).
Ein weiterer Einwand, der gegen das Schröder'sche Gutachten er-
hoben werden muß, betrifft die Ausführungen zum fremdsprachlichen Curriculum: Rezeptive Fähigkeiten sollen in den Vordergrund gestellt werden, eine Entscheidung, die neurophysiologisch zu begründen versucht wird, ohne zu berücksichtigen, daß
die Gründe für das Überwiegen rezeptiver gegenüber produktiver
Kenntnisse der FS-Lerner in erster Linie in der derzeitigen Unterrichtspraxis zu finden sind. Die dort bestehenden kommunikativen und unterrichtsmethodischen Bedingungen begünstigen einseitig die Ausbildung rezeptiver Fähigkeiten und erschweren
den Erwerb von Fähigkeiten im produktiv-kreativen Bereich.
Vorschlägen wie dem hier referierten zu folgen würde bedeuten,
die Ergebnisse mangelhafter Praxis nicht nur curricular fest-
zuschreiben, sondern diese Praxis darüber hinaus nachträglich
zu legitimieren.
FSU sollte u.E. auf die Beherrschung einer Fremdsprache in allen sprachlichen Modalitäten abzielen und bei der Bedeutungsvermittlung die Komplexität des Begriffs 'Bedeutung', so wie
wir sie aufgezeigt haben, berücksichtigen.
Inwiefern das o.g. 'neurophysiologische' Argument, das von
K. Schröder angeführt wird, Gültigkeit hat, wollen wir im
nächsten Kapitel im Zusammenhang mit methodischen Fragen des
FSU kurz behandeln.

3.2 Sprachlehrmethoden im Vergleich

Bedeutungen sprachlicher Ausdrücke können nicht allein durch
die Vermittlung lexikalischen Wissens erworben werden. Bedeutungen sind an situative Kontexte gebunden, werden von den Interaktionspartnern ausgehandelt und sind durch eine Vielzahl
von Kontextmerkmalen 'gebunden'. Dieser variable und dynamische Aspekt sprachlicher Bedeutungen ist es, der den Lernenden auch und gerade vermittelt werden muß.
Eine erste Entscheidung darüber, mithilfe welcher Lehrmethoden diese Vermittlungstätigkeiten am zweckmäßigsten durchgeführt werden können, liegt u.E. in der Frage, inwiefern eine
Lehrmethode diejenigen psychischen Prozesse anspricht, die
beim Lerner während der Produktion und Rezeption von Sprache
in allen vier Modalitäten (Hören, Sprechen, Lesen, Schreiben)
ablaufen. Die materielle Basis dieser psychischen Prozesse besteht aus einem komplizierten Zusammenspiel verschiedener
Hirnstrukturen. Die im Prozeß der Evolution erfolgte Lateralisierung des menschlichen Gehirns hat zur Ausbildung von zwei
Gehirnhälften geführt, die auf unterschiedliche Aufgaben spezialisiert sind und im engen Zusammenspiel das menschliche
Verhalten steuern. Nach dem derzeitigen Forschungsstand (vgl.
z.B. Heeschen 1981) hat die linke Gehirnhälfte des Neocortex
vorwiegend analytische und die rechte Hälfte vorwiegend emotio-
nal-affektive Funktionen. Für Sprachproduktion und -rezeption
ist überwiegend die linke Gehirnhälfte zuständig. Die Verarbeitung der einlaufenden sensorischen Informationen geschieht dabei modalitätsspezifisch in zwar eng verzahnten, aber doch ab-
grenzbaren Gebieten des Gehirns, den sensorischen Zentren. Die
Umsetzung in Verhaltensprogramme geschieht in den motorischen
Zentren. Dabei ist zu beachten, daß diese Zentren keine iso-
lierbaren Einheiten des Gehirns darstellen, sondern großflächi-
ge und untereinander vernetzte Bereiche (vgl. Abb. 23). Die Lage des motorischen (Broca) und des sensorischen (Wernicke)
Sprachgebietes verdeutlicht Abb. 24.

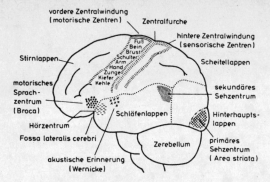

Abb. 23   Die wichtigsten Funktionszentren der
          menschlichen Großhirnrinde
          (aus: Schurig 1976:155)

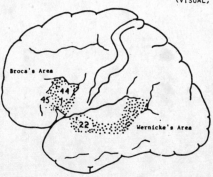

(Die Ziffern beziehen sich auf die Brodmann'sche Numerierung der Gehirngeb.)

Abb. 24   Lokalisation der Sprachgebiete
          (aus: Walsh/Diller 1978:6)

Das motorische Sprachgebiet hat die Funktion der Planung, Koordinierung und Initiierung der expressiven motorischen Sprachtätigkeit (Sprechen, Schreiben) und steht in enger Verbindung mit anderen motorischen Systemen. Das sensorische Sprachgebiet hat die Funktion, perzipierte Sprache zu verarbeiten und zu 'verstehen'. Es steht in enger Verbindung mit anderen sensorischen Verarbeitungssystemen. Entlang der sog. Rolandischen Furche (Zentralfurche (vgl. Abb. 23)) werden motorische und sensorische (Sprach-)Gebiete miteinander verbunden.

Lehrmethoden, die auf Vermeidung bzw. Verzögerung des Sprechens ausrichtet sind, wie die Methode des 'Rapid Acquisition of Foreign Language by the Avoidance of Speaking' von H. Winitz/ J.A. Reeds (1973) basieren somit lediglich auf visuell-auditiven Assoziationen und Wort-Objekt Beziehungen:

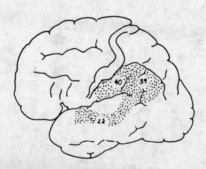

METHOD

CHOOSING CONTRASTING PICTURES
WITH PRESENTED AUDITORY WORDS
AND SENTENCES.

NO SPEAKING OR WRITING
UNTIL VOCABULARY AND
GRAMMAR ARE LEARNED.

FOLLOWS SENSORY PATTERN
OF NATIVE LEARNED SPEECH.

CORTICAL AREAS

AREA 22, WERNICKE'S AREA.
VERBAL DETECTION AND
ANALYSIS OF ELEMENTS OF
LANGUAGE.

AREA 39. VISUALIZATION OF
LANGUAGE, IN ASSOCIATION
WITH WERNICKE'S AREA.

AREA 40. WORD-OBJECT RELATION
TOWARD COGNITIVE AND INTELLECTUAL
PROCESSES.

Abb. 25   Methode und einbezogene Gehirngebiete
bei Winitz/Reeds (1973)
(aus: Walsh/Diller 1978:10)

Diese Methode (vgl. auch Asher 1969; Olmsted-Gary/Gary 1981)
scheint uns anwendbar nur auf einen kleinen Kreis von FS-Lernern und ist mit unseren für den FSU postulierten Zielen nicht
vereinbar. Zwar mögen grundlegende grammatische Strukturen
ebenso wie ein Basiswortschatz relativ schnell vermittelt werden können. Nicht vermittelt wird jedoch die Fähigkeit zu
sprechen und somit im Diskurs mit Muttersprachlern Bedeutungen
auszuhandeln. Die Zuordnung von sprachlichen Bedeutungen zu
Bildern oder einzelnen Objekten begünstigt darüber hinaus die
Ausbildung statischer Bedeutungsstrukturen.
In ähnlicher Weise abzulehnen ist die Methode des 'Mimicry,
Memorization and Pattern Drill' da sie Sprachlernen reduziert
auf ein mechanisches Reproduzieren von Sprachstrukturen und
die Frage der Bedeutungen ausklammert:

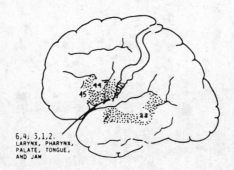

METHOD	CORTICAL AREAS
AUDIO-LINGUAL PATTERN DRILL OF MIMICING AND MEMORIZING WORDS AND SENTENCES.	AREA 22, WERNICKE'S AREA. VERBAL DETECTION AND ANALYSIS OF ELEMENTS OF LANGUAGE.
EMPIRICIST-BEHAVIORIST LEARNING THEORY, ASSUMES LANGUAGE AS SPEECH HABITS.	AREAS 44 + 45, BROCA'A AREA. ASSOCIATED WITH SOMATIC SENSORY-MOTOR REGIONS.
NO EMPHASIS PLACED ON WORD-OBJECT ASSOCIATION TOWARD COGNITIVE AND INTELLECTUAL PROCESSES.	AREAS 6, 4; 3,1,2. SOMATIC SENSORY-MOTOR REGIONS OF LARYNX, PHARYNX, PALATE, TONGUE AND JAW.

6,4; 3,1,2.
LARYNX, PHARYNX,
PALATE, TONGUE,
AND JAW

Abb. 26   Methode und einbezogene Gehirngebiete
          beim Pattern Drill
          (aus: Walsh/Diller 1978:11)

Diese klassischen Methoden des amerikanischen Behaviorismus
sollen hier nicht weiter kritisiert werden.

Am ehesten sehen wir die von uns vertretende Bedeutungskonzeption und die Vermittlung von Bedeutungen im FSU vereinbar mit
der 'Direct Method of de Sauzē' (1929) (nicht zu verwechseln
mit der Berlitz'schen Direct Method). Nicht nur werden hier alle sprachlichen Modalitäten angesprochen, sondern auch das bewußte Verstehen grammatischer Strukturen und die Beziehung zwischen Wort, Objekt und Situation in den Vermittlungs- und Lernprozeß einbezogen:

METHOD

AUDITORY-VISUAL INFORMATION
EMPHASIZING WORD-OBJECT RELATION
TOWARD COGNITIVE AND INTELLECTUAL
PROCESSES.

VERBAL COMPREHENSION COMBINED
WITH VERBAL EXPRESSION.

COMPREHENSION OF WRITTEN
(VISUAL-AUDITORY) WORDS AND
SENTENCES INTEGRATED WITH SKILLED
SOMATIC SENSORY-MOTOR REGIONS.

FOLLOWS NEUROGENETIC PROGRESSION
INCREASED BY COGNITIVE AND
INTELLECTUAL SKILLS. INDIVIDUAL
DIFFERENCES SEEN WITHIN PROGRESSION.

CORTICAL AREAS

AREA 22, WERNICKE'S AREA.
VERBAL DETECTION AND
ANALYSIS OF ELEMENTS OF
LANGUAGE.

AREA 40. WORD-OBJECT RELATION
TOWARD COGNITIVE AND INTELLECTUAL
PROCESSES.

AREAS 44 + 45, BROCA'S AREA.
ASSOCIATED WITH SOMATIC
SENSORY-MOTOR REGIONS.

AREAS 6, 4; 3, 1, 2. SOMATIC
SENSORY-MOTOR REGIONS OF
THE LARYNX, PHARYNX,
PALATE, TONGUE, DIGITS,
HAND, FOREARM, UPPER ARM,
SHOULDER.

AREA 39. VISUALIZATION OF
LANGUAGE IN ASSOCIATION
WITH WERNICKE'S AREA.

Abb. 27   Methode und einbezogene Gehirngebiete
           bei de Sauzē
           (aus: Walsh/Diller 1978:11)

So ungewöhnlich die Koppelung der Frage nach der adäquaten
Lehrmethode mit neurolinguistischen Ergebnissen auch auf den
ersten Blick sein mag (vgl. auch Lado 1967), so aufschlußreich
ist sie u.E. doch für die Beantwortung der Frage, was die Lehrmethoden in Bezug auf die Bedeutungsvermittlung leisten können:

Haben wir für die Bedeutung eines sprachlichen Ausdrucks doch gerade seine unlösbare Einbettung in die Gesamtheit der kognitiven
Strukturen hervorgehoben. Je weniger kognitive Bereiche eine
Lehrmethode anspricht und je ausschließlicher sie einige wenige
kognitive Bereiche bevorzugt, desto weniger scheint sie uns für
den FSU geeignet zu sein.

Wir können W.R. Schumm (1981:17f) nur zustimmen, wenn er sagt:

"Man könnte in der Tat zu einem für viele Lerntheoretiker nie-
derschmetternden Ergebnis kommen: ob über die direkten, gramma-
tisierenden, vermittelnden, linguistischen, psychologischen, alten oder modernen Theorien, die Ergebnisse unterscheiden sich
wohl nur in Nuancen, wenn Unterricht unter Zugrundelegung von
Lehr- und Lernstrategie einer bestimmten Lerntheorie folgt. Der
Grund hierfür liegt meines Erachtens u.a. in der Tatsache, daß
man in der Vergangenheit vor lauter Gutgläubigkeit an einen
bestimmten lerntheoretischen Ansatz offenbar übersehen hat, daß
sich Sprachaneignung in starker Abhängigkeit vom sozio-kulturel-
len Kontext vollzieht (...)." (Hv. B.H./R.M.)

3.3 Probleme fremdsprachlicher Bedeutungsvermittlung

Die im vorangegangenen Kapitel skizzierten sprachlehrmethodi-
schen Mängel, insbesondere unter dem Aspekt der Bedeutungsvermittlung, haben ihre Ursachen in einer ungenügenden theoretischen Reflexion der Einflußfaktoren bei Begriffsbildungsprozes-
sen. So ist bisher kaum beachtet worden, daß diese Prozesse
unterschiedlich ablaufen, je nachdem, ob sie sich in der gesellschaftlichen Praxis der Fremdkultur oder im Klassenzimmer
vollziehen.
Eine besondere Schwierigkeit beim FS-Erwerb im Klassenzimmer
besteht darin, daß zu lernende sprachliche Ausdrücke sich zwar
in Ausgangs- und Zielsprachenkultur auf gleiche Objekte beziehen können, aber dennoch die Bedeutung dieser sprachlichen
Ausdrücke verschieden ist. Der Grund hierfür läßt sich leicht
aus der von uns dargestellten Bedeutungskonzeption ableiten:
Mit sprachlichen Ausdrücken wird auf außersprachliche Objekte
Bezug genommen, und sie werden als ein Mittel zur Steuerung
bei Koordinationsproblemen in gesellschaftlichen Interaktions-
und Kooperationsbeziehungen eingesetzt. Je nach Kultur und gesellschaftlicher Organisationsstruktur sind sowohl die Art der
Bezugnahme als auch die Einsetzungskonventionen verschieden.
Das wesentliche Problem bei der Bedeutungsvermittlung liegt für
Lehrer und Lerner also darin, diese spezifischen Konventionen
herauszuarbeiten bzw. zu lernen, es liegt damit weniger in der
Ausdrucks- als in der Inhaltsseite sprachlicher Äußerungen.

Ein Beispiel für solche Bedeutungsunterschiede schildert
B.-D. Müller (1980), indem er von den Erfahrungen eines jungen
Österreichers berichtet, die dieser mit einem peruanischen
'Colectivo' (etwa 'Bus') vor Ort sammelte. Daraus ergibt sich,
daß der 'Colectivo' ein Massentransportmittel mit Motorantrieb
ist, das erst dann losfährt, wenn alle (!) Plätze besetzt sind,
das seine Fahrtrichtung auf Mehrheitsintervention der Fahrgäste
(!) hin ändert u.a.m. 'Colectivo' geht durch die spezifischen
gesellschaftlichen Verhältnisse bestimmte Bedeutungsrelationen

zu anderen Begriffen ein. Diese Bezugsbegriffe müssen durch eine sozialwissenschaftliche Analyse aufgedeckt werden; eine Bestimmung allein aufgrund äußerlicher oder rein sprachlicher
Merkmale ist nicht möglich. Die Bezugsbegriffe entsprechen weder in Umfang, Zahl oder Qualität denen, die einem deutschen
(oder österreichischen) 'Bus' zugeordnet werden können.

"Die Bedeutung von Gegenständen ist eher an der Funktion fest-
gemacht, die sie in einer gesellschaftlichen Praxis haben, als
an ihren äußeren figural-quantitativen Merkmalen." (Müller
1980:104f)

Im Gegensatz zum Bedeutungserwerb im Klassenzimmer werden bei
der Ausbildung von Begriffen im Zielsprachenland diese unterschiedlichen Verbindungen erworben "im Sinn von notwendigen ge-
sellschafts-spezifischen Beziehungen der Dinge untereinander"
(Müller 1980:106; Hv. B.-D.M.).

Die o.g. Begriffsbezüge äußern sich sprachlich durch bestimmte
Indikatoren, vor allem Konjunktionen und Konjunktionaladver-
bien. Im folgenden Beispiel sind jene Begriffe, die in kultur-
spezifisch-'logischen' Verbindungen zueinander stehen, durch
Großbuchstaben gekennzeichnet:

"Und dann haben sie mich nachts um 2 h AUS DEM BETT GEHOLT,
nur weil jemand einen KRATZER AN meinen WAGEN gefahren hat."
(Müller 1980:107; sämt. Hv. B.-D.M.)

Diese Äußerung eines in der BRD lebenden Spaniers zeigt sein
Bemühen, aber gleichzeitig die Schwierigkeit, Regeln der fremdkulturellen Praxis aufzudecken.

Der traditionelle FSU gibt auch im Bereich der Landeskunde nur
wenig Hilfe zur Ausbildung von Strategien, mit denen soziale
Verhältnisse situationsbezogen erfaßt werden können. Das Erarbeiten solcher Sprachlernstrategien sollte u.E. primäre Aufgabe
von (Fremd-)Sprachenunterricht werden.

"Für eine Veränderung der Unterrichtspraxis zugunsten eines ge-
sellschaftsbezogenen Sprachunterrichts ist Voraussetzung - da
es sich um die Vermittlung von Strategien handelt -, daß der
Unterrichtende selbst sich entsprechende Lerngewohnheiten wenigstens ansatzweise erarbeitet hat." (Müller 1980:109)

Erklärungsmuster wie "TO SAY HELLO bedeutet GUTEN TAG SAGEN,
aber man gibt sich auch die Hand" (Müller 1980:109) sind kein
geeignetes Mittel der Semantisierung. Will man eine Strategie

der bewußten Aneignung einer fremden Kultur entwickeln, muß
über linguistische (z.B. kontrastive) Analysen lexikalischer
Einheiten hinausgegangen werden. B.-D. Müller fordert eine
'konfrontative Wortschatzdidaktik', die folgende Schritte umfaßt (1980:116f):

(1) Auswahl eines Begriffs aus einer Lektionseinheit; ausführ-
    liche Erläuterung des Begriffs in seinen semantischen Be-
    zügen zu Nachbarbegriffen unter Zuhilfenahme des Lektions-
    textes sowie von Bildern, Zeitungsausschnitten, Eigener-
    fahrungen etc.;
(2) Konfrontation I: "Erarbeitung des zu erklärenden Begriffs
    innerhalb des kulturspezifschen Teilganzen einer Lektions-
    situation;
(3) Konfrontation II: "Erarbeitung des historischen Zusammen-
    hangs des Begriffs durch Gegenüberstellung mit einem zu-
    rückliegenden - bei Texten aus der Vergangenheit mit einem
    jetzigen - Situationskontext";
(4) Konfrontation III: Gegenüberstellung mit bisher erarbeite-
    ten semantischen Teilganzen; hier stellt das Eingehen neuer
    Verbindungen zu bereits gelernten Begriffen "gleichzeitig
    ein erstes, von den zugrundeliegenden konkret-situativen
    Bezügen abstrahierendes Zusammenfügen der zielsprachigen
    Bedeutungseinheiten dar";
(5) Konfrontation IV: "Vergleiche von mutter- und zielsprachigen
    Begriffssystemen anhand von selbständig erarbeiteten
    kulturneutralen Oberbegriffen".

Wie wenig diese, u.E. richtungsweisenden, Überlegungen heute
im FSU angewendet werden, zeigt eine ebenfalls von B.-D. Müller
durchgeführte Untersuchung über die Erklärungsstrategien von
Lehrern. Das von ihm entwickelte Analyseraster unterscheidet
Vermittlungsverfahren und Bedeutungsaspekte; die Ergebnisse geben Aufschluß darüber, welche Verfahren und Inhalte bei der Semantisierung im FSU bevorzugt werden. Wir beschränken uns im
folgenden auf die Ergebnisse des Bereichs Deutsch als Fremdsprache (vgl. Abb. 28).

(Erläuterung der Abk. in Abb. 28:

D/P = Demez/Puente
K   = E. Kästner: Konferenz der Tiere
eT = eigener Text (B.-D.Müller)
Z   = Zeitungen)

VERFAHREN	Lehrer/ Unterrichtsmaterial				
	D/P	K	eT	Z	Σ
Wort					
Analogie/Opposition	3	7	1	5	16
Übersetzung	-	-	6	-	6
Fremdwort	-	1	-	1	2
Wortableitung	1	5	3	2	11
Synonyme	3	4	3	-	10
Paraphrasierung (in der Fremdsprache)	8	9	5	1	23
Paraphrasierung (in der Muttersprache)	-	-	2	-	2
Antonyme/Abgrenzung	2	3	1	1	7
Hilfsmittel					
Anschauungsobjekte	-	-	2	2	4
Tafelzeichnung	3	-	-	-	3
Bild	9	-	-	3	12
authentische Dokumente (Bild)	-	-	4	3	7
authentische Dokumente (sprachlich)	-	-	-	-	-
Handlung					
Gestik	3	4	5	7	19
Vorspielen	-	1	1	1	3
Klassensituation					
Bezug auf Teilnehmer	3	3	4	1	11·
Bezug auf Vorwissen eines Teilnehmers	7	4	4	-	15
Bezug auf bekannte Lektion	2	-	1	-	3
Bezug auf neue Situation	1	5	1	-	7
Begriffe					
Semantisches Feld	3	5	2	-	10
Bestimmen der Begriffsmerkmale	7	12	6	3	28
Kulturspezifisches Begriffsfeld	-	-	1	-	1
muttersprachliche Bedeutung/(Negativ-)Abgrenzung	2	-	3	-	5
INHALT					
kein weiterer Vorstellungsinhalt für x	9	5	4	7	25
x mit figural-quantitativen Merkmalen	1	-	1	1	3
x in denotativer Definition	5	10	4	9	28
x in Gegenstandsrelation zu x_m	1	1	3	-	5
x in idiosynkratischer Definition	-	-	1	3	4
x in einem Teilganzen der Lektionssituation	-	3	1	-	4
x im historischen Zusammenhang	-	1	2	-	3
x im Vergleich mit x' eines bisher erarbeiteten Teilganzen	3	-	-	-	3
x über kulturneuralen Oberbegriff in Relation zu x_m	1	-	4	-	5
x im kulturspezifischen Begriffsfeld konfrontiert mit x_m	-	-	-	-	-

Abb. 28 Worterklärungsstrategien: Analyseraster/Untersuchungsergebnisse
(nach: Müller 1981:145)

Neben der Analyse der Lehrerstrategien führte B.-D. Müller unter zwölf Autoren von Lehrwerken (Deutsch als Fremdsprache) eine schriftliche Befragung durch; ermittelt werden sollten die
Vorstellungen der Lehrwerkautoren zur Problematik soziokultureller Bedeutungsunterschiede. Die Autoren wurden u.a. gebeten,
selbst soziale Bedeutungserklärungen vorzunehmen, Zielgruppen
für Bedeutungserklärungen, die soziokulturell orientiert sind,
anzugeben sowie den Anteil sozialer Inhalte von Einzelwörtern
einzuschätzen. Wir geben im folgenden einige der Antworten
wieder (Müller 1981:138-140):

Fragestellung: "Ein Ausländer fragt Sie in München in einem
Straßencafé, was HUND für Sie bzw. für einen
Deutschen bedeutet. (Auf dem Fragebogen wurden
einige Bedeutungsaspekte von HUND vorgegeben,
der Verf.) Nebenbei: der Ausländer hat sehr gute
Sprachkenntnisse. Hier Ihre Erklärung:"
Antwort: "1) Ein vierbeiniges bellendes Tier, das sich im
menschlichen Familienkreis wohlfühlt. 2) Ein Haustier,
das oft bellt, manchmal beißt, und hoffentlich das
Haus bewacht. 3) a. Tier - Schutz - Maulkorb - Umwelt-
verschmutzer b. So ein blöder Hund 4) Scheiße auf der
Straße und viele Warnungen, Hunde nicht wildern zu
lassen. Hund, ein negatives Tier in der Stadt 5) Hund
= Freund, Gefährte des Menschen; Tierliebe, Rasse
etc. 6) Also nicht, was ein Hund ist. Am ehesten würde
ich auf einen deuten. Idiomatisch - z.B. Du blöder
Hund! Hundewetter! Hundstage! Son of a bitch!"

Fragestellung: "Für welchen Adressatenkreis sind prinzipiell
derart komplexe Bedeutungserklärungen - vom Inhalt, nicht von der Sprache her - nach Ihren Erfahrungen möglich?"
Antwort: "1) geistig stärkere Schüler 2) Nur für Fortgeschrittene, und erst dann, wenn die Wörter, die zu erklären
sind, selber komplex sind. D.h. also, eine derart
komplizierte Erklärung für 'Hund' wäre sinnlos, wohl
aber mehr für 'Wahrheit'. 3) Fortgeschrittene Studen-
ten 4) Für Spezialisten, (...), aber nicht in einem
Fremdsprachenunterricht 5) Fortgeschrittene 6) Nicht
für Lernende. Eher für Seminare in Semantik usw."

Fragestellung: "Enthält Ihrer Erfahrung nach die Bedeutungsver-
mittlung von Einzelwörtern auch landeskundliche
Inhalte (bzw. können aus landeskundlichen Unter-
richtsphasen Rückwirkungen auf das Verständnis
von Einzelbegriffen ausgelöst werden)?"
Antwort: "1) Bei meinen Schülern nicht 2) Ja, z.B. du - Sie,
Apotheke - Drogerie, Kuchen - Torte 3) Absolut. Z.B.
Auto/Wagen, der Deutsche und sein heilix Blechle

(Ordnung und Sauberkeit??, Deutsche Wertarbeit?) etc.
4) Ja, ganz bestimmt. Beispiel: Trinkgeld. Alkohol ist
nicht eine so puritanische Sünde in Europa wie in USA.
Beamter contra public servant, Autoritätsfigur - Die-
ner des Volkes. 'Sei brav' (militärisch), 'sois sage'
(Ratio), 'be good' (moralisch) 5) Selbstverständlich:
Biergarten, Weinlese etc. (Vaterland) 6) Natürlich"

Begriffsbildung, wie wir sie verstanden wissen wollen, kann nur
auf der Grundlage von Handlungen in ihren gesellschaftlichen
Zusammenhängen adäquat erfolgen und nicht über das Erlernen
isolierter Einzelbedeutungen. Ein solches ganzheitliches Lernen
besteht im "Erkennen der Besonderheit der Einzelbegriffe in ihrem situativen gegenseitigen Bezug untereinander" (Müller 1981:
118; Hv. B.-D.M.).

Gelernt werden damit neue - fremde - Sprach- und Interaktionsformen, die ihrerseits dazu beitragen können, bekannte (Mut-
ter-)Sprach- und Interaktionsformen zu relativieren.

"Die Selbstverständlichkeit der Verbindung von bestimmten Interaktionen und bestimmten Bedeutungen wird gelockert und mit
der Aufhebung der automatischen Koppelung von Handlung und Interpretation stellt sich das Problem der jeweils situativen
Herstellung von Symbolvermittlung der Handlungen." (Schülein
1977:82)

FSU erhält damit bewußtseinsbildenen Charakter und kann zu einer Reflexion des Alltagswissens beitragen:

"Alltagswissen besteht weniger aus reflektierten Wissensbe-
ständen als aus verschiedenen Schichten unbewußten und unre-
flektierten Routinewissens. Lediglich in Krisensituationen, in
denen die routinemäßig praktizierten Handlungsmuster ihren altgewohnten Erfolg versagen, geraten entsprechende Teile des Alltagswissens in den Bereich bewußter Reflexion, die jedoch ge-
wöhnlich nach kurzer Zeit durch praktische Legitimationstheo-
rien zur Stabilisierung der altgewohnten Routinen wieder 'ein-
geschläfert' wird." (Matthes/Schütze 1973:22; Hv. J.M./F.Sch.)

In diesem Sinne sollte jeder FSU eine Krise auslösen! Auch das
Wissen über kommunikative Verhaltensregularitäten würde einer
Reflexion zugänglich, und der Lerner könnte auf (sprachliche)
Stereotype aufmerksam werden.

"Ein Stereotyp im linguistischen Sinne ist der sprachliche Ausdruck einer Überzeugung, die übergeneralisierend und wertend
einer sozialen Gruppe in ihrer Gesamheit bestimmte Eigenschaften und/oder Verhaltensweisen zu- oder abspricht (...) Die Spezifik der sozialen Vorurteile mit Bezug auf jeweils bestimmte

soziale Gruppen variiert jedoch, d.h. verschiedene Sprach-/Kul-
turgemeinschaften haben unterschiedliche Meinungen über eine
bestimmte soziale Gruppe (...)." (Quasthoff 1981:75)

Stereotype Überzeugungen sind ein Wissen, das in einer bestimmten Kultur oder Gruppe nicht sprachlich durch die Mittel des
'syntactic mode' ausgedrückt werden muß, sondern in einer Kommunikationssituation als gemeinsames Hintergrundwissen vorausgesetzt werden kann. Es ist ein notwendiges Wissen zur Einen-
gung von Interpretationsmöglichkeiten sprachlicher Verhaltensweisen in einer 'community of strangers'.

Daraus wird deutlich, welchen Stellenwert die Reflexion des
Alltagswissens gerade im Sprachkontakt und somit für den FSU
haben sollte, rekurriert es doch "auf eine bestimmte gesellschaftliche Erfahrung des sozialen Handelns, die für den Fall
kulturspezifischer Stereotype Nicht-Mitgliedern dieser Kultur
nicht zugänglich ist" (Quasthoff 1981:77). Dies ist entscheidend, denn sprachliche Kommunikation dient, wie wir gezeigt
haben, nicht nur dem Austausch von Nachrichten, sondern in und
mit ihr werden Situationen und Beziehungen definiert. Man bildet sich in der Situation ein Bild vom Anderen und versucht,
das eigene Selbstbild auf ihn zu übertragen.

"Der Schluß vom Reden auf das Tun ist das wichtigste Verfahren,
mithilfe dessen man einen Menschen 'kennenlernt'. Mit dieser
Wichtigkeit ist dann aber gleichzeitig auf die Notwendigkeit
verwiesen, Kommunikation auch in einem fremden Sprach-/Kultur-
kreis mit der Fähigkeit auszustatten, derartige kultur- bzw.
persönlichkeitsrelevante Bedeutungen übermitteln und dekodie-
ren zu können." (Quasthoff 1971:79)

Dies ist über rein grammatikalisches Regelwissen nicht einzu-
holen, sondern muß über das Alltagswissen rekonstruiert werden.
Die Aussagekraft einer Äußerung erschließt sich erst durch die
soziale Bedeutung (vgl. S. 106 d.A.).

"Der Lerner lernt Sprechakt-Indikatoren beherrschen (die z.B.
eine Äußerung zu einer Aufforderung, Frage usw. machen), aber
es steht kein begriffliches Instrumentarium zur Bestimmung dessen zur Verfügung, was der Fremdsprachenlerner lernen muß, um
zu erkennen, wie der muttersprachliche Sprecher, indem er bestimmte sprachliche Formen wählt, seine Beziehungen zu ihm definiert, und er lernt folglich auch nicht gezielt, selbst die
Beziehungsdefinition durch die Wahl sprachlicher Mittel mitzu-
bestimmen." (Hog 1981:44)

Bedeutungen sprachlicher Ausdrücke sind nicht eine feste Menge
wie auch immer gearteter Merkmale, die sich als Lehrbuchwissen
festschreiben und wie mathematische Regeln lernen ließen, sondern unterliegen einem ständigen Wandel.

FSU, der sich den angeführten Argumenten nicht verschließt, wird
nicht länger versuchen, sprachliche Bedeutungen als festge-
schriebene Wissensbestände zu vermitteln; er wird versuchen, dem
Lerner kommunikative Verhaltensstrategien speziell für sprachliches Handeln anzubieten, mithilfe derer er sich die spezifischen
Bedeutungsaspekte der Zielsprache in Kommunikation mit Muttersprachlern erarbeiten kann. Hierzu ist es notwendig, dem Lerner
jene Verhaltensstrategien ins Bewußtsein zu rufen, von denen er
als Muttersprachler unbewußt und routinemäßig Gebrauch macht.

In diesem Sinne soll FSU dafür sensibilisieren,

- "daß Sprechen nicht einfach (Re-)Produzieren von syntaktisch-
  morphologisch-phonetisch wohlgeformten und referentiell korrekten Sätzen bedeutet, sondern eine Form menschlichen Handelns ist";
- "daß die Bedeutung von Sprechhandlungen und die Bedingungen
  für ihr Gelingen (und das bedeutet oft auch einfach ihre Zu-
  lässigkeit (...)) kulturspezifisch sind";
- "daß die Beziehung zwischen Intention und Ausdruck auch immer
  schon Ausdruck einer (vorhandenen oder angestrebten) Partner-
  beziehung ist". (Hog 1981:49; Hv. M.H.)

Speziell bezogen auf die Bedeutungsvermittlung schließen wir uns
den Forderungen B.-D. Müllers (1981:147) an:

"1. Die Bedeutungsvermittlung hat die Aufgabe, dem Lerner aufzu-
    zeigen, daß das Erreichen einer guten Kenntnis über Objekte,
    einen Begriff von etwas bekommen, ein langsamer, etappenwei-
    se fortschreitender Prozeß ist (unabhängig von schulischen
    Kenntnis'bestätigungen' durch Tests, Vokabelarbeiten etc.).
2. Die Bedeutungsvermittlung hat die Aufgabe, eine Grundlagen-
    kenntnis über fremde gesellschaftliche (Bedeutungs-)Zusam-
    menhänge zu schaffen, die für einen Vergleich mit den eigen-
    kulturellen ausreicht.
3. Die Bedeutungsvermittlung hat die Aufgabe, Strategien bewußt
    zu machen, mit deren Hilfe ein Vergleich gesellschaftlicher
    Verhältnisse und gesellschaftlichen Verhaltens im Alltag
    möglich ist.
4. Die Bedeutungsvermittlung hat die Aufgabe, die sozialisato-
    rischen Bedingungen und kognitiven Resultate unbewußt ange-
    eigneter Begriffe in der Muttersprache rekonstruierbar zu
    machen.
5. Die Bedeutungsvermittlung hat die Aufgabe, durch Vergleiche
    von gesellschaftlichen Verhältnissen die Ausbildung eines

historischen Bewußtseins zu unterstützen.
6. Die Bedeutungsvermittlung hat somit die erzieherische Aufgabe dazu beizutragen, daß sich Lerner als gesellschaftliche
Subjekte erkennen (...)."

4. Linguistik und Fremdsprachenunterricht

Es war nicht unsere Absicht, Lehrerinnen und Lehrern konkrete
Handlungsanweisungen für die Vermittlung der Bedeutung sprachlicher Ausdrücke im FSU an die Hand zu geben. Wichtig war uns aufzuzeigen, daß Bedeutungen nicht etwas sind, das man hat, sondern
etwas, das man tut; daß es die Bedeutung eines sprachlichen Ausdrucks nicht gibt; daß Bedeutungen immer soziale Bedeutungen
sind.

Vor diesem Hintergrund hoffen wir, daß unsere Ausführungen beitragen können, Problembewußtsein zu schaffen - insbesondere für
die Lehrenden -, aufgrund dessen Unterricht und die dort auftretenden Probleme besser erkannt und analysiert werden können. Ein
solches Problembewußtsein könnte auch der erste Schritt dazu
sein, Versuche der Bedeutungsvermittlung weniger qualvoll für
Schüler und Lehrer zu gestalten:

"Während dieser Phasen - sie dauern in der Regel 10 - 15 Minuten
(!) - sitzen die Schüler häufig stumm da, grinsen einander an
oder sind mit ihrer Frustration beschäftigt. Die Lehrkraft do-
ziert unterdessen - und die Zeit, die der wirklichen Konversation dienen soll, verrinnt (...)." (Schulz 1978:244)

Zu diesem Problem kann eine sozialwissenschaftlich verstandene
linguistische Theoriebildung einen sinnvollen Beitrag leisten.
Allerdings in eine direkte Übernahme linguistischer Theorien in
die Praxis des FSU nicht möglich. Das liegt u.a. darin begründet, daß die Sprachwissenschaft ihren Untersuchungsgegenstand
häufig als isolierbar betrachtet. Leider ist jedoch das Regelsystem Grammatik kein von anderen Verhaltensregularitäten iso-
liertes Phänomen, sondern eine Verhaltensregularität unter anderen, mit zwar spezifischen Aufgaben und Funktionen, aber stets
im Zusammenhang mit der Steuerung bei der Lösung gesellschaftlicher Koordinationsprobleme zu sehen. Solange dies nicht zum
Selbstverständnis der Linguistik gehört, sind alle Modelle der
Beziehung zwischen Linguistik einerseits und Theorie und Methodik des FSU andererseits nur schöne Bilder.

(aus: Wechselwirkung 11/81)

Die systemlinguistische Aufsplittung der Sprache in Phonetik/
Phonologie, Syntax, Semantik und Pragmatik ist aufzuheben. Die
geistigen Väter dieser Unterscheidung (beginnend mit Ch.W.Morris)
wollten sie ohnehin als eine rein analytische verstanden wissen
und sprachen von funktionalen Aspekten der Sprache, was leider
immer wieder übersehen oder unterschlagen wird.

Die Verzahnung der genannten Ebenen haben wir etwa im Tier-
Mensch-Übergangsfeld (TMÜ) bei der Herausbildung des vokalen Re-
pertoires mit Kundgabe- und Auslösefunktion aufzeigen können und
diese Linie weiterverfolgt über den allmählichen Abbau affektiv-
emotionaler Kommunikationsinhalte zugunsten rational-analyti-
scher Diskurse, in denen schließlich das Sprechen über nicht
vorhandene(s) Dritte(s) raum-zeit-übergreifend möglich wird
(vom 'pragmatic' zum 'syntactic mode'). Auch in der Darstellung
der Ontogenese wurde dieses Ineinandergreifen deutlich.

Die Linguistik hat u.E. für den Fremdsprachenunterricht den
Charakter einer Bezugswissenschaft, die bei der Konzipierung
einer FSU-Theorie - und über diese vermittelt für die FSU-Praxis
- Hilfsdienste leisten kann und auch soll.

"Wenn auf der einen Seite die Sprachwissenschaft allein nicht zu
einer Verbesserung des FU zu führen vermag, so kann es andererseits aber auch keine Verbesserung des FU ohne die Sprachwissenschaft (etwa nur durch methodische Übungstechnologien, durch au-
diovisuelle Verfahren u.ä.) geben." (Helbig 1980:138; Hv. G.H.)

Dabei kann die generelle Künstlichkeit der FS-Erwerbssituation im Unterricht von keiner Linguistik aufgehoben werden (ist dies doch auch kein primär linguistisches Problem).

Man kann versuchen, Künstlichkeit im FSU aufzuheben, indem 'natürliche' Interaktions- und Kommunikationssituationen im Unterricht simuliert werden. Solche Simulationen sind jedoch auf die Vorstellungskraft und -welt der Schüler angewiesen, damit auf das möglicherweise unzureichende Vorwissen der Schüler von authentischen Interaktions- und Kommunikationssituationen in der Fremdkultur. Dies kann sich leicht als ein Pseudowissen herausstellen, das die von uns für die Lehrerseite aufgezeigte stereotype Charakteristik aufweist. Auf diese Weise die Künstlichkeit der Unterrichtssituation quasi durch den 'Griff nach draußen' aufbrechen zu wollen - über die Hereinnahme der fremdkulturellen Welt ohne die Menschen, die in ihr leben, interagieren und kommunizieren - wird scheitern müssen.

Eine andere Möglichkeit besteht darin, die Künstlichkeit der Unterrichtssituation grundsätzlich anzuerkennen und zu thematisieren mit dem Ziel, Strategien für die Aushandlung von Bedeutungen in und mit dem Medium Fremdsprache zu vermitteln und zu erwerben. Mehr scheint uns unter den gegebenen Voraussetzungen nicht machbar zu sein. Ziel eines so verstandenen FSU wäre demnach, den Lernenden bewußt zu machen, daß interkulturelle Kommunikation noch 'vager' ist als muttersprachliche Kommunikation, da kein gemeinsames Alltagswissen unterstellt werden kann, und daß Interpretationsleistungen und Sinnzuschreibungen adäquat nur im Mitvollzug der gesellschaftlichen Praxis in der Fremdkultur möglich sind.

Die Linguistik hat vor allem die Verständigungsfunktion der Sprache in den Vordergrund zu stellen und dem FS-Lehrer die Komplexität dieser Funktion bewußt zu machen. Es liegt auf der Hand, daß reduktionistische Kommunikationsmodelle gerade diese Komplexität nicht abbilden können. Wie ein Modell aussehen kann, das dies leistet, zeigt Abb. 29a/b, in der die für Rezeption, Produktion und Verarbeitung (sprachlicher) Informationen rele-

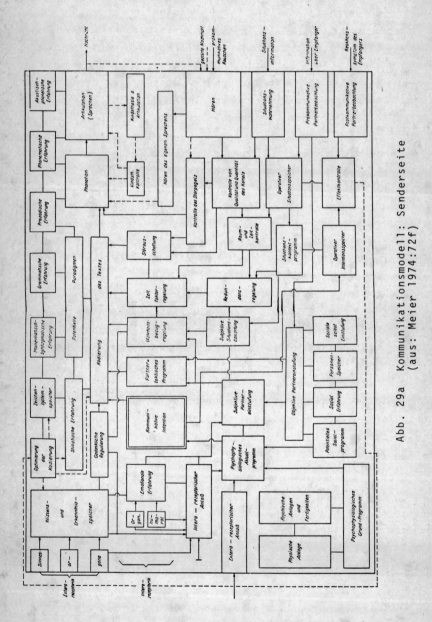

264

vanten Faktoren und deren Ineinandergreifen in einem Flußdia-
gramm dargestellt sind.

Abb. 29a   Kommunikationsmodell: Senderseite
(aus: Meier 1974:72f)

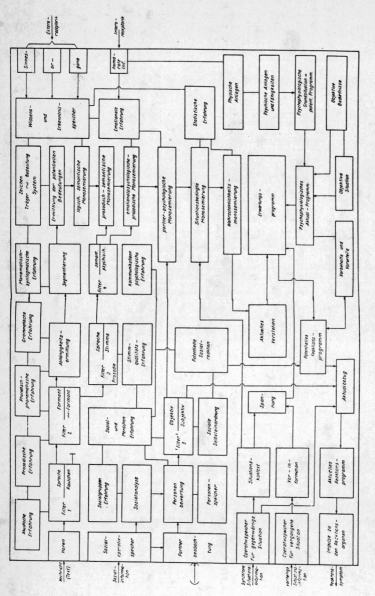

Abb. 29b Kommunikationsmodell: Empfängerseite
(aus: Meier 1974:74f)

Zum Ausklang:

(1) Linguistische Forschung ist sozialwissenschaftliche Forschung.

(2) Linguistische Forschung ist auch und gerade im Bereich des Fremdsprachenunterrichts interdisziplinär.

(3) Aufgabe linguistischer Forschung ist es nicht, Handlungsanweisungen für Didaktik und Methodik des FSU zu geben.

(4) Sie hat jedoch sehr wohl die Aufgabe, für eine solche Methodik und Didaktik die erforderlichen grundlagentheoretischen Erkenntnisse einzubringen.

(5) Hierzu bedarf es grundlagentheoretischer Arbeit, die u.E. bisher kaum durchgeführt worden ist.

(6) Dies hat seine Ursache in einer unzulässigen Reduktion des Gegenstandes 'Sprache'.

(7) Wir haben eine Bedeutungskonzeption darzustellen versucht, die die Richtung anzeigt, in der u.E. eine adäquate Erfassung der Gegenstandsbedeutung des sprachlichen Symbols 'Bedeutung' in der Linguistik gesucht werden sollte.

(8) Die Beschäftigung mit dem Gegenstand 'Bedeutung' in dem von uns aufgezeigten Bezugsrahmen muß Bestandteil der FS-Lehreraus- und -fortbildung sein. Ziel des FS-Lehrerstudiums ist insofern die Ausbildung eines 'Bedeutungsbewußtseins', das dem zukünftigen Lehrer in seiner praktischen Unterrichtstätigkeit die Problematisierung seiner eigenen Semantisierungsversuche bei der Vermittlung fremdkultureller Bedeutung ermöglicht.

(9) Die Vermittlung fremdkultureller Bedeutung ist die zentrale Komponente des FSU.

... über Sprache

"Sie macht die Gedanken austauschbar
und bewirkt, daß die Selbstverständi-
gung des einzelnen - das Denken -
über die Verständigung mit anderen -
die Kommunikation - zum Bestandteil
gesellschaftlichen Bewußtseins wird
(...)."

(I. Wotschke (1980:202))

269

ABBILDUNGSVERZEICHNIS

SACHREGISTER

(Verwiesen wird insbesondere auf solche Textstellen, in denen die aufgenommenen Begriffe eingeführt, erläutert oder definiert werden.)

PERSONENREGISTER

LITERATURVERZEICHNIS

Arbeitsgruppe Bielefelder Soziologen (ABS) (Hg.),1973: Alltagswissen, Interaktion und gesellschaftliche Wirklichkeit. 2 Bde., Reinbek b. Hamburg:
Rowohlt (rororo studium 54, 55).

AK-Linguistikkritik (Hg.),1975: Vorträge und Vortragsnachschriften 1974/75,
Tübingen:Interner Druck der FS Germanistik.

Alban, K., 1979: Eine nicht gehaltene Abiturrede, in: DEO (Hg.), 47-50.

Asher, J.,1969: The total physical response approach to second language
learning, in: The modern language Journal 53, 3-17.

Augst, G. (Hg.),1978: Spracherwerb von 6 bis 16. Linguistische, psychologische und soziologische Grundlagen, Düsseldorf:Schwann.

Bachmair, G., 1980: Handlungsorientierte Unterrichtsanalyse, Weinheim/Basel:
Beltz.

Bates, E., 1976: Pragmatics and sociolinguistics in child language, in:
Morehead, D./Morehead, A.(eds), Normal and deficient child language,
Baltimore.

Baur, R. S., 1980: Resümierende Auswahlbibliographie zur neueren sowjetischen Sprachlehrforschung (gesteuerter Fremdsprachenerwerb), Amster-
dam:Benjamins.

Bialystok, E., 1978: A theoretical model of second language learning, in:
Language Learning 1,28, 69-83.

Bloom, L. et al., 1975: Structure and variation in child language. Mono-
graphs of the Society for Research in Child Development 40(2), o.O.

Bloom, L./Lahey, M., 1978: Language development and language disorders,
New York:John Wiley & Sons.

Bohnenkamp, H., 1975: Selbstdarstellung, in: Pongratz, L.J. (Hg.), Pädagogik
in Selbstdarstellungen, Bd. 2, Hamburg:Meiner, 64-93.

Braun, K.-H./Holzkamp, K. (Hg.),1977: Kritische Psychologie. Kongreßberichte
1977, 2 Bde., Köln:Pahl-Rugenstein.

Bredenkamp, K./Bredenkamp, J., 1979: Was ist Lernen? in: Weinert, F. u.a.
(Hg.), Pädagogische Psychologie, Bd. 2, Frankfurt/M.:Fischer (6116),
607-630.

Brown, R., 1973: A first language: the early stages. London.

Bruner, J.S., 1977: Wie das Kind lernt, sich sprachlich zu verständigen, in:
Zeitschrift für Pädagogik 6, 829-845.

Bühler, K., 1969: Die Axiomatik der Sprachwissenschaft, Frankfurt/M.:Kloster-
mann.

Bühler, K., 1978a: Die Krise der Psychologie, Frankfurt/Berlin/Wien:Ullstein
(3460).

Bühler, K., 1978b: Sprachtheorie, Frankfurt/Berlin/Wien:Ullstein (3392).

Butzkamm, W., 1978: Fremdsprachenunterricht und natürliche Zweisprachigkeit, in: Zielsprache Deutsch 4, 11-20.

Caspers, H., 1970: Zentralnervensystem, in: Keidel, W.D. (Hg.), Kurzgefaßtes Lehrbuch der Physiologie, Stuttgart:Thieme (2. Aufl.), 450-501.

Chomsky, N., 1970: Aspekte der Syntax-Theorie, Frankfurt/M.:Suhrkamp.

Cicourel, A.V., 1973: Basisregeln und normative Regeln im Prozeß des Aushandelns von Status und Rolle, in: ABS (Hg.), 147-188.

Cicourel, A.V., 1977: Die Aneignung der sozialen Struktur: Zu einer Entwicklungssoziologie von Sprache und Bedeutung, in: Wenzel/Hartig (Hg.), 120-155.

Clark, E., 1973: What's in a word? On the child's acquisition of semantics in his first language, in: Moore, T. (ed), Cognitive development and the acquisition of language, Washington D.C., 65-110.

Clark, H.H./Clark, E. (eds), 1977: Psychology and language. An introduction to psycholinguistics, New York:Harcourt Brace Jovanovich.

Cook, V.J., 1977: Cognitive processes in second language learning, in: IRAL 15, 1-20.

Cornu, A.-M., 1981: Die wichtigsten methodischen Schritte bei der Wortschatzvermittlung, in: Müller (Hg.), 95-112.

Cromer, R.F., 1974: The development of language and cognition: The cognition hypothesis, in: Foss, B. (ed), New perspectives in child development, London. (nach: Bruner 1979)

Deutsche Evangelische Oberschule (DEO) (Hg.), 1979: Jahresbericht 1977/78, Kairo.

Desselmann, G., 1979: Zur Nutzung sprachpsychologischer Erkenntnisse bei der Entwicklung des Sprechens im Fremdsprachenunterricht, in: Deutsch als Fremdsprache 3, 138-144.

Dittich, W., 1968: Widerspiegelung und gesellschaftliche Praxis - Über zwei erkenntnistheoretisch relevante Widerspiegelungsbeziehungen, in: DZfPh., Sonderheft, 30-44. (nach:Lorenz/Wotjak 1977)

Dore, J., 1975: Holophrases, speech acts and language universals, in: Journal of child language 2, 21-40.

Eibl-Eibesfeld, I., 1957: Zur Biologie des Iltis (Putoris putorius), Zool. Anz. Suppl. 19. (nach: Klix 1976)

Esser, U./Hellmich, H., 1973: Sprechsituation und Fremdsprachenunterricht, in: Deutsch als Fremdsprache 6, 328-339.

Felix, S.W., 1977: Kreative und reproduktive Kompetenz im Zweitsprachenerwerb, in: Hunfeld, H. (Hg.), Neue Perspektiven der Fremdsprachendidaktik. Eichstätter Kolloquium zum Fremdsprachenunterricht, Kronberg/Ts.: Scriptor, 25-34.

Felix, S.W., 1978: Linguistische Untersuchungen zum natürlichen Zweitspracherwerb, München:Fink.

Fodor, J., 1974: Kritische Anmerkungen zu L.S. Wygotskis 'Denken und Sprechen', in: Leuninger/Miller/Müller (Hg.), 166-182.

Furth, H.G., 1976: Intelligenz und Erkennen. Die Grundlagen der genetischen Erkenntnistheorie Piagets, Frankfurt/M.:Suhrkamp (stw 160).

Gagné, R.M., 1970: Die Bedingungen menschlichen Lernens, Hannover:Schroedel (2. Aufl.).

Galparin, P.J., 1969: Die Entwicklung der Untersuchungen über die Bildung geistiger Operationen, in: Hiebsch, H. (Hg.), Ergebnisse der sowjetischen Psychologie, Stuttgart, 367-405.

Galparin, P.J., 1980: Das Sprachbewußtsein und einige Fragen der Beziehungen zwischen Sprache und Denken, in: OBST 15, 52-65.

Garfinkel, H., 1972: Remarks on ethnomethodology, in: Gumperz/Hymes (eds), 301-324.

Givón, T., 1979a: On understanding grammar, New York/San Francisco/London: Academic Press.

Givón, T., 1979b: From discourse to syntax: Grammar as a processing strategy, in: Syntax and Semantics, Vol. 12, New York, 81-112.

Greenberg, J.H. (ed), 1966: Universals of language, Cambridge:MIT-Press.

Gumperz, J.J., 1972: Introduction, in: Gumperz/Hymes (eds), 1-125.

Gumperz, J.J., 1976: The speech community, in: Giglioli, P.P. (ed), Language and social context. Selected readings, Harmondsworth (4. Aufl.), 219-231.

Gumperz, J.J./Hymes, D. (eds), 1972: Directions in sociolinguistics. The ethnography of communication, New York:Holt, Rinehart & Winston.

Heeschen, C./Reischies, F., 1981: Zur Lateralisierung von Sprache, in: Schnelle (Hg.), 41-58.

Helbig, G., 1975: Zu Problemen der linguistischen Beschreibung des Dialogs im Deutschen, in: Deutsch als Fremdsprache 2, 65-80.

Helbig, G., 1980: Die Bedeutung der Sprachwissenschaft für den Fremdspra- chenunterricht, in: Deutsch als Fremdsprache 3, 138-146.

Henatsch, H.-D., 1976: Bauplan der peripheren und zentralen sensomotori- schen Kontrollen, in: Haase, J. u.a. (Hg.), Sensomotorik, München/Berlin/ Wien:Urban & Schwarzenberg, 193-263.

Hockett, C.F., 1960: Logic considerations in the study of animal, in: Lan- yon, W.E./Tarolga, W.N. (eds), Animal sounds and communication, Washing- ton D.C., 392-430.

Hoffmann, B., 1977: Referat zum Thema: Die Fruchtbarkeit kritisch-psycholo- gischer Ansätze für die Theorie der Massenkommunikation, in: Braun/Holz- kamp (Hg.), Bd. 1, 452-472.

Hog, M., 1981: Sprachliche Register. Zum Verhältnis von Sprechintention und -ausdruck im Fremdsprachenunterricht, in: Müller (Hg.), 39-51.

Holzkamp, K., 1973: Sinnliche Erkenntnis. Historischer Ursprung und gesell- schaftliche Funktion der Wahrnehmung, Frankfurt/M.:Fischer (FAT 4100).

Holzkamp, K./Schurig, V., 1973: Zur Einführung in A.N. Leontjews 'Probleme der Entwicklung des Psychischen', in: Leontjew, XI-LII.

Holzkamp-Osterkamp, U., 1975: Motivationsforschung, Bd. 1 (2 Bde.), Frankfurt/New York:Campus (520).

Höpp, G., 1970: Evolution der Sprache und Vernunft, Berlin:Springer.

Hymes, D., 1973: Die Ethnographie des Sprechens, in: ABS (Hg.), Bd. 2, 338-432.

Iljenkow, E.W., 1971: Die Dialektik des Abstrakten und Konkreten im 'Kapital' von Marx, in: Schmidt (Hg.), 87-127.

Inhelder, B., 1976: Einige Aspekte von Piagets genetischer Theorie des Erkennens, in: Furth, 44-71.

Jäger, M., 1977: Wissenschaftstheoretische Kennzeichnung der funktional-historischen Vorgehensweise als Überwindung der Beschränktheit der traditionellen psychologischen Wissenschaftspraxis, in: Braun/Holzkamp (Hg.), Bd. 1, 122-139.

Joas, H., 1972: Diskussion einiger anthropologischer Konzeptionen über den Ursprung der Sprache, Berlin (unveröff. Manuskrips). (nach: Paris 1975)

Joas, H., 1975: Sprechen und Handeln: Über die Bedeutung soziologischer Interaktionstheorien für die Begründung einer materialistischen Sprachtheorie, in: AK-Linguistikkritik (Hg.), 33-47.

Katz, B.A./Sharrock, W., 1979: Eine Darstellung des Kodierens, in: Weingarten/Sack/Schenkein (Hg.), 244-271.

Keseling, G., 1974: Sprach-Lernen in der Schule, Köln:Pahl-Rugenstein.

Keseling, G., 1979a: Sprache als Abbild und Werkzeug. Ansätze zu einer Sprachtheorie auf der Grundlage der kulturhistorischen Psychologie der Wygotski-Schule, Köln:Pahl-Rugenstein.

Keseling, G., 1979b: Textwissen und Gedächtniswissen als Kategorien in einer Theorie sprachlichen Handelns, in: OBST 10, 23-36.

Kielhöfer, B., 1978: Semantisierungsverfahren in der Fremdsprache. Eine Untersuchung zum Interimslexikon deutscher Französischlerner, in: Linguistik und Didaktik 36, 379-399.

Kielhöfer, B./Schmidt, D., 1981: Entstehung und Entwicklung lexikalischer Strukturen beim Zweitsprachenerwerb. Eine Untersuchung zum Lernerlexikon Französisch, in: Die Neueren Sprachen 80/2, 142-164.

Kitrosskaja, I.I., 1971: Zur Untersuchung von Rolle und Lokalisierung des Transfers in der Sprachtätigkeit, resümiert in: Baur, 107-110.

Klix, F., 1976: Information und Verhalten. Kybernetische Aspekte der organismischen Informationsverarbeitung, Berlin:VEB (3. Aufl.).

Klix, F./Sydow, H. (Hg.), 1977: Zur Psychologie des Gedächtnisses, Berlin: VEB.

Königs, F.G., 1980: Der Einfluß interimsprachlicher Systeme auf die Norm im Fremdsprachenunterricht, in: Linguistik und Didaktik 41, 37-55.

Kramer, J./Vielau, A., 1977: Fremdsprachenpolitik und Fremdsprachenplanung. Eine Kritik von Konrad Schröders Gutachten für den Deutschen Bildungsrat, in: Zeitschrift für Literaturwissenschaft und Linguistik 7/25, 100-108.

Krashen, S., 1978: The Monitor Model for second-language acquisition, in: Gringas, R.C. (ed), Second language acquisition and foreign language teaching, Arlington. (nach: Rivers 1980)

Krashen, S./Seliger, H.W., 1976: The role of formal and informal environment in second language learning: A pilot study, in: International Journal of Psycholinguistics 5, 15-20.

Kummer, W., 1975a: Sprache und Interaktion, Universität Bielefeld (unveröff. Manuskript).

Kummer, W., 1975b: Wesen und Ursprung der Sprache, Universität Bielefeld (unveröff. Manuskript).

Kurth, I./Menk, A.-K., 1979: Lernen in der Fremdsprache, in: Deutsch lernen 4, 3-11.

Lado, R., 1967: Moderner Sprachunterricht, München:Hueber.

Laguna de, G.A., 1963: Speech: Its function and development, Bloomington: Indiana UP.

Laing, Ph.D., 1973: Interpersonelle Wahrnehmung. Frankfurt/M.:Suhrkamp (edition suhrkamp 499) (2. Aufl.).

Lange, B., 1960: Funktionalwertverteilung und Mittelfindung. Diplomarbeit (unveröff.), Berlin. (nach: Klix 1976)

Lauerbach, G., 1977: Lernersprache: Ein theoretisches Konzept und seine praktische Relevanz, in: Neusprachliche Mitteilungen 4, 208-214.

Leiser, E., 1977: Zum gegenwärtigen Stand der methodologischen Explikation des historischen Verfahrens der Kritischen Psychologie: unaufgeklärte Probleme, Lösungsansätze und zukünftige Forschungsaufgaben, in: Braun/ Holzkamp (Hg.), Bd. 1, 140-149.

Lenneberg, E.H., 1972: Biologische Grundlagen der Sprache, Frankfurt/M.: Suhrkamp.

Leontjew, A.A., 1972: Das Denken in der Fremdsprache als psychologisches und methodologisches Problem, resümiert in: Baur, 132-134.

Leontjew, A.A., 1981: Psychology and the language learning process, Oxford: Pergamon Press.

Leontjew, A.N., 1973: Probleme der Entwicklung des Psychischen, Frankfurt/ M.:Fischer (FAT 4018).

Leuninger, H./Miller, M.H./Müller, F. (Hg.), (o.J.) 1974: Linguistik und Psychologie. Ein Reader, Bd. 2: Zur Psychologie der Sprachentwicklung, Frankfurt/M.:Fischer (FAT 2083).

Lewandowski, T., 1978: Spracherwerb und kognitive Entwicklung, in: Augst (Hg.), 161-180.

Lewis, D., 1975: Konventionen, Berlin/New York:de Gruyter.

Lipkow, E./Griesel/Domsch, 1981: Probleme und Möglichkeiten des deutschsprachigen Fachunterrichtes Biologie, in: Der deutsche Lehrer im Ausland 1, 34-38.

Lorenz, K., 1935: Der Kumpan in der Umwelt des Vogels, in: J. Ornith. 83. (nach: Klix 1976)

Lorenz, W./Wotjak, G., 1977: Zum Verhältnis von Abbild und Bedeutung, Berlin:Akademie Verlag.

Lorenzer, A., 1972: Zur Begründung einer materialistischen Sozialisationstheorie, Frankfurt/M.:Suhrkamp.

Lorenzer, A., 1976: Zur Konstitution von Bedeutung im primären Sozialisationsprozeß, in: Schecker, M. (Hg.), Methodologie der Sprachwissenschaft, Hamburg:Hoffmann & Campe, 185-203.

Luria, A.R., 1961: The role of speech in the regulation of normal and abnormal behavior, New York:Liveright.

Luria, A.R., 1976: The working brain. An introduction to neuropsychology, Harmondsworth:Penguin.

Martens, K. (Hg.), 1979: Kindliche Kommunikation. Theoretische Perspektiven, empirische Analysen, methodologische Grundlagen, Frankfurt/M.:Suhrkamp (stw. 272).

Marx, K., 1974: Grundrisse der Kritik der Politischen Ökonomie, Berlin: Dietz.

Matthes, J./Schütze, F., 1973: Zur Einführung, in: ABS (Hg.), Bd. 1, 11-53.

Mead, G.H., 1973: Geist, Identität und Gesellschaft, Frankfurt/M.:Suhrkamp (stw 28).

Meier, G.F., 1974: Wirksamkeit der Sprache. Einige theoretische und methodisch-praktische Grundfragen zur Wirksamkeit der Sprache im Kommunikationsprozeß, in: Schmidt, S.J. (Hg.), Pragmatik I, München:Fink, 63-83.

Morris, Ch.W., 1972: Grundlagen der Zeichentheorie, München:Hanser (102).

Müller, B.-D., 1980: Zur Logik interkultureller Verstehensprobleme, in: Wierlacher, A. (Hg.), Jahrbuch Deutsch als Fremdsprache, Bd. 6, Heidelberg:Groos, 102-119.

Müller, B.-D.(Hg.),1981:Konfrontative Semantik.Zur Kritik am Fremdsprachenunterricht aus grundlagentheoretischer Sicht kritischer Psychologie und sozialwissenschaftlicher Linguistik, Tübingen:Narr.

Müller, B.-D., 1981: Bedeutungserwerb. Ein Lernprozeß in Etappen, in: Müller (Hg.), 113-154.

Nelson, K., 1974: Concept, word and sentence: Interrelations in acquisition and development, in: Psychological Review 81, 267-285.

Nelson, K., 1977: The conceptual basis for naming, in: MacNamara, J. (ed), Language learning and thought, New York.

Nelson, K. et al., 1978: Early lexicons: What do they mean? in: Child development 49, 960-968.

Neumann, W., 1981: Über Dualität und materialistische Dialektik in der Sprachwissenschaft, in: Zeitschrift für Phonetik, Sprachwissenschaft und Kommunikationsforschung 5/34, 550-561.

Nottebohm, F., 1975: A zoologist's view of some language phenomena with particular emphasis on vocal learning, in: Lenneberg, E.H./Lenneberg, E. (eds), Foundation of Language Development, Vol. 1, New York:Academic Press, 61-103.

Olmsted-Gary, J./Gary, N., 1981: Caution: Talking may be dangerous to your linguistic health. The case for a much greater emphasis on listening comprehension in foreign language instruction, in: IRAL 1, 1-14.

Olnjanskaya, R.P., 1934: Der Einfluß bedingter Reflexe auf den Grundumsatz. Unionskonferenz der Physiologen, Biochemiker und Pharmakologen, Moskau (russ.). (nach: Klix 1976).

Olson, D.R., 1970: Language and thought: Aspects of a cognitive theory of semantics, in: Psychological Review 4/77, 257-273.

Olson, D.R., 1972: Language use for communicating, instructing, and thinking, in: Freedle, R.O./Carroll, J.B. (eds), Language comprehension and the acquisition of knowledge, Washington D.C.:Winston & Sons, 139-167.

Paris, R., 1975: Probleme der Begründung einer materialistischen Sprachtheorie, in: AK-Linguistikkritik (Hg.), 14-32.

Paris, R., 1981: Die Bedeutung von 'Bedeutung' in der Kritischen Psychologie, in: Müller (Hg.), 13-24.

Piaget, J., 1953: Die Entwicklung des Erkennens II. Das physikalische Denken, Stuttgart:Klett.

Piaget, J., 1955: Die Bildung des Zeitbegriffs beim Kinde, Zürich:Rascher.

Piaget, J.,1968: The construction of reality in the child, London:Routledge & Kegan Paul.

Piaget, J., 1973: Einführung in die genetische Erkenntnistheorie, Frankfurt/M.:Suhrkamp (stw 6).

Piaget, J., 1977: Theorien und Methoden der modernen Erziehung, Frankfurt/M.:Fischer (FTB 6263).

Piaget, J./Inhelder, B.,1977: Die Psychologie des Kindes, Frankfurt/M.:Fischer (FTB 6339).

Premack, D., 1971: Language in chimpanzee? in: Science 172, 808-822.

Pribram, K.H., 1971: Languages of the brain: Experimental paradoxes and principles of neuropsychology, Englewood Cliffs:Prentice-Hall.

Quasthoff, U.M., 1981: Sprachliche Bedeutung, soziale Bedeutung und soziales Handeln: Stereotype aus interkultureller Sicht, in: Müller (Hg.), 75-93.

Raeithel, G., 1975: Lach wenn du kannst. Der aggressive Witz, Frankfurt/M.:Fischer (FTB 1613).

Rattunde, E., 1977: Transfer - Interferenz? Probleme der Begriffsdefinition bei der Fehleranalyse, in: Die neuen Sprachen 26, 4-14.

Rieser, H., 1977: Linguistik in der Schule. Vortrag anläßlich der Universitätswoche, Bielefeld (unveröff. Manuskript).

Rivers, W.M., 1980: Foreign language acquisition: Where the real problems lie, in: Applied Linguistics Vol. I, 1, 48-59.

Rosch, E., 1974: Basic level objects in natural categories. Paper presented at the Psychonomic Society, Boston. (nach: Bruner 1979)

Rubinstein, S.L., 1973: Sein und Bewußtsein. Die Stellung des Psychischen im allgemeinen Zusammenhang der Erscheinungen in der materiellen Welt, Berlin: Akademie Verlag.

Rubinstein, S.L., 1977: Grundlagen der allgemeinen Psychologie, Berlin:VEB (9. Aufl.).

Sauzé de, E.B., 1953: The Cleaveland plan for the teaching of modern languages with special reference to French, Philadelphia:Winston. (nach: Walsh/Diller 1978)

Schäfer, H.-W., 1978: Die Sprechhaltung als Grundlage didaktischer Entwürfe für den Fremdsprachenunterricht, in: Zielsprache Deutsch 1, 9-16.

Schmidt, A. (Hg.), 1971. Beiträge zur marxistischen Erkenntnistheorie, Frankfurt/M.:Suhrkamp (edition suhrkamp 349).

Schmitz, U., 1981: Arbeit oder Interaktion als Quelle der Bedeutung? Eine falsche Alternative, in: Müller (Hg.), 25-36.

Schneider, R., 1979: Biologie und Fremdsprachenunterricht. Das Prinzip der Einsprachigkeit im Lichte biologischer Erkenntnisse über Denken und Lernen, in: Praxis des neusprachlichen Unterrichts 26, 326-246.

Schnelle, H. (Hg.), 1981: Sprache und Gehirn, Frankfurt/M.:Suhrkamp (stw 343).

Schröder, K., 1975: Fremdsprachenunterricht in der Sekundarstufe II. Deutscher Bildungsrat. Gutachten und Studien der Bildungskommission, Bd. 41, Stuttgart.

Schülein, J.A., 1977: Selbstbetroffenheit. Über Aneignung und Vermittlung sozialwissenschaftlicher Kompetenz, Frankfurt/M.

Schulz, F., 1981: Das sprachliche Potential von Pongiden und menschlicher Primärsprachenerwerb. Diss, J.W.v.Goethe-Universität, Frankfurt.

Schulz, U., 1978: In puncto Bedeutungsvermittlung ... (Aus gegebenen Anlässen), in: Praxis des neusprachlichen Unterrichts 25, 244-247.

Schumm, W.-R., 1981: Aspekte eines zeitgemäßen Fremdsprachenunterrichts, in: Der deutsche Lehrer im Ausland 2, 17-23.

Schurig, V., 1975: Naturgeschichte des Psychischen, 2 Bde., Frankfurt/New York:Campus (518/519).

Schurig, V., 1976: Die Entstehung des Bewußtseins, Frankfurt/New York:Campus (522).

Selinker, L., 1972: Interlanguage, in: IRAL 10, 209-231.

Selting, M., 1981: Aspekte der Ethnographie institutioneller Kommunikation am Beispiel der Hörerkontaktsendung 'Hallo-Ü-Wagen' des WDR II. Examensarbeit (unveröff.), Bielefeld.

Sinclair-de-Zwart, H., 1974: Der Übergang vom sensomotorischen Verhalten zur symbolischen Tätigkeit, in: Leuninger/Miller/Müller (Hg.), 93-109.

Slesareva, I.P., 1974: Lexikalische Fehler im Russischen eines Ausländers als Gegenstand und Instrument der linguistischen Analyse,resüm.in:Baur,219-220.

Stadtler, M. u.a., 1975: Psychologie der Wahrnehmung, München:Juventa.

"STOP KABELFERNSEHEN", BI (Hg.), 1982:Schöne neue Medienwelt?,Dortm.:Eigendr.

Strick, G.J., 1980: A hypothesis for semantic development in a second language, in: Language Learning 30, 155-176.

Szagun, G., 1980: Sprachentwicklung beim Kind. Eine Einführung, München/Wien/Baltimore:Urban & Schwarzenberg.

Tembrock, G., 1971: Biokommunikation, Bd. 1, (2 Bde.), Berlin/Oxford/Braunschweig:Vieweg.

Toll, Ch., 1977: Frühe Zweisprachigkeit im Unterricht und die deutschen Auslandsschulen, in: Zielsprache Deutsch 2, 15-24.

Ulich, D., 1976: Pädagogische Interaktion, Weinheim/Basel:Beltz.

Wacker, A., 1972: Wahrnehmung, Bewertung und Interpretation sozialer Ungleichheit, in: Soziale Welt 23, 188-207.

Wacker, A., 1976: Die Entwicklung des Gesellschaftsverständnisses bei Kindern, Frankfurt/M.:Campus.

Wagener, J.S., 1978: Definition and origin of the human language, in: Linguistics 212, 45-76.

Walsh, T.M./Diller, K.C., 1978: Neurolinguistic foundations to methods of teaching a second language, in: IRAL 16, 1-14.

Watzlawick, P./Beavin, J.H./Jackson, D.D., 1974: Menschliche Kommunikation, Bern/Stuttgart/Wien:Huber (4. Aufl.)

Wazuro, E.G., 1965: Die Lehre Pawlows von der höheren Nerventätigkeit, Berlin. (nach: Klix 1976)

Weingarten, E./Sack, F., 1979: Ethnomethodologie. Die methodische Konstruktion der Realität, in: Weingarten/Sack/Schenkein (Hg.), 7-26.

Weingarten, E./Sack, F./Schenkein, J. (Hg.), 1979: Ethnomethodologie. Beiträge zu einer Soziologie des Alltagshandelns, Frankfurt/M.:Suhrkamp (stw 71).

Wenzel, U./Hartig, M. (Hg.), 1977: Sprache - Persönlichkeit - Sozialstruktur, Hamburg:Hoffmann & Campe.

Wickens, D.D., 1943: Studies of response generalization in conditioning. I. Stimulus generalization during response generalization, in: Journal exp. Psychology. (nach: Klix 1976)

Winitz, H./Reeds, J.A., 1973: Rapid acquisition of a foreign language (German) by the avoidance of speaking, in: IRAL 10, 295-317.

Wode, H., 1974: Natürliche Zweisprachigkeit: Probleme, Aufgaben, Perspektiven, in: Linguistische Berichte 32, 15-36.

Wolf, G., 1976: Neurobiologie. Vom Molekül zum Verhalten, Berlin:Akademie Verlag (2. Aufl.) (WTB 120).

Wotschke, I., 1980: Sprachtätigkeit und Fremdsprachenerwerb in psycholinguistischer Sicht, in: Deutsch als Fremdsprache 4, 198-206.

Wygotski, L.S., 1977: Denken und Sprechen, Frankfurt/M.:Fischer (FTB 6350).

Zeleny, J., 1971: Zum Wissenschaftsbegriff des dialektischen Materialismus, in: Schmidt (Hg.), 73-86.

WERKSTATTREIHE DEUTSCH ALS FREMDSPRACHE

Herausgegeben von   Rolf Ehnert (Bielefeld)
und
Rolf Klemmt (Jyväskylä)
Donatella Ponti-Dompé (Turin)
Muneshige Hosaka (Mito)

In der Reihe erscheinen Arbeiten, die zwischen Theorie und Praxis, zwischen Grundlagenforschung und der didaktischen Verarbeitung ihrer Texte vermitteln. Dabei ist auch an Unterrichtsmaterialien gedacht. Die Grenze zu Themen aus muttersprachlichen und allgemein fremdsprachlichen Bereichen sollen dabei möglichst weit gezogen werden.
Die Bände richten sich an Lehrende und Studierende des Faches Deutsch als Fremdsprache und an Deutschlernende im In- und Ausland.

Band 1   Rolf Ehnert (Hrsg.): Einführung in das Studium des Faches Deutsch als Fremdsprache. 1982.

Band 2   Ewald Reuter: Kommunikation und Institution. Zur Ethnographie des schulischen Alltags. 1982.

Band 3   Jürgen Richter: Handlungsfiguren in kommunikativen Prozessen. Eine konstitutionsanalytische Untersuchung schulischer Kommunikation. 1982.

Band 4   Bodo Scheron/Ursula Scheron: Integration von Gastarbeiterkindern. Theoretische Grundlagen für eine Neuorientierung von Schulorganisation und Pädagogenausbildung für den (Deutsch-) Unterricht und für die außerschulische pädagogische Arbeit mit Ausländerkindern. 1982.

Band 5   Anneliese Sartori Stein: Contrastive Grammar and Exercises English/German. An Exercise Book for Advanced Learners of German. 1983.

Band 6   Rudolf de Cillia/Renate Faistauer/Harald Hanzer/Alfred Knapp/Brigitte Ortner/ Danièle Renon: Es darf gesprochen werden . . . Acht Dossiers für den DaF-Unterricht mit Fortgeschrittenen. 1982.

Band 7   Helga Rosenfeld: Erklärungen und Begründungen. Sätze mit kausalem *aus* und *vor* — Eine Korpusanalyse. 1983.

Band 8   Mary Carroll; Rainer Dietrich; Günther Storch: Learner Language and Control. 1983.

Band 9   Brigitte Herlemann/Rüdiger Mellies: Bedeutung — Fremdsprachenerwerb — Interaktion. Fremdsprachenunterricht vor dem Hintergrund von Sprach-/Lernentwicklungsprozessen in Phylo- und Ontogenese. 1983.

Scheron, Bodo und Ursula

INTEGRATION VON GASTARBEITERKINDERN

Theoretische Grundlagen für eine Neuorientierung von Schulorganisation und Pädagogenausbildung für den (Deutsch-)Unterricht und für die ausserschulische pädagogische Arbeit mit Gastarbeiterkindern

Frankfurt/M., Bern, 1981. 470 S.
Werkstattreihe Deutsch als Fremdsprache. Bd. 4
ISBN 3-8204-5982-0   br. sFr. 80.–

Europäische Hochschulschriften: Reihe 1, Deutsche Sprache und Literatur. Bd. 469
ISBN 3-8204-5987-1   br. sFr. 80.–

An eine polit-ökonomische Analyse der Gastarbeiterbeschäftigung, eine Darstellung der psycho-sozialen Spannungssituation der Zweiten Generation anhand der Entwicklung balancierender Identität und einer Analyse von Integrationsprogrammen schliesst sich die zentrale Frage nach den Perspektiven pädagogischer Arbeit mit Gastarbeitern bzw. -kindern. Das Scheitern isolierter pädagogischer Massnahmen – konstatiert an der Analyse der schulischen Erlasslage NRWs (trotz des propagierten Anspruchs der «Integration» jeweils kurzfristig arbeitsmarktpolitisch bestimmte Reaktionen), der Befragung aller integrierten Gesamtschulen zur Beschulung von Gastarbeiterkindern und einer Befragung zum Freizeitverhalten – erfordert die Öffnung der Schule als Gemeinwesenzentrum, die Änderung der Organisationsform der Schule mit der Aufhebung von äusserer Leistungsdifferenzierung und der Favorisierung von projektorientiertem lernortübergreifendem Lernen zur Initiierung interkultureller Lernprozesse. Dieses erfordert eine veränderte Pädagogenausbildung, die der völligen Trennung von schulischem und ausserschulischem Lernen entgegenwirkt, wobei diesen Überlegungen eine Übersicht über Studiengänge zur Qualifizierung für die pädagogische Arbeit mit Gastarbeiterkindern vorausgeht.

Ehnert, Rolf (Hrsg).

EINFÜHRUNG IN DAS STUDIUM DES FACHES DEUTSCH ALS FREMDSPRACHE

Frankfurt/M., Bern, 1982. 364 S.
Werkstattreihe Deutsch als Fremdsprache. Bd. 1
ISBN 3-8204-7242-8   br. sFr. 29.–

Das Buch wurde für *Studienanfänger* geschrieben. In den Beiträgen werden alle Bereiche eines Deutsch als Fremdsprache-Studiums, in dem *Lehrer für Erwachsene* ausgebildet werden, dargestellt. Ausserdem wird das Berufsfeld *Lehrer für ausländische Kinder* beschrieben. In einer umfassenden Bibliographie sind alle einschlägigen Teilgebiete berücksichtigt; ein detailliertes Stichwortregister erleichtert das Auffinden von Titeln zu Einzelfragen.
Aus dem Inhalt: Berufsfelder und Inhalte des Faches – Geschichte des Faches – Berufsfeld des Lehrers für ausländische Kinder – Fremdsprachenerwerb, Medien, Lehrwerkanalyse und -kritik, Methodik für den Unterricht DaF – Ausspracheschulung, Lexik und Wortschatzarbeit, Grammatik für den Unterricht DaF – Landeskunde, Fachsprachen und Unterricht DaF – Bibliographie.

Verlag Peter Lang Bern · Frankfurt a.M. · New York
Auslieferung: Verlag Peter Lang AG, Jupiterstr. 15, CH-3000 Bern 15
Telefon (0041/31) 32 11 22, Telex verl ch 32 420